COLLECTION FOLIO

Albert Cohen

Les Valeureux

Gallimard

© *Éditions Gallimard,* 1969.

Albert Cohen, né en 1895 à Corfou (Grèce), a fait ses études secondaires à Marseille et ses études universitaires à Genève. Il a été attaché à la division diplomatique du Bureau international du travail, à Genève. Pendant la guerre, il a été à Londres le conseiller juridique du Comité intergouvernemental pour les réfugiés, dont faisaient notamment partie la France, la Grande-Bretagne et les États-Unis. En cette qualité, il a été chargé de l'élaboration de l'Accord international du 15 octobre 1946 relatif à la protection des réfugiés. Après la guerre, il a été directeur dans l'une des institutions spécialisées des Nations Unies.

Albert Cohen a publié *Solal* en 1930, *Mangeclous* en 1938 et *Le Livre de ma mère* en 1954. En 1968, le Grand Prix du roman de l'Académie française lui est décerné pour *Belle du Seigneur*. En 1969, il publie *Les Valeureux*, en 1972 *O vous, frères humains*, et en 1979 *Carnets 1978*. Albert Cohen est mort à Genève le 17 octobre 1981.

À CHARLES GOMBAULT

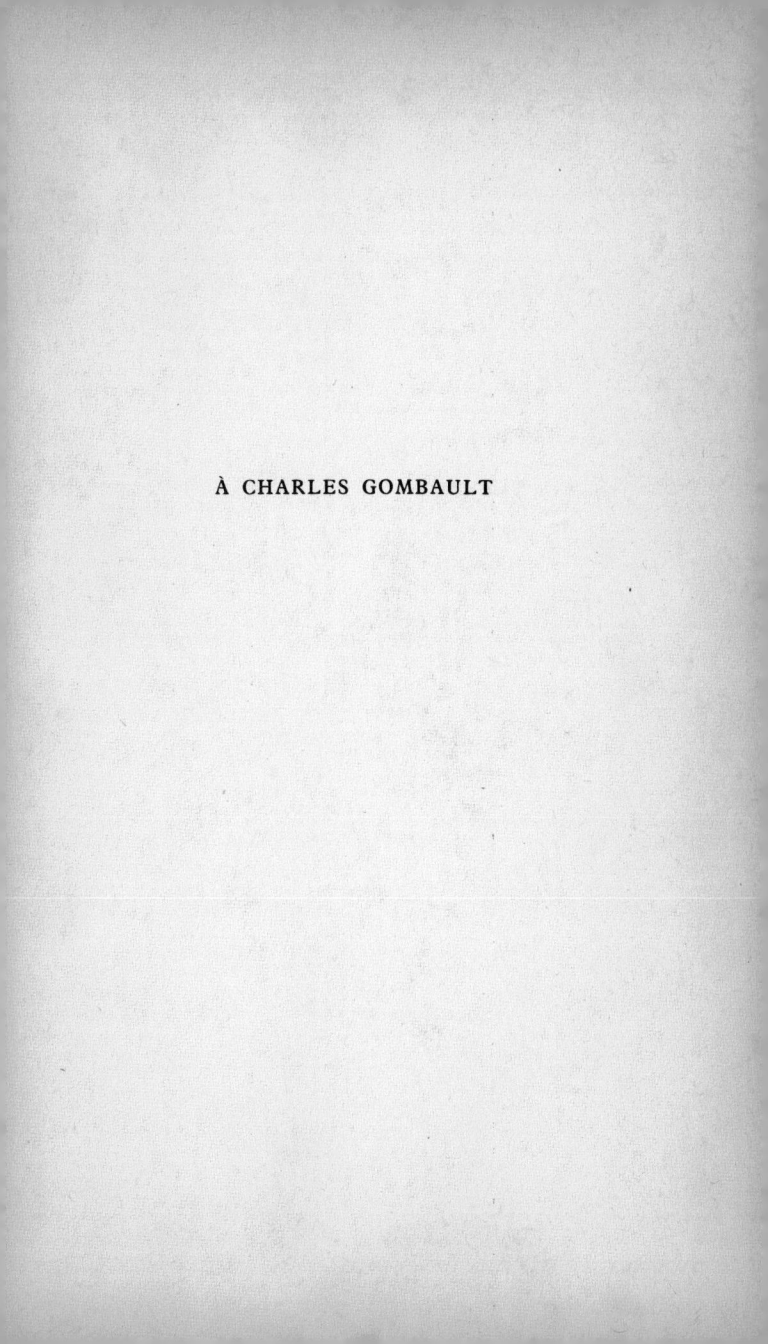

I

A six heures du matin, Pinhas Solal, dit Mangeclous, descendit tout habillé du hamac qui lui servait de lit dans la cave qui lui servait de chambre. Pieds nus mais comme de coutume en redingote et haut-de-forme, il ouvrit le soupirail et aspira, les yeux fermés, les souffles de jasmin et de chèvrefeuille mêlés de senteurs marines. En hommage à la beauté de son île natale, il souleva son couvre-chef devant le paysage apparu dans le rectangle du soupirail, salua gravement la mer lisse et scintillante où trois dauphins folâtraient, les grands oliviers argentés et, tout au loin, les cyprès qui montaient la garde devant la citadelle des anciens podestats.

— Le plus noble et le plus malheureux de tes fils te dit adieu, ô Céphalonie !

Comme pour prendre congé de lui-même, il se contempla dans la vitre fêlée qui lui servait de miroir, posée contre le mur. A grands soupirs, il admira de son apparence tout ce qu'il ne verrait bientôt plus jamais, admira sa longueur décharnée de phtisique, sa barbe en sardonique fourche, ses grands pieds crasseux qu'il avait tant aimés, ses formidables mains tout en os, poils et saillantes veines, sa redingote rapiécée, son haut-de-forme barbu. Un sourire désenchanté découvrit ses longues dents jaunes, aussi écartées que ses orteils. Oui, ce jour, vingt-huitième de mars, allait être celui, funeste, de son décès.

— Adieu, chers aspects de ma personne ! dit-il à son image dans la vitre.

Hélas, c'était ainsi que finissaient tous les génies, dans la misère et par le suicide ! Ah, la société était mal faite et il était injuste qu'il y eût entre les humains d'autres supériorités que le mérite, l'intelligence prompte et la vertu ! Haussant douloureusement les sourcils, il murmura les titres du roi d'Angleterre, par la grâce de Dieu roi du Royaume-Uni de Grande-Bretagne et d'Irlande du Nord et des Autres Possessions et Territoires au-delà des Mers et Océans, Chef du Commonwealth, Défenseur de la Foi. Tout cela pour ce chanceux et pour lui, rien ! Il n'y avait pas de Dieu et il était temps de quitter ce monde cruel !

— Oui, mourir !

Demain, devant son cercueil et en présence de la population affligée, ce serait malheureusement Salomon, son parent adulte le plus proche, qui dirait la prière des endeuillés. Ce petit ignorant bafouillerait, ferait sûrement maintes fautes choquantes de prononciation en hébreu. Pinhas Solal méritait mieux ! Tout à l'heure, avant de mourir, il réciterait donc lui-même, impeccablement, avec les justes intonations, la prière rituelle et se rendrait ainsi les derniers devoirs en toute dignité. Après tout, n'était-il pas le principal endeuillé ?

La décision ainsi prise, il relut le testament qu'il avait rédigé la veille en termes choisis, essuya une larme, ému par les conseils moraux qu'il laissait aux siens, pour tout héritage, hélas. Oui, il allait convoquer ses fils, sa femme et ses filles, et il leur lirait son testament avec des sanglots réprimés. Ensuite, il serrerait tendrement sur sa poitrine ses trois chers petits enfants et il leur dirait adieu.

— Adieu, Éliacin, Moïse, Isaac, adieu, mes chéris, adieu, pour toujours adieu ! déclama-t-il devant la vitre fêlée et s'y regardant, les joues déjà sillonnées de larmes véritables. Adieu, mes trois bambins, lumignons de mon âme, mignons oiselets, petits colis parfumés de mon cœur, adieu ! Adieu, la vie ! Adieu, Céphalonie, île luxuriante de mon enfance ! Adieu, magnolias, asphodèles, citronniers, cédratiers, brises marines entre les orangers, touffes de jasmin à mon oreille, roses entre mes dents, adieu, car de la gloire de Mangeclous ce jour est la fin ! Et vous, bonnes choses à manger qui demain y serez encore, mais sans moi qui vous aurai tant aimées, adieu ! Adieu, fruits charmants au palais, déjà mûrs en ce tendre climat ! Adieu, melons chéris et pastèques enchanteresses ! Adieu, raisins céphaloniens gros comme des prunes, adieu, figues de Barbarie glacées à l'aurore et si rafraîchissantes au gosier ! Adieu, bons petits cafés noirs et sucrés du matin, bus avec du bruit et des cigarettes de contrebande ! Adieu, adorables petites saucisses de bœuf joliment pimentées ! Adieu, œufs frits à forte friture dans de l'huile d'olive bouillante avec beaucoup de poivrons ou bien avec quelques gouttes de vinaigre au dernier moment ! Adieu, délicieux blanc de l'œuf se boursouflant et se dentelant ! Et vous, barquettes au fromage salé, rissoles aux épinards, rate au vinaigre et à l'ail, queue de bœuf au froment mijotée du jeudi matin au vendredi soir, adieu ! Et toi surtout, mon préféré, cou d'oie farci, amour de la langue et subséquemment de la panse, adieu, à jamais adieu !

Du revers de la main, il essuya ses pleurs, se regarda une dernière fois dans la vitre, déboutonna sa redingote sous laquelle, démuni de chemise, son torse était nu. Transpirant d'émoi et bouclant les poils de sa poitrine, il réfléchit longuement au mode de suicide à adopter, se décida enfin pour la pendaison qui lui parut noble et pratique. Mais il ne trouva qu'une mince ficelle qu'il estima insuffisante pour son poids. Optant alors pour le poison, il fouilla dans un coffre incrusté de nacre, ne trouva comme toxique possible qu'un paquet de bicarbonate de soude. A Dieu vat, on se suiciderait au bicarbonate ! En effet, mélangé à de l'eau, le bicarbonate produisait des gaz, et en conséquence, s'il avalait le paquet tout entier, son estomac se gonflerait à la limite du gonflement et ses divers organes exploseraient, et ce serait fini, plus de soucis d'argent, plus de responsabilités familiales ! Apercevant au fond du coffre des craquelins au sésame, il jugea dommage de les laisser perdre, les croqua avant de mourir.

Au dernier craquelin, il se rappela que le bicarbonate avait mauvais goût. Exploser et mourir, d'accord, volontiers, il était prêt ! Mais avoir cet affreux goût ingrat et médicinal dans la bouche, jamais ! Quel autre moyen, alors ? Une arme à feu, évidemment, une mitraillette de préférence avec tir en rafales pour être bien sûr, mais un simple revolver pourrait suffire à la rigueur. Oui, mais ces instruments coûtaient de l'argent et il ne lui restait plus une seule drachme. Il eut un sourire douloureux.

— O sort funeste, ô misère maudite, je n'ai même pas les moyens de me tuer.

Il se résigna donc à survivre, tout au moins provisoirement. D'accord, il essayerait de se garder à l'amour de sa famille et de lui-même. Mais comment s'extirper de la poix et du goudron de cette misère ? Distraitement, il relut sa carte de visite, composée trente ans auparavant, un long rectangle dentelé et entouré de fleurettes.

Carte de Visite de Maître Pinhas Solal
Des Solal originaires de France Bénie
Mais en Exil depuis des Siècles Hélas
A Céphalonie Ile grecque en Mer Ionienne
Citoyen Français Papiers en Règle
Surnommé Parole d'Honneur
Dit Mangeclous Professeur Très
Émérite de Droit Avocat Habile
Docteur en droit et médecine non diplômé
Rédige des Contrats Excellents
Et des Conventions Empoisonnées
Que Tu ne peux plus T'en Sortir !
Appelé aussi le Compliqueur de
Procès Qui un jour fit mettre en
Prison une Porte de Bois On Le Trouve
Assis sur les Marches des Divers
Tribunaux entre Six et Onze heures du
Matin le plus grand Jurisconsulte de
Céphalonie Homme Honnête Les versements
En Espèces sont Préférés Pour les
Ignorants on Donne l'Explication de
L'expression élégante Espèces veut Dire
Argent Mais on accepte Aussi la Nourriture
On le trouve chez Lui la nuit Et il Se
Charge d'autres Affaires Il aurait Pu
Être Diplômé s'Il avait Daigné Mais il
N'a pas daigné Ne pas détruire La Carte
Qui a coûté Extrêmement d'Or et d'Argent

Il approcha la carte de ses lèvres car c'était la dernière qui lui restait, cher témoin d'un grand passé. O mélancolie, ô noir destin d'un géant foudroyé ! Pour se consoler, il finit un reste de pâte d'amandes, puisé au fond d'un pot avec l'index et des soupirs. Tête baissée, il cherchait quelque moyen de faire rapide fortune par les combinaisons de l'esprit lorsqu'il aperçut un cafard luisant qui circulait sur le sol de terre battue. Il se baissa, le prit entre ses doigts, le lança par le soupirail.

— Va en ta voie, lui dit-il.

Soudain, il s'immobilisa. Mais oui, faire imprimer quelques centaines de ces cartes de visite et demander à ses trois bambins d'aller les distribuer de porte en porte ! Bonne idée, mais en tel cas il serait utile d'ajouter quelques mots. Il ôta son haut-de-forme, sortit une plume d'oie de l'étrange rigole crânienne qui lui avait valu le surnom de Crâne en Selle. Après avoir taillé la plume, il la trempa dans l'encrier de fer forgé fixé à sa ceinture ventrale, et écrivit au bas de la carte jaunie par les ans.

Post-Scriptum !
Comme indiqué Le susnommé
Est également Grand Médecin
Bien plus Guérisseur que les
Médecins à Diplômes Inutiles !
Car enfin qu'ont-ils fait
Ces Imbéciles sinon que d'
Écouter les leçons d'autres
Imbéciles Plus Agés et puis
Ils ont passé des Examens
Avec des Protections Puissantes !

Le Père donnant un Pourboire
Aux Examinateurs avec un Clin d'Œil !
Et pour se rattraper des Dépenses
Le Fils soi-disant Médecin Diplômé
Mais Vrai Bandit Te fait
Naturellement Payer des Sommes
Immenses Mais crois-moi
Il Te mène au Tombeau !

Ayant relu, il porta la main à son front. Fatalité ! Il n'avait pas encore réglé la facture des premières cartes ! Depuis trente ans, Abravanel, l'imprimeur, lui en réclamait le payement avec une dégoûtante avidité ! Quelle audace, réclamer une dette prescrite ! Et par prescription trentenaire encore ! Ignorant et méprisable Abravanel ! Bref, ce matérialiste refuserait sûrement d'imprimer à crédit de nouvelles cartes. Soupirant et se réconfortant d'anchois accompagnés d'oignons dont il détachait délicatement les translucides lamelles, il médita sur d'autres stratagèmes d'enrichissement immédiat.

Placer des harpes dans le Rif ? Il avait lu quelque part que les tribus marocaines étaient friandes de musique. Non, ces Arabes vous poignardaient pour un oui ou pour un non ! Lancer un journal politique en pâte d'amandes et imprimé avec du chocolat liquide ? Après lecture l'abonné mangerait le journal ! Non, impossible, mise de fonds trop importante ! Faire de la politique en France ? Bien sûr qu'il réussirait. Il embrasserait tous les enfants morveux des électeurs et le tour serait joué. Député d'abord, puis ministre ! Mais où trouver les innombrables drachmes du voyage ? Et puis il y avait les frais de la campagne électorale, quelques pourboires à donner par-ci par-là.

Ah, quelle douleur pour un homme comme lui de devoir s'étioler dans cette île, loin de la civilisation, loin des capitales importantes où se façonnaient les destins politiques, où les discours historiques étaient prononcés !

Soudain charmé, il leva l'index, accueillit la belle idée, ruisselante et nue. Mais oui, composer une bibliographie universelle qui se vendrait par milliers ! De ses longues dents il sourit à la vision charmante d'un gigantesque dictionnaire où, pour chaque sujet et chaque personnage illustre, antique ou moderne, il indiquerait tous les livres et tous les articles publiés depuis quelques siècles sur ledit sujet ou ledit personnage. Non, impossible, car la confection de la bibliographie universelle lui prendrait trois ou quatre ans s'il était seul à la faire. Or, il s'agissait de remplir les bouches ouvertes de ses bambins aujourd'hui même. Se faire détective privé avec des lunettes noires ? Mais ces policiers avaient toujours le visage rasé afin de pouvoir se coller diverses barbes postiches. Jamais il ne pourrait renoncer à la sienne qui lui était chère. Et d'ailleurs, pourquoi détective ? Les Juives de l'île craignaient Dieu et ne trompaient pas leurs maris. Donc nul besoin de filatures.

Ou plutôt fonder un bureau central d'idées qu'il appellerait le Trust des Cerveaux ? Il serait le Trust et les clients n'auraient qu'à s'adresser à lui pour la fourniture rapide de toutes combinaisons concernant commerces à créer ou faillites à organiser, de lettres d'amour avec allusions à la dot, de théories athées ou religieuses, de conseils de séduction, bref de toutes matières procédant des mouvements de la cervelle. Mais il n'y avait que six mille Juifs à Céphalonie, le débouché ne serait pas suffisant. Mettre une annonce dans des journaux européens ? A genoux devant le coffre, il en rédigea aussitôt le texte alléchant.

« Moyennant Rétribution à Débattre Aimablement, le célèbre Pinhas Solal, surnommé Mangeclous, serait disposé à écrire un Livre Élogieux sur N'Importe Quoi, par exemple un ouvrage sincère et patriotique sur tout pays généralement quelconque, mais de préférence la France, ou l'Angleterre et sa Chambre des Lords, ou la Suisse, petite mais solide et bien entretenue, ou encore il serait bienveillamment disposé à rédiger Livre Profond sur Écrivain mâle ou femelle ou sur Actrice peu connue, avec Réflexions Galantes, ou encore un ouvrage ému réhabilitant quelque pauvre Condamné à Mort, si la famille est de Situation Aisée ! Ce qui précède à titre d'Exemples Souriants, le Susnommé étant prêt à tous livres louangeurs sauf sur Hitler qui a un affreux nez digne de son âme et d'ailleurs comme il est bête ! Donc adressez les offres avec Montant Proposé et Attestation Bancaire dudit Montant à Céphalonie, île grecque en mer Ionienne, quoique le Susdit soit Français de cœur et Israélite de corps ! »

Il relut, puis lentement déchira. Trop longue, cette annonce. Comment la publier sans capital de démarrage ? Hélas, la richesse n'allait qu'aux riches ! D'ailleurs, s'il l'avait, ce maudit capital, il savait bien ce qu'il ferait. Eh oui, il s'embarquerait pour Rio de Janeiro, se débrouillerait pour être reçu en smoking par le ministre des Affaires étrangères, et il lui dirait entre quatre murs et quatre yeux : « Mon cher, je joue cartes sur table ! Voilà, vous me naturalisez, vous me nommez à un grand poste, je n'y vais jamais et nous partageons mon traitement ! Fifty fifty ! Vous avez une rente assurée jusqu'à ma mort lointaine ! Qu'en dites-vous ? » conclurait-il d'un ton bénin en caressant sa barbe. Oui, mais voilà, il fallait un smoking !

Alors quoi ? Fonder peut-être une association de ses admirateurs céphaloniens, chaque membre s'engageant à verser une drachme par mois, drachme dont il bénéficierait ! Qu'était-ce qu'une drachme par mois ? Une vétille, mais pour lui cela ferait six mille drachmes par mois ! Fortune faite ! Noble idée, oui, mais il faudrait de longs travaux de caressante propagande. Or, il était impératif de sortir de l'impasse aujourd'hui même. Il boucla et déboucla sa barbe.

Et s'il inventait un remède universel ? Car enfin, les maladies avaient toutes la même cause profonde, il en était sûr, quelque déséquilibre des corpuscules. Il s'agissait simplement de trouver le remède qui les remettrait en position. Oui, mais il faudrait des spéculations médicales devant des cornues, dans l'obscurité, et un long manteau bordé d'hermine, et comment nourrir les bambins durant ces méditations ? Alors, tant pis, inventer un faux remède universel, du sucre coloré en jaune, et se faire véhiculer dans les rues de Céphalonie dans un carrosse à trois chevaux constellé de petits miroirs ! Pour attirer les foules, il se coifferait d'un chapeau vert et ses trois bambins en maillots roses avec des toques de velours à plumes blanches sauteraient à travers des cerceaux enflammés. Lorsqu'il y aurait assez de monde, il avalerait un peu de farine, annoncerait que c'était de l'arsenic, ferait des contorsions d'agonie puis prendrait le faux remède universel et, tout souriant, se déclarerait aussitôt guéri et saluerait sous les applaudissements, les bras écartés, comme les acrobates du cirque. Mais où était le carrosse, où les chevaux ?

Il prit la pose constipée du penseur, coudes sur les genoux et mains au menton, émit quelques vents de concentration. Soudain, son visage s'éclaira et un sourire triomphal découvrit ses longues dents. Il avait enfin trouvé l'idée sublime, immédiatement réalisable ! Il se leva, pirouetta, valsa, pieds nus gracieusement s'entrechoquant. Gaillard et ressuscité, il était de nouveau maître de son destin ! De grands honneurs et des drachmes certaines l'attendaient, il le savait ! Mais pour mettre son plan à exécution il avait besoin d'un collaborateur. Eh bien, il en avait un sous la main, tout désigné, son fils aîné ! Certes, Éliacin n'avait que six ans. Mais petit par l'âge et la taille, il était grand par l'esprit et fertile en paroles ornées et de bon goût, car il avait, louange à l'Éternel, hérité des talents paternels.

— Bambin Aîné ! appela Mangeclous.

II

Avant de rapporter l'entretien que Mangeclous eut avec Bambin Aîné, il convient de donner quelques détails supplémentaires sur notre héros. Son apparence d'abord, en quelques mots. Il a été dit déjà qu'il était un maigre et long phtisique à la barbe fourchue, au visage décharné et tourmenté, aux pommettes enflammées, aux immenses pieds nus, tannés, fort sales, osseux, poilus et veineux, et dont les orteils étaient effrayamment écartés. Il ne portait jamais de chaussures, prétendant que ses extrémités étaient « de grande délicatesse ». Par contre, on le sait, il était toujours revêtu d'une redingote rapiécée et coiffé d'un chapeau haut de forme barbu, destiné à honorer sa profession de faux avocat qui lui était chère et qu'il appelait son apostolat.

Pinhas Solal, dit Mangeclous, était le Juif céphalonien le plus riche en surnoms. On l'appelait, entre autres, Longues Dents, Œil de Satan, Lord High Life, Sultan des Tousseurs, Pieds Noirs, Bey des Menteurs, Compliqueur de Procès, Ame de l'Intérêt, Mauvaise Mine, Plein d'Astuce, Dévoreur des Patrimoines, Père de la Crasse, Capitaine des Vents. Ce dernier surnom, à cause d'une particularité physiologique dont il était vain. « J'ai donné des lettres de noblesse aux vents », disait-il parfois. Un de ses autres surnoms était Parole d'Honneur, expression dont il émaillait ses discours peu véridiques. Tuberculeux depuis plus d'un quart de siècle mais fort gaillard, il était doté d'une toux si vibrante qu'elle avait fait tomber un soir le grand lampadaire de la synagogue. Assez satisfait d'ailleurs de sa phtisie qui lui permettait des attitudes héroïques et de percevoir les secours de diverses œuvres de bienfaisance.

Son appétit était célèbre à Céphalonie, non moins que son éloquence. Il se promenait parfois en traînant derrière lui une brouette qui contenait des provisions appelées « victuailles de renfort » et destinées à apaiser quelque faim subite. On l'avait surnommé Mangeclous parce que, prétendait-il avec le sourire sardonique qui lui était coutumier, il avait en son enfance dévoré une douzaine de vis pour calmer sa faim.

On l'appelait aussi Crâne en Selle ou Crâne en Rigole parce qu'une dépression médiane traversait son crâne chauve, petite tranchée dans laquelle il déposait parfois des cure-dents ou un crayon ou une plume. De cette anomalie il donnait des explications diverses dont la plus courante était la suivante : « Sachez, ô mes amis, que lorsque je vis le jour j'étais fort précoce et quelque peu miraculeux. Or donc, sortant de l'honorable panse de ma dame mère, ma première pensée fut de demander à la sage-femme s'il y avait quelque chose de bon à manger dehors. Elle me répondit que non. Alors je rentre, m'écriai-je, car j'ai faim et suis assuré de trouver immédiate provende en l'intérieur maternel ! Et je décidai même de n'en plus sortir, ayant appris que ma mère avait un lait peu crémeux. Vous savez que je ne quitte pas de bon gré une table bien garnie. En conséquence, on dut me faire sortir avec des tenailles, moi me débattant fort, d'où mon crâne rigoleux ! »

Mangeclous était pourvu d'une volumineuse épouse pour laquelle il éprouvait une tendresse distante, et de deux filles aux lourdes tresses, l'aînée étrangement privée de menton et la cadette assez plaisante, mais toutes deux également longues, voûtées, sentimentales, geignardes, anémiques, toujours effrayées, et qu'il ne laissait jamais sortir seules, méfiant qu'il était d'amourettes possibles. Il les aimait bien aussi, mais n'en faisait rien voir.

Par contre, il adorait dramatiquement ses trois marmots, les appelait ses petits pains au lait et ses beignets à la rose, ne tarissait pas sur leur intelligence et leur précoce éloquence. Ils seront décrits plus loin. Il parlait beaucoup aussi de ses jeunes mâles défunts et surtout du préféré, décédé à l'âge de sept jours et qu'il appelait Petit Mort. Il s'en était entiché, inexplicablement convaincu que ce bébé, s'il avait vécu, serait devenu un terrible milliardaire. Lorsqu'il jurait sur l'âme de Petit Mort, on pouvait être certain qu'il disait presque la vérité. Le jour des funérailles, il s'était enfermé, seul avec sa douleur et une dinde rôtie, dans sa cave où on l'avait entendu durant des heures gémir, se battre la poitrine et croquer les os de la volaille. A chaque anniversaire du décès de Petit Mort, il se couvrait de longs voiles noirs et allait au cimetière, suivi des trois petits frères du défunt, placés par ordre de taille et également voilés de deuil. Les Juifs frémissaient en voyant défiler cette cohorte de noirs fantômes dont des oignons coupés en quatre augmentaient les larmes. Il est à noter qu'à chacun de ses pèlerinages funèbres, Mangeclous faisait de la contrebande, dissimulant soieries et paquets de cigarettes sous ses voiles de veuve. J'ai oublié de dire plus haut que le cimetière où était enseveli Petit Mort se trouvait dans une bourgade de la côte albanaise où les concessions mortuaires étaient gratuites.

Grand patriote français, Mangeclous était cependant enthousiaste de l'Angleterre et particulièrement de la Chambre des Lords, de la Home Fleet et de la famille royale. Tous les vendredis, il frottait au blanc d'Espagne une pièce d'argent de un shilling, sa fortune anglaise, la cajolait, la faisait sauter dans sa paume, la baisait, éclatante de blancheur, en lisait à fière voix l'inscription : « George V, par la grâce de Dieu roi de toutes les Bretagnes ». O George, ô mon roi ! s'exclamait-il alors, peu soucieux de logique.

Maintenant, les divers métiers de Mangeclous. Faux avocat, on le sait. Il possédait en effet de bonnes notions de droit. Mais ses clients l'avaient peu à peu abandonné car il se plaisait trop, pour l'amour de l'art, à compliquer les procès et à les faire durer. On a pu voir, par le post-scriptum à sa carte de visite, qu'il tirait orgueil d'être médecin non diplômé. Il s'était en effet acquis une certaine réputation dans l'art de guérir et avait même mis en vers — calligraphiés à l'encre rouge et dont il jurait sur la tombe de Petit Mort être l'auteur — les propriétés médicinales des légumes et des fruits. (« L'oignon accroît le sperme, apaise la colique — De la dent ébranlée est un bon spécifique. ») Des végétaux sur lesquels il n'avait pas de lumières spéciales, il disait invariablement : « Apaise les vents et provoque l'urine. » Il était de plus et entre autres, portefaix, gérant d'immeubles à construire, professeur de « français authentique et garanti », maître à danser, guitariste, interprète, expert, vitrier, changeur, ratier, broyeur d'olives, taxidermiste, piétineur de raisins en automne, témoin d'accidents, spécialiste, poseur de sangsues et de ventouses terribles, professeur de sifflements, chantre temporaire à la synagogue, circonciseur, perforeur de pain azyme, intermédiaire après coup, mendiant plein de superbe, arracheur de dents, organisateur de sérénades et d'enlèvements amoureux, fossoyeur surnuméraire, pressureur universel, percepteur de fausses taxes d'exemption militaire sur de diaphanes et stupéfaits nonagénaires, pamphlétaire, inscrit à divers fonds de secours, hannetonnier, annonceur de décès, faux créancier privilégié de négociants en banqueroute, courtier en tout, dératiseur, raconteur stipendié d'histoires joyeuses, collecteur de prétendus droits de douane sur la toux de bronchitiques ahuris, destructeur de verrues. (« D'urine âcre de chien humecte la verrue — Bientôt disparaîtra l'excroissance charnue. ») Il était aussi vendeur de poétiques déclarations d'amour, telles que, par exemple : « O toi qui reposes dans ton lit — Longue et large — Je te fais la demande. » Mais il était surtout failli.

Un quart de siècle auparavant, commandité par son cousin Saltiel Solal, il avait fondé le « Comptoir d'Escompte Ambulant et d'Orient ». Il avait en quelques heures dilapidé le petit avoir de son cousin en frais de notaire et enregistrements compliqués de contrats ténébreux d'association, de telle sorte qu'un seul louis d'or était resté en possession du pauvre Saltiel. Les deux associés avaient placé ce louis dans une boîte de verre, siège social de la banque que Mangeclous portait en bandoulière. Mais trois jours plus tard, le faux avocat s'était irrité de la lente progression des affaires, avait demandé la dissolution de la société anonyme, réclamé avec âpreté des comptes à son associé et exigé la moitié de l'avoir social, moitié grâce à laquelle il fonda, tout seul, une deuxième banque, immobile celle-là et qui dura plusieurs semaines, l' « International and Sedentary Finance Company, Illimited », dotée d'un coffre-fort acheté à crédit, si lourd et intransportable qu'il dut, aidé de ses deux filles, construire la banque autour du coffre.

Mangeclous était ingénieux. C'est ainsi, par exemple, qu'il avait coutume de prédire en secret à tous les petits enfants de Céphalonie qu'ils seraient millionnaires un jour. Il les exhortait à se rappeler sa prophétie et à se souvenir de lui au jour de leur prospérité. Plaçant tout son espoir dans le calcul des probabilités, il se préparait de cette manière des rentes pour l'avenir et suivait avec sollicitude le développement intellectuel de ses jeunes protecteurs futurs qui, le jour venu, sauraient certainement lui témoigner leur reconnaissance. Parfois même, s'il était en fonds, il faisait don de quelques centimes à un bambin particulièrement doué, contre une reconnaissance de dette de vingt mille drachmes, payables dans vingt ans et au cas où le petit signataire du billet deviendrait richissime. Il lui arrivait de négocier ces valeurs hypothétiques et il avait, dans ce but, fondé une sorte de Bourse aux Espoirs. Si le jeune débiteur croissait en vertu commerciale, Mangeclous, sans cesse acculé par ses créanciers, vendait la reconnaissance de dette avec des bénéfices formidables et d'ailleurs insuffisants.

A ses nombreux métiers, il avait ajouté celui d'homme sous-marin. Il avait fait, à diverses reprises, une tournée fructueuse dans les îles Ioniennes où il s'était exhibé terrestrement dans un scaphandre d'occasion. Il avait obtenu un succès particulier à Corfou, île voisine dont les Juifs étaient semblables en tous points à leurs coreligionnaires de Céphalonie. De plus, il était lavementier, comme il disait. Partisan de la manière forte, il suspendait ses patients au plafond, par les pieds, aussitôt après l'introduction du clystère, afin qu'ils ne rendissent pas trop vite ses copieux lavements. (Extrait de son traité médical : « En mainte circonstance, utile est un clystère — Des intestins chargés il extrait la matière. »)

Inutile de dire que Mangeclous avait une haute opinion de ses facultés intellectuelles et de ses talents politiques. Aussi, chaque fois qu'un nouveau président du Conseil était nommé en France, il s'estimait lésé et tançait ses filles. Comme il aurait aimé, le pauvre, connaître les grands honneurs ! Il se consolait par de petits succédanés. Par exemple, il était très fier d'un de ses surnoms, Chevalier Officier, sobriquet qui lui avait été conféré parce qu'un parent éloigné, rabbin à Milan, était décoré d'un ordre italien. Pour achever cette esquisse, il sied d'ajouter que Mangeclous adorait roter après avoir bien mangé et cracher avec abondance, dignité, poésie, application et mélancolie. Assez sur Mangeclous.

A peine ai-je pris cette décision que des détails nouveaux sur le Bey des Menteurs me sont revenus, et j'ai consulté une personne chère. « Ne pourrais-je pas en ajouter encore un peu ? » lui ai-je demandé. Comme elle est raisonnable, elle m'a répondu : « Vous en avez déjà tellement dit sur Mangeclous, il faut savoir s'arrêter. » Mais elle a deviné ma déception, m'a regardé avec une étrange pitié de tendresse. Elle sait que toutes ces longueurs feront du tort à ce livre et que ce n'est pas malin d'en dire trop. Mais elle sait aussi que j'écris surtout pour notre plaisir, à elle et à moi, et en somme assez peu pour le succès, ce succès si cher à tous ces futurs cadavres. Alors, parce qu'elle est aussi douce que belle, et bonne plus encore que sage, elle m'a dit maternellement : « En somme, oui, vous pourriez en mettre encore un peu. » En elle-même, elle a dû se dire que ce qui importe, c'est que je sois content. Comme elle me connaît, elle a tout de même ajouté : « Mais n'exagérez pas. » Très à mon affaire, puisque je suis approuvé par elle, j'allume ma cigarette et je vais me remettre à en dire sur Mangeclous. Étrange, cet homme, moi, assis à sa table et devant la photo d'une chatte défunte, cet homme qui va bientôt mourir et à jamais disparaître, et qui le sait, et qui a pourtant un si grand bonheur à en remettre sur Mangeclous, à soigner son texte, si inutilement, mon Dieu.

D'abord, l'histoire du nougat suspendu par Mangeclous au plafond de la cuisine, un gros nougat vert, rond comme un saucisson. Chaque matin, le père demandait à ses bambins s'ils préféraient manger le nougat aujourd'hui ou demain. « Mes agnelets, leur disait-il, c'est en toute honnête paternité que je vous conseille d'attendre jusqu'à demain car enfin, mes rubis, si vous le mangez aujourd'hui, ce sera fini après, plus de nougat ! Tandis que si vous patientez jusqu'à demain, pensez au plaisir que vous aurez aujourd'hui toute la journée ! Toute la journée vous pourrez vous dire que demain sera le jour du mangement du nougat ! » Et c'est ainsi que pendant des semaines les bambins vécurent des journées délectables d'espoir gourmand. Un soir de la troisième semaine, ils s'aperçurent avec horreur que leur nougat avait disparu. « Quelque chauve-souris a dû s'en emparer, leur expliqua Mangeclous avec calme. Il est notoire que les chauves-souris ont la passion du nougat. » Les trois marmots ne dirent mot mais s'entre-regardèrent.

Agent matrimonial, Mangeclous s'était spécialisé dans les mariages d'amour. Sa tactique était simple. Il jetait son dévolu sur un jeune homme et une jeune fille, de famille riche tous deux, mais qui n'avaient jamais témoigné d'intérêt particulier l'un pour l'autre. Au jeune homme, il disait en grande confidence que la jeune fille ne parlait que de lui, le contemplait en frémissant à travers les rideaux de sa fenêtre. Il courait ensuite vers la jeune fille et lui chuchotait que le jeune homme pantelant souhaitait de toute âme une photographie de la merveilleuse de bonne naissance et demandait la permission de lui faire sérénade demain. Permission accordée, il courait vers le jeune homme, lui annonçait que la demoiselle de haute extraction lui faisait remettre cette photographie « en gage d'amour naissant » et qu'elle attendait de lui « une folle sérénade ». Et ainsi de suite. Au bout d'une dizaine d'allées et venues, Mangeclous réussissait en général à fabriquer un amour authentique et de premier choix. Lorsque les deux jeunes gens étaient cuits à point, il se présentait chez les parents — ce qu'il appelait « aller en ambassade » — et plaidait avec chaleur la cause des deux amoureux, faisait prévoir des suicides imminents et sanglotait. Les parents enfin convaincus, il percevait son courtage sur la dot, plus indemnités spéciales pour transmission de messages verbaux et de lettres d'amour, entremises diverses, vacations nocturnes et organisations de sérénades et barcarolles.

D'autre part, Mangeclous donnait dans la rue, et surtout à de petits enfants, des leçons de langues inconnues. Il était en particulier professeur de caraïbe. « Écoute, mon mignon, disait-il en pinçant gentiment l'oreille du mignon, n'aimerais-tu pas apprendre le caraïbe, une langue que nul autre que toi ne connaîtra ? Pense à la gloire que tu en retireras ! » Moyennant légère rétribution ou remise d'une pièce d'habillement du petit garçon, Mangeclous enseignait très rapidement le caraïbe. « Pour dire cigarette en caraïbe, mon chéri, on dit cig, pour dire escalier, on dit esc, pour dire casserole, on dit cass, et ainsi de suite, tu comprends. » La leçon se poursuivait par l'enseignement de l'hymne national caraïbe dont l'unique couplet était ainsi conçu :

    Tsinne-tsinne paramininne tsinne-tsinne,
        Tsé-tsé décatséméressé,
    Tsinne-tsinne paramininne tsinne-tsinne,
        Tsé-tsé décatséméressé.

Pour terminer l'hymne, il fallait, à l'instar des Caraïbes, passer le plat de la main contre la gorge comme pour se la trancher et crier trois fois : « Oï maï ! » La leçon terminée au bout de quelques minutes, le professeur se retirait avec ses honoraires — le plus souvent souliers, veste ou chemise de l'élève — après avoir recommandé à ce dernier de n'enseigner le caraïbe à personne. « Car, mon cher, si tu l'enseignes, tu ne seras plus le seul à le savoir. » A Céphalonie, une cinquantaine de marmots étaient, chacun, l'unique connaisseur de la langue caraïbe.

Mangeclous avait été aussi restaurateur mais avait fait rapidement faillite. En effet, lorsque les clients arrivaient à midi, il ne restait rien le plus souvent, le restaurateur n'ayant pu résister à l'appel des nourritures préparées avec amour.

Quoi encore ? L'importance étonnante qu'il attachait à vivre. Un seul exemple. Un matin, au réveil, son visage ayant pris subitement la couleur du safran, il avait supplié télégraphiquement ses parents de Milan, de Barcelone et de New York de lui expédier d'urgence le spécifique le plus cher contre la jaunisse. Il avait avalé les trois médicaments d'un seul coup.

Pour finir, quelques mots sur la troisième et dernière expérience bancaire du bonhomme. Quelques années auparavant, le testament d'un cousin de Buenos Aires l'avait doté de plusieurs milliers de drachmes. Il avait aussitôt fondé la « Banque Véritable et Honorable ». A grands roulements de tambour, il avait fait annoncer que les sommes déposées en sa banque rapporteraient des intérêts inouïs. Il tint parole. A la fin de chaque mois, il restituait scrupuleusement le capital déposé, augmenté d'un intérêt de quinze pour cent. Les clients affluèrent. Mais au bout de trois mois la Banque Véritable et Honorable s'éteignit. L'orgueil avait perdu le malheureux qui avait voulu faire le grand banquier et être admiré. En effet, les intérêts énormes ne provenaient pas d'opérations fructueuses mais étaient tout bonnement fournis par l'héritage argentin bientôt épuisé. Redevenu indigent, Mangeclous n'en avait éprouvé nul chagrin. Pendant trois mois il avait pu faire l'important et savourer la gloire du financier habile, sourcils froncés et absorbé par des spéculations hardies.

Comme on voit, Mangeclous n'aimait pas l'argent mais l'idée de l'argent et en parler beaucoup et se rengorger de ses capacités. Son amour de l'argent était poétique, innocent et en quelque sorte désintéressé. Je connais par contre des personnes spiritualistes et bien élevées qui ont le bon goût de ne jamais parler d'argent mais qui savent en gagner beaucoup et le garder.

Je viens de relire ce chapitre et je m'aperçois que je n'ai rien dit de ce que Mangeclous appelait son appartement, en réalité les trois petites caves d'une maison tombée en ruine. Mais pas le temps de faire des phrases car il est deux heures du matin et j'ai sommeil. Donc style télégraphique. Première cave, à la fois cave à coucher de Mangeclous et cave de réception. Deuxième cave, à la fois cuisine privée de Mangeclous, cabinet juridique et dortoir des bambins. Troisième cave, « cuisine générale » ou encore « gynécée » parce que sa femme Rébecca et ses deux filles, Trésorine et Trésorette, s'y tenaient à demeure. J'ai oublié en outre de dire que Mangeclous était aussi dentiste pour chevaux. J'ai oublié enfin de dire, en commençant, que les événements contés dans ce livre sont antérieurs à ceux qui sont rapportés dans *Belle du Seigneur*. Voilà qui est fait.

III

— Bambin Aîné! appela de nouveau Mangeclous.

La porte s'ouvrit et le minuscule Éliacin, âgé de six ans, entra en coup de vent. Pieds nus comme son père, il ôta son petit haut-de-forme et se raidit au garde-à-vous, curieusement semblable à un pingouin dans sa redingote noire dont les revers écartés découvraient le pâle bréchet d'un petit torse nu.

— A vos ordres, père estimé!

Mangeclous le considéra en silence, admira le front bombé et les immenses yeux aux longs cils de son préféré.

— Pourquoi tardâtes-vous à répondre à mon appel, monsieur? demanda-t-il sévèrement.

— Je réduisais l'univers en une seule équation, père, répondit le bambin. De cette manière, je ferai ce que n'ont pu faire Newton ni Einstein ni le prince de Broglie, inventeur de la mécanique ondulatoire, au sujet de laquelle je formule d'ailleurs certaines réserves.

— Prince de Broglie? demanda Mangeclous charmé.

— Il s'agit pour moi, reprit Éliacin, en partant d'une définition physique du point, de trouver une fonction mathématique qui puisse simultanément rendre compte des lois régissant les forces gravitationnelles et électromagnétiques, et cela tout en tenant compte de la relativité généralisée, du quantisme et des théories probabilistes.

— Dans mes bras ! cria Mangeclous.

Il se pencha et le pingouin bondit, son petit gibus à la main. Après une pathétique étreinte dont il guigna le spectacle dans la vitre fêlée, Mangeclous déposa doucement son fils à terre.

— Très bien, dit-il, continue, mon enfant, et rabats-moi un peu le caquet de ce prince ! Et maintenant aux affaires sérieuses, car il s'agit aujourd'hui de bien plus que l'univers, il s'agit de moi et de m'attirer des drachmes dans ma poche ! Prends donc un siège, fleur de ma rate, et parlons en égaux car, bien que tu aies à peine franchi le tendre seuil d'une sixième année, ton cerveau est agile et mérite confiance.

— Du fond de mon cœur enfantin, je vous rends grâces, ô mon père et nourrisseur ! répondit le pingouillon. Soyez assuré que je m'efforcerai en toutes circonstances, tristes ou joyeuses, de me montrer à tous égards généralement quelconques digne de cette confiance dont votre bienveillance m'honore ! Mais je m'arrête car une douce émotion m'étouffe !

Ayant dit, le petit prodige porta une main à son cœur et de l'autre tira des basques de sa redingote un torchon à l'aide duquel il essuya des larmes absentes. Mangeclous l'observait avec l'acuité du connaisseur. Pas mal, vraiment pas mal, pensa-t-il.

— Trêve d'amollissants épanchements, dit-il enfin, et maîtrisons les mouvements de nos âmes sensibles ! Venons au fait, ô mon rubis précieux, et laisse-moi t'exposer la situation en ses longueur et largeur.

— Pardonnez mon inconvenance, père ! interrompit avec feu le bambin. Mais avant tout exorde de votre part... (Mangeclous sourit approbativement. Exorde ! Quel autre enfant sur terre emploierait un pareil mot en la sixième année de son âge ?) Avant tout préambule ou prolégomène, comme il vous plaira, et si impatient que je sois de suspendre mon appareil audio-visuel à votre harangue, me sera-t-il cependant permis de poser une touchante question préalable ?

— Pose, beignet à la rose, pose, œil de gazelle, mais pose vite car ma langue brûle de s'exprimer, dit Mangeclous délicieusement titillé par la rhétorique de son petit génie.

— Voici, père. Comme agréable devoir et en tout respect dû et mérité, la question que je souhaiterais poser, avec votre paternelle permission, est la suivante : comment vous portez-vous ce matin, cher auteur de mes jours ?

— Tuberculose, comme d'habitude, répondit négligemment Mangeclous, et assez galopante, ce matin.

Il s'empressa de tousser et la lampe du plafond oscilla, secouée par les vibrations de la toux.

— Hélas ! dit Éliacin.

— Mais peu importe, douceur de mon cœur, et laissons là ces vétilles car l'heure est à l'entretien viril. Sache donc et apprends, ô Bambin Aîné, que tout à l'heure, alors qu'apparaissait à l'horizon l'aurore aux orteils de perle, une idée merveilleuse s'élança hors de ma cervelle.

— Je suis tout oreilles déférentes, père !

— Oui, mon chéri, oui, fiancé de la reine, un projet grandiose est né...

— Comme à l'accoutumée, père !

— Cela suffit maintenant, dit sèchement Mangeclous, ne m'interromps pas tout le temps et ne me gâte pas mes effets ! Je redis donc qu'un projet grandiose est né qui, m'apportant gloire immense et drachmes assurées, me permettra en premier lieu de me réaliser intellectuellement et en deuxième lieu de me nourrir délicieusement. Il sera temps car, pour ne rien te celer, ô fils et successeur, l'état de ma trésorerie m'accable et me fait plus morose qu'un affligé de la prostate, n'ayant plus droit ni pouvoir de vivre ! Sache en effet que nous sommes en servage de misère, qu'il ne reste plus une seule drachme en mes pantalons et que, depuis des jours, l'angoisse mordille mon foie et tarit mes vents. Oui, je l'avoue sans honte, j'en perds mes vents, signe funeste d'une vitalité diminuée et d'une grande noirceur de bile. Ah, où sont mes vents d'antan, les vents de ma belle jeunesse, murmuré-je sans trêve !

— Ils reviendront, père, je vous en donne l'augure !

— Merci, noble enfant, répondit Mangeclous. Apprends d'ailleurs qu'ils sont déjà un peu revenus avec l'espoir. (Il estima qu'il fallait tout de même faire encore un peu de tragédie et porta la main à son front.) Ah, mon fils et œillet, si par malheur j'échouais, sache que je ne pourrais plus pourvoir à votre alimentation et qu'en conséquence vous mourriez tous, ta mère, tes frères et tes longues sœurs !

— Éloigné soit le Malin ! cria Éliacin.

— J'en serais alors réduit, mâchant tristement ce pain spécial que l'on fait à Céphalonie pour les endeuillés, pain qui est si bon parce que pétri avec de l'huile d'olive et tout couvert de graines de sésame, j'en serais réduit, dis-je, lugubrement mâchant ce pain de deuil pour vous rendre les derniers honneurs, à pleurer sur les cadavres parallèles de ma chère famille ! Oui, mon fils, je ne te le célerai point, si mon grand projet ne pouvait se réaliser, notre misère serait comparable à celle qui s'abattit sur le plus grand musicien de tous les temps et dont le nom était Mozart !

— Et les prénoms Wolfgang Amadeus ! cria Éliacin.

— Pauvre grand Mozart ! soupira Mangeclous en se découvrant.

Le bambin ôta aussi son haut-de-forme puis suggéra une minute de silence. Cette proposition fut acceptée par Mangeclous qui sortit sa grosse montre à clef afin de minuter l'hommage au compositeur. Debout, le père et le fils se tinrent immobiles et muets, la tête baissée, mais se surveillant l'un l'autre en catimini.

— Paix à sa grande mémoire ! dit Mangeclous en empochant son oignon. Oui, fils, ainsi que je le disais lorsque tu m'interrompis par deux prénoms que je connaissais dès la deuxième année de mon âge, à peine sorti de l'honorable ventre de ta grand-mère, c'est l'entreprise que je médite qui seule me permettra de revigorer mon estomac et subsidiairement de sustenter ta sainte mère, la digne Rébecca, quoique, à vrai dire, elle en ait moins besoin que moi, pourvue qu'elle est de réserves graisseuses.

— Et qui vous permettra aussi de remettre quelques calories en mon intérieur, suggéré-je timidement, car je vous l'avouerai, père, j'agonise de mangement ardemment désiré !

— Pauvre enfant, dit calmement Mangeclous. Et de plus, il ne faut pas oublier tes deux cadets, ces chers petits pains au cumin dont la maigreur m'épouvante et même, subsidiairement, il conviendra de donner quelque pitance à tes inutiles sœurs, interminables et pâles, véritables endives sans saveur. J'ajouterai toutefois, confidentiellement et entre hommes, que je ne suis pas sans les chérir aussi, mais de loin, avec nonchalance et quelque mépris, car ces idiotes pleurnicheuses ne s'intéressent pas aux grands problèmes et ne pensent qu'à se marier !

— Que voulez-vous, père, ainsi sont les filles d'Ève ! repartit le bambin. Soyons généreux à leur endroit, elles ont si peu de libre arbitre ! Tota mulier ! Mais la pudeur m'empêche de continuer l'adage latin bien connu ! Cela dit, et vu les perspectives d'une trésorerie élargie, je me permets de vous signaler, à toutes fins utiles, que je rêve depuis longtemps d'un grand cou d'oie que je dégusterais solitairement tout en lisant quelque ouvrage de valeur ! Peut-être même que votre munificence voudra ajouter au cou d'oie précité, cou convenablement farci et, si Dieu veut, bourré de pignons, voudra ajouter, dis-je, quelques beignets aux raisins de Corinthe dont mon âme est friande ! Qu'il vous plaise, père, de tenir en mémoire ma candidature !

— Promis, dit Mangeclous, bien que candidature ne soit pas le mot approprié. Je conseille postulation ou encore requête ou même supplique. Quoi qu'il en soit, si l'entreprise fleurit, il sera tenu compte de ton souhait et placet en temps utile. (Il rêva un instant.) En effet, oui, le cou d'oie est une charmante chose, surtout s'il est embelli et agrémenté de pistaches. Par contre, je ne te suis nullement en ce qui concerne les pignons.

Mis en fringale, il trempa un quignon de pain dans la jarre d'huile d'olive, l'y laissa s'imbiber, puis le retira, l'exprima et se l'enfourna en même temps qu'un anchois salé, mettant en allègre action sa longue denture tandis que le bambin aux beaux yeux mélancoliques mastiquait à vide.

— Père, dit-il enfin, ne pourriez-vous me révéler la

nature et l'objet de cette merveilleuse entreprise qui ouvre à mes narines ravies d'odorantes perspectives ?

Mangeclous ne répondit pas tout de suite, occupé qu'il était à extirper à l'aide d'un clou les particules logées entre ses dents.

— Je cure mes diastèmes, dit-il. Diastème est un mot connu seulement des personnes de haute culture, un mot si rare et distingué que cet ignorant de Larousse ne l'a pas mis dans son dictionnaire ! Je me propose de lui adresser une petite lettre sarcastique à ce sujet ! Diastème signifie, sache-le, l'intervalle compris entre deux dents.

— Merci, père, je n'oublierai point ce mot savant et saurai m'en servir, soyez-en persuadé ! Quel est donc ce projet sublime, réitéré-je ?

— Réflexion faite, dit Mangeclous après quelques gazouillis dentaires destinés à parfaire l'action du clou, je dois en toute conscience réserver la primeur de ce projet à ceux qui m'aideront à le réaliser. Pour l'instant, qu'il te suffise de savoir que ce projet est digne de moi ! Et maintenant, assez discouru, prête l'oreille et apprends de moi la mission que je vais te confier, mission que ma dignité d'intellectuel m'empêche d'effectuer en personne.

— Ouïr est obéir, seigneur père !

— Je te requiers et au besoin t'ordonne d'aller quérir mes quatre cousins Solal, savoir respectables Saltiel, Salomon, Mattathias et Michaël, chacun en son domicile privé. Ton couvre-chef à la main et après avoir spécifié qu'il s'agit d'une note verbale, dis-leur ces simples paroles : Ce matin à onze heures, conciliabule et conclave serré chez mon illustre père !

— Et engendreur, ajouterai-je, avec votre permission !

— J'y consens, assuré que je suis de la vertu de ta sainte mère ! Bref, qu'ils soient ici à onze heures, toutes affaires cessantes et en corps constitué, en vue d'une conférence au sommet et à cinq ! Mais attention, garde-toi de mentionner cette dernière à tous autres coreligionnaires de notre île ! Tu connais leur curiosité. S'ils apprenaient l'événement, ils galoperaient tous ici, en grande et excitée population, envahiraient nos trois caves, brûlant de savoir et me suppliant à genoux, les yeux hors de leurs trous, invoquant les prophètes, déclarant qu'ils vont mourir de curiosité insatisfaite et implorant la révélation d'un projet dont la grandeur me stupéfie moi-même ! Et maintenant va, mon doucelet, cours avec la prestesse du cerf aux abois et que Dieu te garde d'encombre !

Après un baiser sur la main de son père, le bambin s'élança, haut-de-forme enfoncé jusqu'aux oreilles, et gravit la montée herbeuse qui débouchait sur la ruelle d'Or. L'ayant suivi jusqu'à la plus haute marche, immobile et la main en visière, Mangeclous contempla son petit messager, porteur de sa gloire future, qui détalait de toutes ses forces, pieds nus et basques de la redingote volant au vent de la course.

IV

Ragaillardi par la perspective de la grande entreprise, Mangeclous décida de s'agrémenter l'âme par un petit tour du côté de la mer, en attendant l'heure du conciliabule avec les cousins. Entré dans la ruelle d'Or, fraîche et silencieuse en cette heure matinale, il huma l'air, reconnut l'odeur bénie du jasmin mêlée à la senteur marine et sourit. La matinée était belle, l'air sentait bon et vivre était admirable. De gratitude, il salua le ciel, puis débonnairement les commères apparues aux fenêtres et y secouant leurs draps.

Le long des boutiques encore fermées et sous les linges de toutes couleurs ondoyant sur les ficelles tendues entre les maisons crépies de jaune ou de rose, il allait d'un pas libéral, suivi de petits vents allègres, parfois se retournant brusquement pour en humer le sillage, ce qu'il appelait les saluer au passage, lorsqu'il aperçut, accroupi devant l'entrée des bains rituels, Josué Colonimos, dit Œil Mort, le petit vendeur d'épis de maïs, déjà en train de griller sa blonde marchandise tout en grignotant des pistaches salées, pour passer le temps. Mangeclous pressa le pas, méditant la tactique à adopter et préparant un visage bénin.

— Aisance accrue et famille augmentée, aimable

Josué ! dit-il, arrivé devant le brasero au-dessus duquel éclataient les grains des épis.

— Famille augmentée et aisance accrue, maître Pinhas ! répondit Colonimos en levant son œil valide.

— Longue vie sur toi et exempte de maladies !

— Que vous jouissiez longtemps de vos yeux !

— Sur toi la prospérité et que Dieu te soit gracieux, homme de bonne compagnie et de manières exquises !

Lorsqu'on en arriva à l'échange des nouvelles de famille, le bon Colonimos, qui éprouvait une vive admiration pour les talents des célèbres bambins de Mangeclous, se garda d'en faire compliment au père, par bonne éducation et afin de ne pas attirer le mauvais œil. Au contraire, il les qualifia de vilains noirauds, comme il se devait, à la satisfaction de Mangeclous qui renchérit, les déclara monstres nauséabonds et cracha de dégoût, assuré que de cette manière nul mal n'arriverait à ses trois trésors.

— Et comment vont vos affaires, maître Pinhas ? demanda Colonimos tout en, de deux doigts, retournant délicatement ses épis.

— Mal, doux ami que j'aime, mal et même très mal ! Aussi, râlant sous les coups de l'adversité et me débattant entre l'existence et l'anéantissement, je viens me jeter contre ton sein providentiel, implorant secours et miséricorde !

— Mais que se passe-t-il, homme de bien ?

— Pénurie de monnaie, ami de mon cœur ! Sache en effet, bon Juif, sache, ô borgne chéri et admirable rôtisseur de maïs, sache, ô le plus matineux des Céphaloniens, sache que mes trois chérubins croassent de famine extrême, jour et nuit, depuis quarante-huit heures, non, je mens, depuis quarante heures seulement, et non seulement croassent mais encore me menacent de dévorer des pierres et du bois, à telles enseignes, vois-tu, que j'ai été obligé de les ligoter, ces bijoux, et même de les bâillonner, pauvres innocents, en leur première et verte nouveauté, leur promettant sur ma foi de les déligoter et débâillonner aussitôt que, errant çà et là en grand déplaisir et tourment, et mes poings douloureusement à mes tempes, j'aurais pu, pauvre père et véritable mort marchant, leur trouver quelque gratuite provende, végétale si possible pour des raisons hygiéniques, à introduire entre leurs dents de lait si mignonnes, de vraies perles, cher Œil Mort !

— Voici six épis tout chauds et à la perfection dorés, la moitié de mes disponibilités du matin ! s'écria le bon Colonimos en larmes, bouleversé par les croassements des bambins ligotés. Veuillez les accepter en don amical et aussitôt les porter à vos chérubins. Deux épis pour chacun ! Vite pour l'amour de Dieu !

Mangeclous remercia sobrement et s'en fut sans plus, trois épis sous chaque bras, fredonnant l'hymne caraïbe et souriant à la victoire que son Éliacin remporterait bientôt sur le prince de Broglie.

— Messieurs de l'aristocratie française, prenez garde, car voici que nous arrivons !

Sorti du quartier juif et arrivé au bas de la Montée des Figuiers, à la lisière d'un pré bourdonnant d'abeilles et agité d'asphodèles, il s'assit et s'attaqua simultanément à trois épis, les grignotant à tour de rôle, charmé par la consistance élastique des grains, s'arrêtant de temps à autre pour caraïber de contentement, orteils gigotant devant la mer si proche, mélodieuse et inlassable, sans cesse léchant le sable et y déposant son écume aussitôt absorbée. Ayant fini de mastiquer, il sortit les trois autres épis, les contempla, s'adjura de ne les point manger mais de les garder pour les bambins, y consentit et les remit dans les basques de sa redingote avec un sourire délicat.

— Je suis un père aimant, murmura-t-il.

Ayant dit, il prit une attitude noble, plaça sa main en visière et admira sa mer calme et scintillante où le bleu s'éclaboussait de jaunes, de verts et de roses. Au loin, contre l'écueil d'Ulysse, des dauphins gambadaient en bande écolière. Près du rivage, à travers l'eau transparente, pur cristal tiède à peine vert, le fond était si visible et charmant avec ses rides nettes de sable doré et ses poissons bleus lentement circulant dans la paix liquide. Odorante de vie, commencement du monde, palpitante, si belle, sa mer Ionienne. De ses grands doigts poilus, il lança un baiser à sa mer.

Soudain, levant la tête, il reconnut, flageolant lentement à sa rencontre et appuyé sur sa canne à pomme d'or, coiffé de son tricorne et revêtu de sa redingote bleue à boutons de cuivre, le seigneur Jacob, un mignon et diaphane centenaire à tête de cabri, dernier rejeton de la grande famille des Meshullam. Subodorant du profit, il se leva aussitôt et, le long des cédratiers et des orangers en fleur qu'une brise tiède dodelinait, il se dirigea d'un air riant vers le petit vieux, plus guère mariable hélas, mais doté, Dieu merci, d'une curiosité maladive. Se découvrant, il s'inclina profondément, fit baisemain, puis porta sa main à son cœur, en témoignage de sincérité.

— Longue vie et tous bonheurs suprêmes, digne seigneur ! Eh mais, parole d'honneur, vous êtes frais comme un jouvenceau et droit comme un cyprès ! Ah, si j'étais femme je sais bien à qui je livrerais mon cœur et ma foi !

— Oui, oui, je sais, elles me regardent toutes, chevrota le tremblant cabri tout en essuyant une goutte nasale. Et alors, mon enfant, quelles nouvelles de par le monde?

— Une seule, seigneur Jacob, mais immense!

— Dis-la vite, auréolé de bon augure, dis-la que je la connaisse, car je suis friand de grandes nouvelles!

— Je suis heureux de vous en donner la primeur car je vous aime, seigneur, je vous le dis tout crûment, avec la brusquerie d'une âme qui, sûre de la pureté de ses sentiments, les exprime sans voile et sans recherche, avec je ne sais quoi de rude et de fier! Un tempérament de colonel en quelque sorte, avec cheveux en brosse!

— Béni sois-tu, mon fils! Dis la nouvelle, dis-la vite!

— C'est un fait étonnant du monde, seigneur Jacob!

Les lèvres du centenaire courbé sur sa canne se contractèrent en divers spasmes et une petite salive d'attente coula. A demi cachés par les paupières flasques, plissées et retombantes, ses petits yeux d'oiseau brillèrent de concupiscence.

— O mon fils, ne me fais pas mourir avant l'heure déterminée!

— Écoutez, mon bon seigneur, si vous en devinez un petit bout, je vous la dis tout entière gratis!

— Une nouvelle d'un grand d'entre les nôtres? Du seigneur Rothschild peut-être?

— Oui, d'un des nôtres, mais bien plus que Rothschild!

— Mais comment peut-on être plus que Rothschild?

— Infiniment plus, seigneur Jacob!

— Alors, dis la nouvelle, dis-la que je la connaisse avant de mourir !

— Dix drachmes, cher seigneur ! dit Mangeclous en bouclant les poils de sa barbe d'un air engageant. Et c'est parce que c'est vous, parole d'honneur, car une nouvelle pareille vaut un diamant de quatre et même cinq carats ! Je ne l'ai contée à personne car j'ai tenu à vous en faire profiter, car vous êtes homme de bon renom et de nobles manières. Ah, seigneur Jacob, on s'ennoblit rien qu'en vous contemplant !

— Un fait étonnant du monde, as-tu dit ? demanda le fragile vieillard, appuyé des deux mains sur sa canne.

— Et même de l'univers, seigneur Jacob !

— Mais si je te donne les drachmes et que je ne la trouve pas étonnante, tu me les rendras ?

— Dieu est mon témoin !

De ses mains translucides, le petit centenaire puisa les drachmes dans l'escarcelle pendue à sa ceinture, les déposa en tremblant dans les deux mains de Mangeclous, avancées en gueule ouverte.

— Alors, j'écoute, mais raconte bien, depuis le commencement ! lui dit-il, et ses petits yeux d'un noir intense le fixèrent avec avidité.

Après avoir crachoté sur les dix pièces pour le bon augure, le Bey des Menteurs déclara, pour gagner du temps, qu'il convenait d'aller s'asseoir sur le banc de l'olivaie toute proche, la merveilleuse nouvelle méritant un récit en confort et amitié. Sous le bleu implacable du ciel, ils allèrent le long de la montée crayeuse, blanche de poussière et de soleil, bordée de cyprès, de pins et de figuiers de Barbarie aux épais plateaux, le vieux Jacob supputant le plaisir à venir et grignotant des jujubes en cachette, tandis que Mangeclous cherchait quelque fait étonnant valant dix drachmes. Arrivés, ils s'installèrent sur le banc de pierre brûlant de soleil, devant un gigantesque olivier tordu, au tronc troué de crevasses entre lesquelles la mer étincelait. Son souffle repris, le dernier des Meshullam réclama la nouvelle payée d'avance. Sur quoi, dans la paix bourdonnante que sciaient en chœur les cigales éperdues de lumière, Mangeclous commença.

— Sachez, ô avisé, ô notable honoré, ô bonne mine, sur vous la bénédiction de l'Éternel et qu'Il vous préserve des envieux et des jaloux, sachez qu'en revenant de Genève, ville fort propre où la gare est repeinte une fois par mois, je passai par Londres qui est la voie la plus rapide pour rentrer à Céphalonie.

— Chose certaine, approuva le centenaire, le menton sur le pommeau d'or de sa canne. Londres, je sais, capitale des frégates de guerre.

— Or, sachez aussi que Londres est une cité de majesté, toute de marbre fin et de porphyre, embellie de jets d'eau en chaque rue.

— Je le savais, mon fils. Mais où est la nouvelle du plus grand que le seigneur Rothschild ?

— Cité dont les habitants, tous richissimes en vêtements brodés de gala, circulent dans des carrosses dorés. Or, écoutez-moi bien, seigneur Jacob, car c'est maintenant que l'histoire devient sublime, voici qu'un matin, ce devait être dix heures et quart, dix heures et demie, me promenant dans un lieu dénommé Place des Mille Fontaines Jaillissantes, les huit chevaux d'un de ces carrosses s'emballèrent, devenus furieux par l'appel du désir d'accouplement. (Le seigneur Jacob eut un petit rire idiot.) Alors, moi, n'écoutant que ma témérité, je me précipitai et maîtrisai les huit chevaux l'un après l'autre, par l'obturation des naseaux furibonds à l'aide d'une paume puissante! Et ainsi je sauvai la vie du grand personnage qui était à l'intérieur du carrosse, personnage tout pâle et tremblant comme la feuille dont on enveloppe les concombres salés!

— Ah, voilà le grand personnage qui arrive! glapit le centenaire, émoustillé. Et c'était un très grand personnage, eh? Dis vite qui, dis vite le nom, mon fils!

— Vous ne devinez pas? demanda d'un air câlin Mangeclous qui n'avait pas encore trouvé.

— Par les anges du ciel, dis le personnage!

— Allons, cher seigneur, tâchez de deviner!

— Mais comment puis-je, infortuné que je suis? Dépêche, dis le personnage! J'ai donné dix drachmes!

— Eh bien, sachez, ô homme vénéré pour sa grande sagesse, ô plus subtil que le mercure, sachez que le grand personnage était Sa Majesté George Neuvième, roi d'Angleterre!

— Louange à l'Éternel! tremblota le seigneur Jacob. O miracle, ô événement, ô grandeur! Et alors?

— Et alors, l'ayant sauvé d'une mort certaine...

— En arrêtant les chevaux furieux, eh, mon fils?

— Il m'a embrassé et nous sommes devenus amis et je l'appelle George!

— Sans dire Neuvième?

— Oui, je dois dire Neuvième, affirma Mangeclous après quelque hésitation, et justement voyez-vous, le seul ennui de nos rapports amicaux, c'est que malgré notre intimité, je dois toujours lui dire tous ses titres. C'est le protocole.

— Protocole, eh? admira le seigneur Jacob.

— Sa femme elle-même est obligée de lui dire tous ses titres, même dans le lit, la nuit!

— O merveille que mes oreilles entendent !

— Par exemple, quand je suis allé l'autre jour prendre congé de lui, je me suis un peu fâché avec lui, mais j'ai dû me fâcher selon le protocole ! Tu es bête, lui ai-je dit, mon cher George Neuvième, par la grâce de Dieu roi du Royaume-Uni de Grande-Bretagne et d'Irlande du Nord et des Autres Royaumes et Territoires au-delà des Mers et des Océans, et même tu es très bête, Empereur des Indes, Chef du Commonwealth, Défenseur de la Foi ! Ce qui fait que mes disputes avec lui sont toujours un peu longues.

— Un des nôtres, un de notre race, qui dit à un roi qu'il est bête ! s'extasia le seigneur Jacob. Oui, cela vaut les dix drachmes. Garde-les, mon fils. Et dis, ami du roi, mangeais-tu quelquefois dans son palais ?

— Supplément de cinq drachmes ! dit Mangeclous en tendant la main. Merci, bon seigneur. Oui, je mange souvent avec Sa Majesté, mais le soir seulement parce qu'à midi Elle déjeune toujours à la Banque d'Angleterre, Bank of England, avec les grands financiers, pour parler d'importations, exportations, droits de douane, et surtout de la livre sterling, monnaie à nulle autre pareille.

— O beauté ! Et comme je voudrais le voir et l'entendre, ce roi parlant à forte voix avec des financiers ! Et il mange sur son trône, naturellement ?

— Non, George déjeune toujours à cheval.

— Ah ? fit respectueusement le centenaire. Oui, parce qu'il est le roi. Et les financiers ?

— Ils déjeunent par terre, autour du cheval, à genoux naturellement, après avoir embrassé le sol entre leurs mains.

— Par respect, expliqua le seigneur Jacob. La Banque d'Angleterre est puissante, rêva-t-il après un silence durant lequel il garda grande ouverte sa bouche toute en gencives. Et dis-moi, fils, le baron Rothschild mange avec le roi en ces repas de la Banque d'Angleterre ?

— Quelquefois, oui, et en tel cas le baron met un chapeau haut de forme en or massif.

— Naturellement. Oh, il a les moyens. Et dis-moi, fils, quelles nourritures mangeais-tu au palais du roi, le soir ?

— Eh bien, un peu de tout, et fort bien préparé. Lui, sur son trône de routine, celui pour les amis reçus dans l'intimité, le trône à la bonne franquette, mais toutefois à l'ombre d'un arbre tout en diamants et saphirs, et avec de gros fruits en rubis.

— O puissance, ô richesse! s'exclama le seigneur Jacob en battant des mains. Et toi, mon fils, où étais-tu assis ?

— Sur un siège en argent seulement, dit Mangeclous qui commençait à en avoir assez, le vieux en voulant un peu trop pour son argent.

— Siège en argent seulement, bien. Juste, mais un grand honneur tout de même. Et de bons desserts ?

— En général, une crème de perles fines, tout en parlant des grands secrets de la politique, mais à voix basse pour que la reine en grand décolleté n'entende pas, vous savez comme sont les femmes.

— Des inconsidérées, bavardes et curieuses, que Dieu nous en préserve !

— Et menteuses, ce qui est pire !

— Bien dit, mon fils ! Et comment est-elle, cette reine des Anglais ?

— Fort mignote, d'arrière-train convenable, plaisante à deviser, les yeux riants et malins, toute à sa joie d'être jeune et jolie.

— Un vrai loukoum, affaire sûre ! Mais raconte encore du roi, car j'y ai plus d'intérêt.

— Alors, voilà, à force de causer avec George Neuvième, je l'ai converti à la foi israélite par le moyen de raisonnements et d'apophtegmes. Je l'ai circoncis moi-même à la Chambre des Lords, en présence de tous ces messieurs ! Et il n'a pas crié durant l'opération, au contraire il riait à gorge déployée pendant que je coupais, tant il était content d'entrer dans l'Alliance !

— Louange à l'Éternel qui seul fait des prodiges ! cria le seigneur Jacob, les paumes vers le ciel.

— Et vous savez, Sa Majesté est un très bon Juif ! Il faut le voir dans les cérémonies officielles, toujours habillé en Juif polonais avec long manteau, gros parapluie et papillotes ! Et au Jour du Grand Pardon il se tient debout toute la journée avec des pois secs dans ses souliers pour souffrir ! Et il faut voir comme il est fort en Talmud ! Et ses lois et ordonnances, il les signe en tant qu'Isaac Premier, roi circoncis d'Angleterre, anciennement répondant au nom de George Neuvième !

— Alléluia, alléluia ! Mais alors, dis-moi, fils chéri, ce roi est vraiment un des nôtres maintenant, un fils de la tribu ?

— Ne vous l'avais-je point dit que la nouvelle était d'un grand Israélite, plus grand même que Rothschild ?

De sa main grelottante, le petit centenaire ouvrit son escarcelle, la vida dans les mains de Mangeclous qui compta aussitôt. En tout, le roi d'Angleterre lui avait rapporté cent drachmes, exactement.

— Eh oui, un des nôtres, un de l'Alliance, sourit le

seigneur Jacob attendri. Et qu'est-ce qu'un Rothschild à côté d'un roi à cheval ? De la poussière !

— Et de l'excrément de poule ! renchérit Mangeclous. Rothschild n'étant devenu baron que moyennant pourboire !

— Mais dis-moi, honoré, bon Juif qu'il est maintenant, notre roi d'Angleterre va sûrement nous rendre Jérusalem ! Il nous la rendra, affaire sûre, te dis-je ! Écoute, ami du roi, télégraphie-lui qu'il nous rende vite Jérusalem ! Explique-lui que je suis vieux ! Je paierai le télégramme ! Allons au télégraphe ensemble ! Je paierai ! Dis, mon fils, dis qu'il nous rendra Sion !

— Il est pour, répondit Mangeclous après s'être gratté le crâne, mais voyez-vous, malheureusement la reine est contre !

— Mais qu'elle le laisse un peu tranquille ! De quoi se mêle-t-elle, celle-là ?

— Soyez en paix, bon seigneur, il la convaincra petit à petit, le soir dans le lit, par la douceur.

— Et sinon, par la force, deux bonnes gifles ! C'est tout ce qu'elle mérite, cette maudite, tu ne crois pas, fils ?

— Sûrement, bon seigneur, sûrement. Donc, pour le moment un peu de patience. Sa Majesté m'a dit qu'il lui faut trois ou quatre mois au plus pour convaincre sa diablesse, comme il dit.

— Trois ou quatre mois ? Alors c'est bien, car je serai encore de ce monde. Et nous reconstruirons le Temple, eh, mon fils ?

— Certainement, seigneur, tout en marbre fin.

— Mais pas d'armée, pas de canons, ce sont abominations de païens.

— D'accord, bon seigneur, il en sera fait selon votre désir. Mais tout cela est grandement secret et qu'il vous plaise de n'en parler à personne jusqu'à ce que la reine se décide.

— Mais quelle vipère, cette reine ! Écoute, dès que la malfaisante aura accepté, viens vite me le dire, eh ? Moi, je vais prier pour que l'Éternel l'attendrisse et que je puisse baiser le Mur des Pleurs. Ce sera le mur des rires, ce jour-là, eh, mon fils ? sourit-il gentiment.

— Adieu, cher seigneur Jacob, portez-vous bien, dit Mangeclous après un silence, et il s'en fut comme un voleur.

Mais, arrivé devant le bosquet des limoniers, il fit demi-tour et courut vers le petit vieillard qui, sur son banc de pierre, chantonnait un psaume de fidélité à Jérusalem. Après lui avoir tapoté l'épaule, il lui expliqua que tout de même il ne fallait pas trop se réjouir à l'avance, qu'on ne savait jamais, que cette reine était très autoritaire avec ses grosses lunettes d'écaille et que sous son influence le roi retournerait peut-être à son ancienne religion. Oui, très probablement et pour tout dire sûrement, et par conséquent il ne fallait plus compter sur ce vilain renégat. Certes, Jérusalem leur serait rendue tôt ou tard, mais plutôt un peu tard, et patience, bon vieux Jacob.

— Pour conclure, respectable seigneur, j'estime en toute honnêteté que la nouvelle ne valait pas plus de cinq drachmes. En conséquence, je vais vous restituer, sans reçu, le trop-perçu, à savoir quatre-vingt-quinze drachmes.

Cela dit, cet homme compliqué ne remit cependant que quatre-vingt-dix drachmes dans l'escarcelle du seigneur Jacob, accablé par la trahison du roi d'Angleterre. Après un baiser sur la main diaphane, Mangeclous s'éloigna à pas rapides, impatient de retrouver sa ruelle d'Or.

V

Grouillante, criante, bruissante de soleil et de mouches sous le ciel implacable de bleu, la ruelle d'Or, où des linges de toutes couleurs voletaient sur les ficelles tendues entre les maisons.

Des orfèvres martelaient des plats d'argent sur le pas de leurs portes. Des menuisiers clouaient et chantaient. Des porteurs allaient, courbés sous leurs couffes. Des mendiants baisaient la main des charitables. Des cafetiers étaient accroupis devant leurs réchauds à charbon de bois. Des frituriers obèses se penchaient sur leurs bassines fumantes, odorantes de poissons dorés. Poings aux hanches, des bouchers congestionnés péroraient devant leurs agneaux écorchés, pendus aux murs blancs, fous de clarté. Des épiciers vantaient à grands appels leurs marchandises, clamaient les pyramides de melons, les collines écroulées de fromage blanc, les pendantes morues séchées, les tresses d'oignons, les couronnes d'ail, les piments pointus. Des pâtissiers éventaient contre les mouches leurs feuilletés suintants.

Le bedeau de la grande synagogue agitait sa crécelle et avertissait les fidèles de n'avoir pas à boire cette nuit sous peine de voir enfler leurs ventres. « Hydropisie, mes seigneurs, entre minuit et une heure ! » Un fruitier coupait en deux une pastèque et louait la chair saignante apparue. En pleine ruelle, un tailleur était courbé sur sa machine à coudre. Adossés contre un mur, trois portefaix fumaient à tour de rôle une pipe à eau. Des enfants cireurs à moitié nus balançaient leurs boîtes cloutées de cuivre et bardées de flacons aux vives couleurs. Une vieille portait sur la tête un plateau d'aubergines farcies. Un repasseur remplissait d'eau sa bouche, puis lançait un jet vaporisé sur la veste qu'il pressait ensuite avec un fer à braises. Un talmudiste allergique éternuait et se grattait. Une commère marchandait des cornes de corail contre le mauvais œil. Un bossu clamait ses croissants aux graines de pavot et ses beignets au miel. Un coiffeur ambulant appelait les clients à grand bruit de ciseaux.

Deux vieilles à perruques rousses discutaient maladies et mariages. Des notables gras se rendaient dignement à la synagogue, suivis d'officieux portant les sacs de velours brodés d'or et les livres sacrés. Des miséreux couraient faire le quorum de dix chez un endeuillé. Un circonciseur se hâtait. Un petit changeur portait son éventaire en bandoulière. Deux glapisseurs d'eau fraîche entrechoquaient leurs gobelets de cuivre et hélaient les assoiffés. « Venez et rafraîchissez-vous la langue et le gosier, chers amis ! — Non, venez à moi, venez à votre préféré, mes chéris ! — Trois fois pour la propreté je rincerai votre verre, et pour la bonne odeur avec une feuille d'oranger je le frotterai, et mon eau délicieuse pour le bonheur des yeux de très haut je verserai ! — Eau précieuse, mes seigneurs, à Benitse puisée, fine et légère et de bon goût ! — Meilleure, la mienne, pure et glacée, la mienne, à Gastouri tirée, à la source non pareille ! — Venez et buvez et dulcifiez-vous avec la préférable ! »

Un mendiant aveugle, entouré de mouches vertes et dorées, folles de soleil, demandait la pitié des miséricordieux, main quêteuse immobile. Deux banquiers égreneurs de chapelets d'ambre se disputaient. Des amis aux grands yeux veloutés s'interpellaient, se saluaient, échangeaient des nouvelles de commerce et de famille. Des ardents gesticulaient, argumentaient. Des badauds marchandaient pour le plaisir puis partaient sans acheter. Accroupi, un traiteur ambulant grillait des pis de vache. Un barbier sollicitait à coups monotones une mandoline au fond du magasin noir vibrant de mouches et de musc. Un ivrogne grec roucoulait une chanson paysanne puis injuriait les Juifs et leur Dieu, puis repartait d'une voix folle d'amour.

Assise contre le mur de l'école de Talmud où des voix enfantines ânonnaient de l'hébreu, une vieille à réputation de sorcière ravivait les braises de son réchaud. Un traiteur éventait contre les mouches ses rougets grillés, saupoudrés de fenouil et d'ail. Agenouillé, un chevrier trayait sa chèvre, en tirait des jets droits et fumants. Se tenant par le petit doigt, deux adolescents croquaient des graines de courge. Dans la petite pharmacie odeur de camphre, des politiciens synagogaux bavardaient. Attablés sous une treille, des riches ventrus dégustaient de deux doigts délicats des gâteaux d'huile et de miel qui gonflaient et ciraient leurs joues de gourmandise distinguée, puis buvaient de grands verres d'eau, essuyaient leurs doigts à leurs mouchoirs, largement se souriaient, chassaient les mouches avec leurs fouets à queue de cheval. Des talmudistes voûtés commentaient un verset, le plus âgé d'une voix aiguë, tandis que le plus jeune approuvait par politesse et, retroussant ses manches, attendait sa minute de victoire dialectique. Dans la lumière aveuglante, un drapier poussait sa charrette, éternellement allant. Des chats galeux s'enfuyaient.

Avant de faire aller son cheval, le cocher du grand rabbin prenait les rênes, fermait les yeux de volupté, se penchait en arrière, exhalait l'ordre. Va, fils de la cavale, disait-il. La vieille au réchaud souriait à ses malheurs ou aux morceaux de mouton qui cuisaient sur la braise. Une jeune servante enfonçait son sourire dans une grenade. Queues des chemises sortant des culottes fendues derrière, des enfants suivaient un vendeur de scarabées attachés à un fil et volant en rond. Des mouches s'abreuvaient aux yeux du mendiant aveugle, et sur sa joue des moustiques précautionneux tâtonnaient, se trompaient, hésitaient avec tant de fines clarines. Sur le pas de sa porte une adolescente pilait dans un mortier. Sous l'œil charmé et sévère du client à tête de rat, un petit cireur s'effrénait sur les bottines couleur de safran, remettait de la crème, faisait briller de nouveau, raffinait, puis se grattait le ventre et admirait son œuvre étincelante.

Un petit âne chargé de caroubes allait de mauvais gré. Un plus grand le suivait, porteur d'un paysan chrétien juché en amazone, jambes ballantes. Un innocent vendait des billets de loterie. Au loin, la sirène d'un bateau lançait sa lamentation de folle. Des pigeons circulaient vertueusement, moraux en leur jabot, leurs sottes têtes scandant leur marche. Une grosse enceinte, fière porteuse de son ventre et d'une dinde à rôtir, allait majestueusement vers le four du boulanger. De l'école de Talmud sortaient les glapissements d'un enfant bâtonné. Encadré par deux bergers redoutables au crâne tondu et aux moustaches tombantes, un moine grec en toque noire et chignon passait, sa main retroussant sa robe. Penchées à leurs fenêtres, des commères enturbannées de vert ou de rose s'injuriaient ou se souhaitaient des bonheurs, haines et gracieusetés s'entrecroisant.

« O bâtarde adultérine ! — O progéniture de Satan ! — Et toi, lieutenante de Satan ! — Que tes mamelles se flétrissent ! — Et toi, que ton lait aigrisse ! — Un cancer à tous tes orifices ! — Que de pauvreté et de faim tu manges tes yeux ! — Et toi, que tu reçoives le double de ce que tu me souhaites ! — O Maître du monde, juge-la ! — Une bonne journée pour vous, dame Rachel ! — Et sur vous la bénédiction, digne Esther ! — Qu'une noire maladie t'emporte, maudite, mais lentement afin que tu souffres ! — Et toi, vilaine, que tu vives cent ans mais aveugle et que tes enfants te refusent le pain ! — Sache que j'ai un plus mauvais œil que toi, si je veux ! — Que ton mauvais œil se porte sur toi et t'aveugle ! — Puisses-tu crever dès demain ! — Puisses-tu pourrir avant de crever ! — Je mangerai des bonbons à ton enterrement ! — Excréments sur la tombe de ton père ! — Ruth chérie, gracieuse et de bonnes mœurs, par bonté, aurais-tu un peu de farine à me prêter, mon embarras de mari n'a pas pensé à m'en rapporter ! — Toute ma maison est à toi, ma rose ! — Que Dieu te récompense, femme de bien, et que le mal soit loin de toi ! — Prospérité sur tes chéris et éloigné soit le mauvais œil ! — Que Dieu te rassasie d'années ! — Richesse sur ton fils et grande dot pour lui ! — Une Rothschild pour le tien et directeur de banque qu'il soit ! — Cinq années noires sur toi ! — O sans ancêtres ! — O engrossée du diable ! — O teigneuse du péché ! — Et toi, tous les hommes t'ont traversée ! — O maudite, l'Éternel sera mon vengeur ! »

Soudain tout se taisait et se figeait car à sa fenêtre venait d'apparaître Belline, la vieille épouvantée, toujours cloîtrée en son haut lieu, et dont la démence était la peur du dehors. Hagarde, haute et belle, elle dénouait sa chevelure en signe de détresse, annonçait l'arrivée des Allemands tueurs de Juifs, disparaissait puis revenait avec, de travers sur sa tête et pour être obéie, son antique couronne de mariée. Vieille reine aux beaux yeux en attente de malheur, fixes et agrandis de malheur, elle haranguait les hommes de la rue, les adjurait de rentrer et de se barricader pour l'amour de leurs femmes et de leurs enfants, terrifiait les hommes et les femmes, subitement hululait des cris. O race infortunée ! criait Belline en se tordant les mains, puis de peur les grattant et les griffant, ô massacre proche ! criait la reine aux cheveux défaits, couronnée de persécution, certaine du malheur et des Allemands apparus, assoiffés de tuer. Éternel, sauve-nous des méchants ! clamait la folle, les paumes tournées vers le ciel. Dieu d'Israël, notre Père et notre Roi, nous n'avons d'appui que Ton bras, agis pour l'amour de Ton nom, annule les projets de nos ennemis, préserve Ton héritage de la destruction, rends-nous Jérusalem ! clamait dans le silence Belline la démente.

De retour dans la ruelle d'Or, pris d'une fringale de probité, Mangeclous proposa à Colonimos de lui payer les épis de maïs reçus en cadeau, moyennant toutefois une réduction de cinquante pour cent sur le prix habituel, transigea à vingt-cinq pour cent et remit au borgne ahuri une traite à trente jours.

Après quoi, la conscience en paix et s'en félicitant, il reprit le chemin de sa demeure, d'un pas libéral allant, souriant et paterne, salué et saluant, plaisanté et plaisantant, coudoyé et coudoyant, complimenté et complimentant, bonasse et auguste, de tous respecté, monarque en sa ruelle d'Or, une rose rouge à l'oreille et parfois entre les longues dents mutinement tenue, avec son haut-de-forme s'éventant et les mouches écartant, à chacun rendant son dû, souriant ici et s'inclinant là, dégustant calmars frits courtoisement offerts et négligemment caressant les boucles des enfants, équitablement émettant ses vents et gracieusement distribuant maints conseils médicaux, entre autres dix gouttes d'huile de souris pour les maux d'oreille de la fille de Roditi, gouttes à introduire chaque matin au premier chant du coq, ne l'oublie pas, mon cher !

Soudain ému de pitié, il s'arrêta devant un aveugle poinçonné de variole qui psalmodiait sa misère. D'un geste espagnol et sans même tousser pour attirer l'attention, il lança dans la sébile du mendiant les dix drachmes du vieux Jacob. Ainsi était-il, homme de cœur et foin de l'argent ! expliqua-t-il à Issacar, le fruitier, auquel il demanda ensuite des nouvelles de sa femme tout en s'emparant d'une tranche de pastèque qu'il dégusta en se penchant pour éviter le jus rose dégoulinant. Après quoi, sans plus se soucier de la dame Issacar, il se dirigea vers l'échoppe de Ventura, le friturier, lui souhaita de vivre mille ans et bons, puis croqua trois boulettes gratuites et à l'origan, « juste pour voir si tu les as réussies ».

Rencontrant plus loin Allégrine, la boulangère ambulante, il la charma par des galanteries, en obtint une couronne de pain au sésame et un prêt de vingt drachmes. Souriant au grand projet qu'il allait bientôt réaliser, il se hâta vers sa demeure, la couronne passée à son bras, le haut-de-forme millionnairement de côté et la rose rouge avec amour respirée.

— Ah, quel bonheur d'être moi-même ! chantonna-t-il.

VI

La cuisine privée de Mangeclous était une cave tortueuse, encombrée de codes, de manuels juridiques, de cornes de bœuf contre le mauvais œil, et où gisaient çà et là, dans la caisse des aubergines, dans le mortier de pierre et contre la jarre d'eau, les dossiers de sa clientèle, tous avec des titres en belle ronde. (« Morsure du Chien du Coiffeur. » « Pot de Chambre Lancé sur Mardochée le Bègue. » « Accouchement Litigieux Euphrosine Abravanel. » « Circoncision Jessula Mal Exécutée. » « Procès Immondices Da Costa dit Petit Compte. » « Affaire Dot non remise à Moïse Soncino. » Ces deux derniers litiges non encore liquidés et dormant depuis une dizaine d'années sous l'évier.) Cette cuisine où le faux avocat recevait ses clients était aussi la chambre à coucher de ses bambins, les lits étant trois cabas de jonc tressé suspendus aux poutres.

Depuis peu sortis du sommeil, les deux cadets, étendus en leurs couches respectives, se considéraient l'un l'autre avec mélancolie et échangeaient rêveusement des idées de mets délicieux. Beaucoup de pieds de mouton en salade avec beaucoup d'oignons, disait l'un. Une tête de veau mijotant dans de nombreux haricots, soupirait l'autre. Et ainsi de suite jusqu'au moment où, entendant la toux de leur père entré en coup de vent pour le plaisir de se sentir homme d'action, les deux mangeclousinets se dressèrent et débarquèrent prestement à terre par le moyen d'une corde à nœuds. En minuscules redingotes noires et leurs gibus à la main, ils se raidirent au garde-à-vous, pieds nus écartés.

— Le salut aux couleurs, messieurs! ordonna Mangeclous.

Le drapeau tricolore hissé le long d'une ficelle, les deux bambins entonnèrent l'hymne composé par leur père, ce dernier battant sévèrement la mesure avec une louche et chantant avec eux le refrain.

> France chérie,
> Douce patrie,
> Vers toi les chants
> De tes enfants!

Le chant terminé, les pingouillons se tournèrent d'un seul bloc vers le drapeau et firent impeccablement le salut militaire. Après quoi, ayant également salué, Mangeclous leur ordonna de rompre les rangs.

— Tendre père, que nous vaut l'honneur de votre délicieuse visite? demanda alors Lord Isaac Windsor and Beaconsfield, prénoms que le faux avocat, grand admirateur de l'Angleterre, avait donnés au plus jeune de ses enfants, âgé de quatre ans.

— Je vais préparer mon petit déjeuner, bambinet, répondit Mangeclous.

— Qui sera? interrogea avidement Moïse, âgé

de cinq ans et dont les prénoms supplémentaires étaient Lénine Mussolini. (En cas de révolution triomphante, communiste ou fasciste, Mangeclous se prévaudrait du premier ou du deuxième prénom, selon le cas, pour témoigner de son orthodoxie politique.) Qui sera ? répéta le jeune Moïse.

— Une légère moussaka qui, vous n'êtes pas sans le savoir, est un délicieux hachis de mouton convenablement mêlé d'oignons, de tomates et d'aubergines, ces dernières étant, je le proclame, reines entre les légumes ! Votre sainte mère reçut hier soir mes instructions quant aux préparatifs préalables ou encore préliminaires. Rébecca, digne épouse ! cria-t-il. Quant à vous, chérubins et prunelles, remontez en vos demeures du sommeil car je ne veux pas être troublé durant la création de la moussaka.

Les deux marmots s'agrippèrent à la corde à nœuds et regagnèrent leurs couffes suspendues tandis que la porte s'ouvrait et que Rébecca apparaissait, obèse et timide, vêtue à la turque — culottes bouffantes de soie verte, gilet rose tendre, fez à gros gland d'or sur ses cheveux crépus et charbonneux, pantoufles garnies de fausses perles et collier de sequins. Un sourire humble sur ses épaisses lèvres huileuses, elle tenait des deux mains un grand plat de cuivre sur lequel la viande hachée était entourée d'aubergines, de tomates et d'oignons, le tout coquettement présenté, mais non cuit.

— Que cette journée te soit propice, ô mon bey, dit-elle, rougissante.

— Je salue avec respect et affection vos cent vingt kilos, jardin de mon âme.

— O mon capital, pourquoi tu me dis vous ?

— Par déférent amour, aimable Rébecca, répondit

le galant en s'inclinant. Combien hachâtes-vous de viande ?

— Mais un kilo, comme tu m'as dit, joyau ! répondit Rébecca, se sentant déjà coupable.

— Est-ce du mouton véritable ? demanda Mangeclous, l'œil méfiant et scrutateur.

— Parole d'honneur que mouton c'est ! Que je perde mes yeux si mouton ce n'est ! Mouton c'est !

— Il suffit, ordonna Mangeclous, écœuré par le langage de cette ignorante.

— Seigneur mari, vingt drachmes la viande elle a coûté, vingt drachmes au boucher je dois lui apporter ! Que noire année me vienne si mensonge je dis ! Vingt drachmes, sur ma vie !

— Les voici, dit Mangeclous, et n'omettez point de me remettre avant vesprée un reçu dûment signé pour bonne et valable quittance. Et maintenant approchez çà, car j'ai une mission à vous confier.

Il lui parla à l'oreille et les deux bambins, rondes têtes hors des paniers balancés, mirent leurs mains en cornet pour tâcher d'entendre.

— Une longue robe noire, et pour tout de suite, mon diamant ? Mais où que je la trouve, disgraciée que je suis ? O infortune !

— Trêve de lamentations, bonne dame. Vous n'aurez qu'à utiliser la robe à traîne de ma grand-mère, défunte et bonne âme, qui est certainement fort bien là-haut mais nous sommes encore mieux ici, en bas. Vous en ôterez les broderies et coudrez de l'hermine au col, le tout en vélocité et urgence.

Rébecca leva sur son maître et propriétaire des yeux à l'éclat d'anthracite, serviles et passionnés, puis tordit avec angoisse ses petites mains grasses.

— Mais où que je trouve hormine ! C'est richesse de millionnaire, hormine !

— En ce cas, de l'ouate suffira car elle imite agréablement la fourrure appelée hermine et non hormine. De plus, vous piquerez des bordures de couleur sur le devant de la robe.

— Mais où que je trouve bordures ? O malheur sur moi !

— Qu'il vous plaise de faire silence, madame, et d'écouter qui sait et commande ! Pour les bordures ou parements de ma future tenue et toge de cérémonie, vous voudrez bien découper quelques bandes dans les robes bruyantes de vos deux idiotes, affligées du sang des lunes depuis nombre d'années et point encore mariées, malgré mes labeurs et transpirations, malheureux père humilié les offrant à droite et à gauche sans jamais trouver amateur ! Mais il suffit. Les parements devront être piqués avec le plus grand soin ! Compris, chère âme ?

— Oui, mon pacha.

— Enfin, vous prendrez mon haut-de-forme, le vieux, celui pour la pluie, en arracherez les ailes de manière à en faire une toque, et au bas d'icelle coudrez une bande d'ouate hydrophile. J'ai dit. L'audience est levée. Adieu, madame, et que Dieu vous ait en sa sainte garde.

La malheureuse sortie en grande perplexité, Mangeclous se mit en devoir d'allumer le fourneau à charbon de bois sous les regards perçants des deux marmots à moitié sortis de leurs couffes. Cela fait, il leva les yeux vers eux, leur lança des baisers avec ses doigts.

— Petits chevreaux, leur dit-il, maintenant que Dieu merci nous sommes entre hommes, parlons peu mais parlons bien.

— Et correctement, dit Lord Isaac.

— J'ai compris l'allusion, mon cher, dit Mangeclous, mais respect à celle qui te donna le jour. Voici, l'heure est venue de vous initier à la moussaka qui est mets de roi. Suivez-moi donc bien en mes préparatifs afin qu'en votre âge adulte et devenus riches à l'extrême limite de la richesse, vous puissiez à votre tour vous préparer votre breakfast matinal. Je vous permets même de quitter votre altitude et d'atterrir auprès de moi afin de mieux apprendre et comprendre.

Fortement observé par les deux petits promptement descendus, il versa libéralement de l'huile dans la marmite déjà posée sur le fourneau. Sifflotant de délicieuse attente et très à son affaire, il coupa ensuite avec une dextérité étonnante six tomates, six oignons et douze aubergines, jeta le tout dans la poêle fumante, ajouta le mouton haché, s'essuya les mains à sa redingote qu'il ôta ensuite car il avait chaud. Torse nu, il poivra et sala puis remua et tapota, humant fort et fredonnant gras.

— Voilà, messieurs, notre moussaka est à point, annonça Mangeclous une demi-heure plus tard, après avoir goûté. La laisser plus longtemps sur le feu lui serait funeste. Retirons donc cette marmite. Maintenant ces trois œufs battus, vous voyez, mes adorés, je les ajoute afin de donner du suave à l'ensemble, puis je presse ce citron pour l'enchantement de la langue qui en sera délicieusement picotée. Voilà qui est fait, et je vais manger ! Vous pouvez vous approcher, mes chéris et bonbons, et même sentir si tel est votre désir et souhait. Dites, minuscules de mon cœur, n'est-ce

pas une merveille que cette moussaka ? Mange-moi !
semble-t-elle crier, ne trouvez-vous pas ?

— Mangez-moi au pluriel, crie-t-elle plutôt ! dit
finement le petit Isaac dont l'allusion passa inaperçue,
son père étant occupé à puiser dans le délicieux
mélange avec une louche qu'il huma puis mit sous le
nez des deux petits avec un bon sourire.

— N'est-ce pas que cette odeur est émouvante ? Et
maintenant, vous pouvez regarder manger votre cher
papa, je vous y autorise car je sais que vous en aurez
du plaisir.

— Père, comme cette moussaka a l'air réussie ! dit
Lord Isaac d'un ton engageant.

— Peut-être, répondit Mangeclous avec une certaine réserve, car il venait de sentir le danger. Enfin,
nous allons voir.

— Nous ? crièrent les deux bambins en grande
jubilation.

— Pluriel de majesté, expliqua Mangeclous.

— Père, puis-je me hasarder à vous dire câlinement
que j'ai une faim canine ? fit Lord Isaac.

— Et moi, léonine ! cria Moïse.

— Que faire, mes pauvres enfants ? soupira Mangeclous d'un air innocent. Il n'y a rien ici, hélas, pour
vous !

— Et la moussaka donc ! crièrent les deux bambins
indignés.

— Et que restera-t-il pour moi alors ? Enfants
dénaturés, vous voulez donc que votre père entre dans
la vallée de l'ombre de la mort et seriez-vous par
hasard de vilains petits parricides ? Allons, patience,
mes mignons. A midi, heure du lunch anglais, il y
aura pour vous une bouillie de maïs digne du roi
d'Italie.

— Moins bonne que la moussaka ! cria Lord Isaac, le plus jeune mais le plus hardi.

— Que veux-tu, mon cher, dit Mangeclous, privilège de l'âge. Tu es jeune, tu as le temps, et Dieu sait combien de moussakas tu engloutiras en ta vie ! Allons, sois sage, mon passereau, ajouta-t-il en caressant le petit haut-de-forme, à midi je te raconterai une belle histoire pendant que tu te régaleras d'une charmante bouillie dans laquelle, si tu es modeste et bien élevé, j'introduirai avec plaisir de nombreuses gouttes d'huile.

— Oui, d'arachide ! cria avec dégoût le petit révolté.

— Mais, mon cher ami, il n'y a rien de plus sain que l'arachide ! Consulte les grands savants américains !

— Vous prenez toujours de l'huile d'olive ! rétorqua Lord Isaac qui ne s'en laissait pas conter. Et de Lucques, qui est la meilleure ! Et pressée à froid !

— Indispensable, mon trésor, pour faire survivre un phtisique galopant.

— Et moi, je dis que c'est dégoûtant ! cria le brimborion.

— Pardonnez-lui, père, intervint Moïse, ce n'est qu'un enfant.

Mangeclous n'avait nulle envie de sévir, trop fier qu'il était de la hardiesse de son pétulant benjamin. Il le jaugea en silence des pieds à la tête. Quel banquier il ferait plus tard ! Quatre petits bras se dressèrent soudain et un concert de supplications éclata.

« Juste un peu de moussaka ! — Oui, juste un peu pour le goût ! — Pour en connaître le goût ! — Ça ne dépassera pas la gorge ! — Un rien ! — Rien que pour savoir si elle est réussie ! — Ainsi, notre admiration pour vous en sera augmentée ! — Une petite portion pour nos appétits enfantins ! — Dieu vous la rendra au décuple ! — Père, ne soyez pas implacable ! — Écoutez nos jeunes appels ! — Prêtez l'oreille à nos tendres prières ! — Ne restez pas sourd à nos puériles sollicitations ! — Père, écoutez les gémissements de nos estomacs respectifs ! — Père, nos estomacs se dévorent eux-mêmes ! — Père, votre appétit n'est que simple activité de compensation ! — Vu les déboires d'un génie malheureux ! — Notre appétit par contre est physique ! — En conséquence, veuillez nous accorder une juste part de moussaka ! — Père, nous nous purifierons bien les mains avant de dévorer la moussaka chérie ! — Père, nous rendrons grâces à Dieu qui créa le mouton ! — Père, nous mangerons avec bruit pour vous dire notre gratitude émue ! — Et si le pain accompagnateur de moussaka tombe à terre, nous le baiserons très fort ! — Et nous remercierons Dieu qui a permis à l'homme de sortir le pain de la terre ! — Père, trésor de nos cœurs, voyez nos souffrances ! — Père, nous avons un pathétique besoin de moussaka ! — Père, une envie de moussaka non satisfaite provoque l'hydropisie ! — Craignez de nous voir gonfler soudainement ! — Père chéri, nous agonisons ! — Auteur de nos jours, ayez pitié ! — Introduisez quelques protéines en notre intérieur ! — Père, nous sommes plus affamés que les piranhas ! — Oui, père, que les piranhas, poissons des eaux douces d'Amazonie ! — Célèbres par leur appétit ! — Et dépeçant leurs proies de leurs dents acérées avec une rapidité incroyable ! — Moussaka, père, au nom du capitaine Dreyfus ! — Moussaka, père, au nom du colonel Picquart ! — Père, au nom d'Émile Zola ! — Père, au nom d'Einstein ! — Père, au nom du célèbre professeur Freud ! — Père, au nom du Maréchal Foch ! — Père, au nom de l'Académie française ! — Au nom des prophètes, père ! —

Père, au nom de la Déclaration des droits de l'homme et du citoyen ! — Père et géniteur, au nom des immortels principes de 1789 ! »

Bien que transporté d'orgueil paternel, Mangeclous crut pouvoir liquider la question en feignant une grande colère.

— Mais enfin, messieurs, quel est ce vent de rébellion qui souffle ? Sachez que je ne tolérerai pas la sédition et que je suis prêt à sévir et à vous enfermer tous deux dans une grande taie d'oreiller si vous continuez ! Qu'est-ce que ces manières, petits factieux, refroidisseurs de moussaka, véritables assassins patentés ! A votre place, petits ingrats, authentiques francs-maçons, j'aurais honte de plaindre son pauvre breakfast à celui qui vous donna le jour et de nombreuses bouillies de maïs ! Même les enfants des lions laissent leur père manger en paix ! Mais quels péchés ai-je commis pour avoir porté de pareils tigres dans mon sein ? Oui, faites des enfants, ricana-t-il douloureusement, sacrifiez-vous pour eux, songez à leur avenir, donnez-leur une grande culture, enseignez-leur les noms des diverses étoiles, instruisez-les en matière d'hypothèques, et ils vous en récompenseront d'étrange façon ! Messieurs, que dit la sainte Loi de notre maître Moïse, loué soit-il jusqu'à la fin des temps ? Elle dit, la sainte Loi : « Honore ton père ! » Est-ce m'honorer, je vous le demande en toute bonne foi, messieurs, que de vouloir me retirer cruellement la moussaka de la bouche au moment où elle allait s'y établir et étaler et s'y complaire tant sur la surface de la langue que contre le lisse intérieur des joues, apportant avec ses parfums variés du réconfort à mes papilles sevrées ! Ah, messieurs, en vérité, je vous le dis, craignez les remords qui vous mordront le foie lorsque je ne serai plus de ce monde, plus mort qu'un hareng saur, à jamais enseveli sous une terre noire et humide, pour toujours gravement immobile dans un silence éternel ! Ah, comme nous l'avons fait souffrir, notre pauvre papa, gémirez-vous alors ! Trop tard, messieurs ! Il est allongé dans son cercueil et jamais plus vous ne le reverrez, jamais plus sa noble barbe en deux ailes charmantes, jamais plus son doux sourire ! Et maintenant, il suffit, dit-il en changeant de genre, laissez-moi colmater en paix mon estomac !

Mais les deux bambins insistèrent tant que Mangeclous, de guerre lasse et par gain de paix, octroya une becquée à l'un puis à l'autre, en faisant remarquer le dôme que formait la moussaka sur la cuiller à soupe.

— Encore ! Encore ! crièrent à l'envi les deux petits.

— Non, mes délicieux, ne savez-vous pas que la suralimentation en moussaka amène chez les enfants âgés de quatre et cinq ans des lymphes vénéneuses dans le sang, provoquant douleurs insupportables dans les reins, rétention d'urine et œdème généralisé, puis stupéfaction et perte des facultés mentales ! Ma conscience m'interdit de prendre une telle responsabilité !

— Pure hypocrisie ! cria le petit Isaac.

— Il sera passé outre aux débats, dit Mangeclous, secrètement charmé par l'audace de son benjamin. Et bref, messieurs, ne me faites plus souffrir car je suis très sensible, ayant doubles nerfs de sentiments, et ne me cassez plus la tête car vos portions ont bénéficié d'un dôme énorme, et soyez un peu bien élevés, s'il vous plaît ! Réintégrez vos couches volantes et laissez-moi me nourrir en paix car mon estomac aboie ! Allons, hop, regagnez vos sommets, je l'ordonne ! conclut-il, et il ponctua sa décision d'un vent inexorable.

Les deux mignons ayant obéi avec force moues, il

s'attabla devant la pyramide de moussaka, empoigna la louche et se mit en besogne d'ingurgitation sous les regards noirs de Moïse et d'Isaac en leurs couches balancées. A la dixième bouchée, cet homme imprévisible repoussa le plat, lança loin de lui la louche et se leva.

— Branle-bas de mangement enfantin ! cria-t-il d'une voix forte.

Comprenant aussitôt le sens de ce commandement, les deux frérots sautèrent d'un bond hors de leurs couffes, sans l'aide de la corde à nœuds et au risque de se rompre les vertèbres. Sans dire mot, ils se munirent prestement de cuillers, se mirent à table en hommes d'action et s'alimentèrent avec efficacité sous les fiers regards de leur père. « Mangez du pain aussi, leur disait-il, beaucoup de pain car il augmente le plaisir du remplissement ! Mais si dans votre précipitation une tranche de pain tombait à terre, ne manquez point de lui demander pardon et de lui donner un baiser ! — Oui, oui, on sait, répondaient les deux petits, très occupés. »

Sublime de moralité et le poing sur la hanche, Mangeclous contemplait avec attendrissement le spectacle du bonheur dont il était l'auteur, admirait ses rejetons qui se remplissaient en techniciens, menottes actives et bouches diligentes, petits chapeaux hauts de forme allant et venant au rythme des maxillaires. Soudain, il estima opportun de se rendre un juste hommage public.

— Je me sacrifie pour mes enfants car je suis bon ! déclara-t-il. Je leur ai cédé les neuf dixièmes de ma moussaka ! Tant pis si je me sous-alimente, tant pis pourvu que mes enfants soient heureux ! Donner du bonheur à ceux qu'on aime est la loi suprême !

La beauté de ses paroles le bouleversa et plusieurs larmes coulèrent sur ses joues décharnées cependant que les deux petits mastiquaient activement. Se gardant de les essuyer, il s'approcha du miroir accroché au-dessus de l'évier, s'assura qu'elles étaient bien visibles.

— Je suis profondément ému, dit-il à haute et intelligible voix.

Cette déclaration avait pour but d'attirer l'attention des petits mangeurs pendant qu'il était temps encore car les cinq larmes, chauffées par les pommettes ardentes du phtisique, allaient bientôt s'évaporer. Mais les deux ingrats, trop occupés, ne levèrent pas la tête. Cinq larmes perdues, gâchées! Il soupira, passa sa main sur son front pour chasser la déception, haussa les épaules, se résigna. Tel était le sort des pères, hélas! Quelques minutes plus tard, les deux bambins repoussèrent leurs assiettes vides, émirent un soupir de satisfaction et se levèrent.

— Nous sommes calmés et remplis, sourit Lord Isaac. Tant en mon nom personnel qu'en celui de mon cher frère dont je crois interpréter fidèlement les sentiments, je vous remercie de ce bon petit déjeuner.

Trouvant que cette formule de gratitude manquait de chaleur, Mangeclous s'inclina à peine. Sur quoi, Lord Isaac ajouta que son frère et lui allaient prendre quelque repos « pour faciliter le transit de la moussaka ». Installés dans leurs paniers, les deux enfants s'endormirent presque aussitôt, ivres morts de réplétion. Ils ronflaient déjà lorsque la porte s'ouvrit devant Éliacin essoufflé et saluant à la romaine.

— Les cousins vont arriver dans quelques minutes, annonça-t-il, mais j'ai cru devoir les devancer par un galop furibond afin de vous prévenir, père chéri, à toutes fins utiles, remettant toutefois à plus tard le récit de mes tribulations !

— Fort bien. Attends-les sur le seuil pour leur faire honneur en tant que délégué de ton père et en quelque sorte chargé d'affaires. Conduis-les ensuite dans ma cave à coucher et de réception. Tu les prieras de patienter car je tiens à les faire attendre quelque peu afin qu'ils mijotent dans le respect.

— Je ne saurais vous donner tort, père ! Ainsi font les ministres !

— Et les grands avocats, ajouta Mangeclous. Tu leur diras que ton vénéré père est en grande méditation de cervelle. Et s'ils se tordent sur le gril de l'impatience, charme-les par quelque discours sagace.

— J'envisage de leur exposer ma plus récente théorie, conçue avec la collaboration de Moïse, mon cher frère et premier assistant, en l'espèce une théorie des particules élémentaires. Mais en somme non, ils auraient quelque peine à comprendre. En conséquence, je leur ferai plutôt un parallèle entre les poètes Rimbaud et Lautréamont, ce dernier bien surfait, d'ailleurs.

Dissimulant son ignorance, Mangeclous approuva bénignement, déclara que ce parallèle était une bonne idée et pressa son fils d'aller au-devant des cousins. Éliacin répondit par l'ouïe et par l'obéissance et s'élança. Et voilà pour lui.

— Rébecca, ô montagne de graisse, ô tardive, ô sultane des tortues ! cria Mangeclous.

Elle entra aussitôt avec son pauvre sourire honteux, haletante de pesanteur et se mouvant avec peine, les deux bras en balancier, pareille au funambule sur sa corde raide. Tendant la toque et la toge qu'elle venait de terminer, elle expliqua à son cher effendi, lumière de ses yeux, que son retard était dû à « ma purge de ce matin qui a fait tumulte dans mes boyaux ».

— Merci, gracieuse, dit Mangeclous en s'inclinant. Vous pouvez disposer.

Resté seul, il se coiffa du gibus transformé en toque par l'ablation des ailes et l'adjonction d'une bordure d'ouate hydrophile en guise d'hermine. Ensuite, ayant étalé sur la table la robe grand-maternelle devenue toge, il en savoura le col également hydrophile ainsi que les parements de soie turquoise et orange découpés par Rébecca dans les robes sabbatiques de ses deux filles en pleurs. Très convenable, murmura-t-il. Soudain ému de pitié à la pensée du chagrin de ses filles cruellement privées de leurs toilettes d'apparat, il se moucha à grand bruit. Pauvre Trésorine, pauvre Trésorette ! Eh bien, il leur achèterait deux robes neuves, encore plus belles, et de plus maints kilos de nougat au sésame afin de les engraisser.

— Et qu'elles puissent enfin se marier, ces pauvrettes morfondues, sourit-il bénignement.

Sur quoi, après avoir soulevé haut la dame-jeanne de vin et longuement bu à la régalade, il endossa la toge, la boutonna, mit sa toque de côté pour faire habituel et familier, promena un bout de miroir devant toute sa longueur, de la tête aux pieds. Très bien, très réussi, il vaincrait ! Des deux mains soulevant le bas de sa toge, il exécuta plusieurs entrechats de joie, grands pieds nus s'entrechoquant.

Soudain, il s'arrêta, entendant la voix des cousins dans la cave attenante. Abandonnant son projet de les faire se consumer dans l'attente et le respect, et d'ailleurs impatient de se montrer en toute sa gloire, il décida d'agir sur-le-champ. A cet effet, il remit la toque en position normale pour faire magistrat sérieux, lâcha deux ou trois vents pour se libérer l'esprit et prit son élan. Fonçant en grand savant pressé, tête baissée et regard préoccupé, il ouvrit toute grande la porte et, soulevant largement sa toque, salua ses quatre cousins.

VII

Avant d'aller plus loin et de conter ce qu'annonça Mangeclous à ses visiteurs, il convient de présenter ces derniers à qui ne les connaît pas encore. Voici donc, ô ami inconnu, toi que je ne verrai jamais et que j'aurais tant aimé peut-être.

Des liens de parenté lointaine unissaient Mangeclous, Saltiel, Salomon, Mattathias et Michaël — que les Juifs de Céphalonie appelaient les Valeureux ou encore les Valeureux de France. Les cinq compagnons et cousins appartenaient en effet à la branche cadette des Solal qui, après cinq siècles d'errances en diverses provinces de France, était venue, à la fin du dix-huitième siècle, rejoindre dans l'île grecque de Céphalonie la branche aînée qui, venue d'Espagne, l'y avait précédée deux siècles auparavant.

De père en fils, les Solal Cadets avaient continué de parler français — et un français parfois archaïque, émaillant leurs discours de mots disparus tels que, par exemple, desverie (folie), courbassé (courbé par la vieillesse), coltel (couteau), syndiquer (critiquer), destorber (déranger), vesprée (crépuscule), copie (abondance), se dementer (devenir fou de douleur ou se lamenter), estorbeillon (tourbillon). Leur grandiloquence et leur parler vieillot faisaient sourire les touristes français qui, aussitôt débarqués, recevaient la visite de leurs enthousiastes compatriotes, les Valeureux chargés de menus cadeaux. Cette fidélité au noble pays et à la vieille langue était touchante. C'est ainsi que, durant les soirées d'hiver, assis autour d'un brasero, les cinq amis lisaient ensemble Villon, Ronsard, Rabelais ou Montaigne pour ne pas perdre l'habitude des « tournures élégantes » qui faisaient monter parfois des larmes d'attendrissement à leurs yeux. Les cinq cousins étaient fiers d'être demeurés citoyens français. Mattathias, Salomon et Saltiel avaient été, pour des raisons diverses et malgré leur insistance, dispensés du service militaire. Mais Michaël et Mangeclous tiraient orgueil de l'avoir accompli au cent quarante et unième d'infanterie à Marseille. Michaël avait été un beau tambour-major et Mangeclous un âpre caporal.

L'ingéniosité de leur esprit, l'amitié qui les unissait, leur réputation de grands patriotes français, leurs connaissances politiques, diplomatiques et littéraires, leur incompétence brouillonne et passionnée, conféraient aux Valeureux un grand prestige auprès de leurs congénères. Ils étaient l'aristocratie de ce petit peuple confus, imaginatif, incroyablement enthousiaste et naïf. Pour donner une idée de l'ingénuité des Céphaloniens, qu'il suffise de dire que Mangeclous gagna pas mal d'argent en se faisant montreur de monnaie américaine. Il acheta un jour un dollar à un touriste et annonça à ses coreligionnaires que, moyennant un sou, il montrerait un écu authentique des Amériques. Il y eut foule devant la demeure de l'habile homme qui, quelques jours plus tard, se trouva en possession de plusieurs mètres de sous.

L'éloquence des Valeureux ébahissait cette population de péroreurs orientaux. Leur faconde était due en partie au fait que, trente ans auparavant, il avaient fait venir de Paris un érudit famélique qui avait été pendant quelques mois leur professeur de beau langage. Ils avaient d'ailleurs beaucoup lu et beaucoup retenu, mais à tort et à travers.

Ce qui précède explique pourquoi les Juifs de Céphalonie accouraient toujours lorsque Mangeclous et ses acolytes se réunissaient pour parler et s'annoncer les uns aux autres des nouvelles mordorées. Mais les Valeureux de France tenaient à leur prestige, frayaient peu avec ce qu'ils appelaient la plèbe et avaient soin de donner à leurs conciliabules un air de mystère qui les grandissait aux yeux de leurs coreligionnaires, jaunes d'envie ou écarlates d'admiration.

Et maintenant, Mangeclous ayant été déjà présenté, il sied de décrire brièvement les quatre autres Valeureux. Saltiel Solal, d'abord. Saltiel, oncle maternel du beau Solal, était un petit vieillard ingénu et solennel, maintenant âgé de soixante-quinze ans, si sympathique avec son fin visage rasé aux petites rides aimables, sa houppe de cheveux blancs, sa toque de castor posée obliquement, sa redingote noisette toujours fleurie d'une touffe de jasmin, ses culottes courtes assujetties par une boucle sous le genou, ses bas gorge-de-pigeon, ses souliers à boucle, son anneau d'oreille, son col empesé d'écolier, son châle des Indes qui protégeait ses épaules frileuses, son gilet à fleurs dans les boutons duquel il passait souvent deux doigts, féru qu'il était de Napoléon.

Parfaitement bon et très pieux, Saltiel n'avait guère

réussi dans la vie. Naïf et enthousiaste, ses diverses professions irisées avaient crevé les unes après les autres. Il avait même été pendant quelques semaines conseiller politique d'un petit potentat arabe dont la conduite morale lui avait vite déplu et il s'était enfui en douce, par une nuit sans lune, déguisé en fantôme féminin. Pendant un demi-siècle son cerveau avait bouillonné d'inventions ingénieuses qui l'avaient conduit à la ruine. Il en était maintenant réduit à essayer de gagner sa vie en peignant des cartes postales enjolivées de grains brillants et en gravant, muni d'une loupe et d'une aiguille, des versets du Deutéronome sur des marrons et des os de poulet. Au maigre produit de ces travaux venait heureusement s'ajouter l'appoint d'une modeste rente léguée par sa sœur, la mère de Solal.

Depuis de longues années, l'oncle Saltiel logeait dans l'ancien pigeonnier d'une fabrique désaffectée, au haut de l'impasse des Bonnes Odeurs. Coquettement aménagée et repeinte avec l'aide des cousins, cette demeure lui ressemblait, petite et proprette, posée sur le toit herbeux de la vieille fabrique, obliquement, à la manière d'une toque de castor. Il y coulait des jours paisibles.

Le matin, aussitôt levé, il procédait à des ablutions complètes à l'aide d'un broc et d'une cuvette. Après s'être soigneusement rasé et avoir parfumé son mouchoir à l'essence de bergamote, il priait, les épaules revêtues du châle rituel, rendait grâces à l'Éternel de l'avoir fait homme et en conséquence créature admirable, puis Lui demandait, paumes présentées au ciel, de protéger son neveu. « Il est le fils de mon âme, Tu le sais, Seigneur. En conséquence, je Te demande de le maintenir en bonne santé à Genève, de le faire progresser en succès, mais toujours dans la droiture et la vertu, et je T'en remercie d'avance, ô roi de l'Univers. » Il terminait en recommandant successivement à la sollicitude divine la République française et son président « qui est un homme très bien, modeste, raisonnable et courtois, enfin dans mon genre », puis ses quatre cousins, puis les Juifs de par le monde, puis les catholiques, les protestants et, d'une manière générale, l'espèce humaine tout entière, à l'exception d'Adolf Hitler « à moins qu'il ne change par Ta volonté, Seigneur, mais vraiment entre nous je ne le crois pas possible, avec cette voix méchante qu'il a ! »

Ses prières achevées, il méditait sur un psaume pendant cinq minutes, montre en main, les œuvres littéraires du roi David l'ennuyant passablement, bien qu'il ne se l'avouât point. Après avoir fermé sa porte pour ne pas risquer d'être surpris par quelque coreligionnaire de stricte observance, il lisait ensuite une ou deux pages du Nouveau Testament, qu'il admirait en secret. « Je suis bon Juif, se confiait-il à lui-même, et la sainte Loi est ma force et ma tour, mais tout de même je trouve que l'arianisme a du bon, Arius avait raison de dire que Jésus était un homme parfait, un grand prophète. Un grand bon sens, cet Arius-là, je suis d'accord avec lui ! Et puis, après tout, le fils de Joseph et de Marie était un des nôtres, que diable ! C'est pourquoi, dans mes voyages, lorsque je passe devant une église chrétienne, si je suis seul j'entre toujours pour faire une petite prière. Chut ! Mais attention, messieurs, qu'il n'y ait pas de malentendu, Moïse est notre maître sublime, et l'Éternel est notre Dieu, l'Éternel est Un, tout à fait Un, rien qu'Un ! »

La partie religieuse terminée, Saltiel déjeunait le plus souvent d'un café noir fourni par le cafetier d'en bas et monté dans une corbeille attachée à une longue ficelle. Après avoir orné sa redingote d'une touffe de jasmin cueillie sur le toit, il sortait et déambulait aimablement à travers les petites rues du quartier juif, distribuant des bonbons aux enfants aussitôt accourus et méditant les termes de quelque belle lettre politique, pleine de sages conseils, qu'il écrirait de retour au pigeonnier. Voici, par exemple, le dernier paragraphe de la plus récente, adressée à un président du Conseil français.

« Croyez-moi, Chère Excellence, et suivez mes avis car, méditant longuement dans mon pigeonnier, j'ai mordu profondément au tronc de l'arbre de la connaissance ! Donc tâchez d'expliquer à messieurs les députés de ne pas tout le temps renverser le gouvernement, que diable, ne serait-ce que pour ne pas faire Mauvaise Figure vis-à-vis des Autres Nations Prêtes à Ricaner ! Et dites aussi aux Socialistes d'être un peu Raisonnables, qu'ils ne soient pas trop pressés, pas trop de changements à la fois, mais petit à petit, un peu de Patience et par la Douceur, mais naturellement que les ouvriers soient bien payés ! Avec les bénédictions d'un Modeste Vieillard Israélite d'âme mais Français de Cœur et de Papiers d'Identité qui vous a écrit déjà plusieurs fois sans l'Agrément d'une Réponse, espérant en avoir une cette fois, Saltiel Solal à Céphalonie suffisant comme adresse, et mettant sans vouloir Vous offenser un timbre français pour la réponse, procuré par l'huissier grec du Consulat de France qui est vraiment Très Serviable, et je Vous le recommande pour une augmentation, ayant quatre filles et une étant borgne et non mariable ! Avec respect, Excellence !

« Saltiel Solal. »

Et voici le texte d'une autre lettre qu'il adressa à Charles Maurras et qui, pas plus que ses lettres à des ministres, ne reçut de réponse.

« A Monsieur le Grand Écrivain Maurras, avec respect, demeurant à Paris, France. Cher Monsieur le Grand Écrivain, quoique je n'aie lu aucun de vos livres, mais il paraît que vous êtes vraiment un Grand Écrivain, il m'est revenu par l'huissier grec du Consulat de France, il apporte les paquets, balaye les bureaux, mais il est assez Instruit et lit les journaux français, que vous êtes aussi un Grand Antisémite, toujours détestant les Israélites ! Vous êtes homme et par conséquent mortel hélas comme nous tous, mais que faire ? Alors, pour l'amour du ciel, pourquoi être Méchant tout le temps, et quel plaisir ? Ne passez pas les quelques années qui vous restent à vivre dans la méchanceté qui flétrit l'âme ! Voyons, est-ce un but de vie de détester ? Soyez bon, Monsieur le Grand Écrivain, c'est la Loi de l'Éternel ! Je vous écris parce que j'ai vu une photographie de Vous, c'est l'huissier grec qui me l'a montrée lorsque le Consul était en voyage, sa Mère étant tombée gravement malade du cœur, pauvre femme ! Nous sommes tous enfants de Dieu, donc frères et par conséquent nous devons nous chérir ! Essayez, Monsieur l'Académicien, et vous verrez comme c'est Agréable ! Vous n'aurez plus cette Tête Mécontente de la photographie ! Donc j'espère vous avoir changé et dans cet espoir je vous envoie la bénédiction de frère à frère, quoique avec respect à cause de l'Académie Française et enfin de votre grande culture ! Mais je vous recommande d'être bon ! Est-ce de la bonté de vouloir faire souffrir et humilier les pauvres Israélites ? Ils ne le méritent pas ! Par exemple, regardez mon cousin Salomon, il préfère se laisser piquer par un moustique plutôt que de l'écraser ! Alors ? Comment peut-on le détester ? C'est impossible, voyons ! Avec un sourire d'espoir, je me soussigne, vôtre

« Saltiel Solal. »
« Psst ! D'ailleurs, Jésus était un Israélite ! Sa Vénérée Maman aussi ! Les Apôtres aussi ! Donc ! »

Mattathias Solal, dit Capitaine des Avares, dit Mâche-Résine, dit Veuf par Économie, dit Compte en Banque, était le maître de la barcasse qui transportait la soude pour les savonniers de l'île. Cet homme sec, calme, circonspect et jaune, était pourvu d'oreilles écartées et pointues qui semblaient vouloir tout écouter pour en tirer immédiat profit. A l'encontre de ses cousins, tous quatre fort généreux et qui, dès qu'ils avaient quelques drachmes, les dépensaient aussitôt, sans nul souci du lendemain, Mattathias était attaché aux biens de ce monde, comme y sont attachés aussi certains fidèles d'autres religions. Lorsqu'il entendait parler d'argent, ses oreilles frémissaient et accomplissaient un quart de cercle. Ses yeux bleus étaient devenus louches à force de regarder sans cesse dans les coins pour y trouver des portefeuilles perdus. Il n'en trouvait guère mais, allant d'un pas prudent, il sondait les chemins de son regard méfiant, s'arrêtait parfois pour ramasser de « fort propres morceaux de pain abandonnés par des inconsidérés » et s'en préparait chez lui d'excellentes bouillies. Il lui arrivait même de traîner, au bout d'une cordelette, un aimant destiné à happer les épingles et les aiguilles qui auraient pu être égarées par des « femmes sans vertu ».

Coiffé d'une toque verte, Mattathias était revêtu d'une souquenille jaune serrée à la taille, tapissée de cartes postales peintes à la main, achetées à Saltiel et qu'il proposait aux touristes, la tête basse mais le regard levé, oblique, fouilleur, juste, rapide, computateur, guettant dans les yeux des étrangers le désir de sa marchandise.

Cet habile homme était aussi à la tête d'une entreprise maritime. Une trentaine de bambins lui pêchaient du poisson moyennant menus salaires, tels que billes, allumettes et crayons. De plus, Mattathias qu'on disait millionnaire ne dédaignait pas les petits profits. C'est ainsi que lorsqu'il empruntait du café moulu, il le séchait au soleil après s'en être servi et il le rendait le lendemain aux obligeants voisins. On racontait qu'au temps de son mariage, son bébé étant mort, il avait dit à son épouse : « Écoute, femme, on ne peut pas laisser improductif tout ce lait de ta poitrine, il faut le vendre ou nous en servir nous-mêmes pour le petit déjeuner, en hommage à la mémoire du cher petit qui serait navré d'en apprendre la perte. » Cette dernière histoire, vigoureusement propagée par Mangeclous, était certainement mensongère.

Encore un détail. Mattathias était manchot et son bras droit se terminait par un gros crochet de cuivre à l'aide duquel, lorsqu'il supputait la solvabilité d'un emprunteur, il grattait son crâne tondu pour mieux réfléchir.

Voici maintenant le transpirant et majestueux quinquagénaire, Michaël Solal, huissier chamarré du grand rabbin, et que les Juifs de l'île appelaient le janissaire de Sa Révérence. Bon géant, ce Michaël, grand dégustateur de dames et terrible séducteur que la femme du préfet grec elle-même, racontait-on, allait rejoindre à minuit dans une grotte, par les nuits sans lune.

Lorsqu'il se promenait dans les ruelles tortueuses du quartier juif, une main sur la hanche et de l'autre tenant sa pipe à eau, Michaël se plaisait à chanter de sa voix de basse, accrochant les regards serviles des jeunes filles qui admiraient sa haute taille, son crâne tondu, ses grosses moustaches teintes en noir et recourbées comme un croissant de boulanger, ses bras velus, ses poings massifs, les muscles de son cou pareils à de fortes cordes, sa blanche fustanelle plissée qui ne descendait qu'aux genoux, ses longs bas de laine blanche retenus par une cordelette rouge, ses babouches à pointe recourbée et surmontée d'un pompon rouge, sa large ceinture d'où sortaient les crosses damasquinées de deux antiques pistolets, son petit gilet, doré de soutaches et de petits boutons. Sur son passage, les vertueuses dames qui allaient au bain rituel baissaient les yeux et les enfants cessaient de crier.

Il faut encore ajouter que Michaël était le seul Juif qui eût gravi le Pantokrator, la plus haute montagne de l'île. « Quel païen et véritable Gentil ! disaient de lui ses coreligionnaires admiratifs. Vous rendez-vous compte, monter jusqu'à mille quatre cents mètres ! »

Le plus jeune et non le moins sympathique des Valeureux était Salomon Solal, un Israélite dodu et de taille si menue qu'il dormait dans un lit d'enfant, entouré de barreaux pour l'empêcher de dégringoler au milieu de la nuit, par l'effet de son cauchemar habituel durant lequel, mourant de peur, il disait bravement son fait à Goering. Il était touchant avec son rond visage imberbe, constellé de rousseurs, son nez retroussé, son épi frontal de cheveux, toujours dressé, son ventre rondelet, sa courte veste verte, ses culottes rouges bouffantes, ses mollets nus et ses quarante ans ingénus.

Ce petit chou d'un mètre cinquante-sept était vendeur de rafraîchissements de mai à septembre, marchand de beignets chauds en hiver, et cireur de souliers en toutes saisons. Si mignon lorsque, portant en bandoulière deux jarres d'argile, il appelait la clientèle en choquant d'une seule main, l'un contre l'autre, ses deux gobelets. « Eau d'abricot et limonade aux petits citrons parfumés ! criait-il gentiment. Fraîche, mon eau d'abricot, comme les yeux de la gazelle et comme les lèvres de la Sulamite ! Qui a soif vienne et se désaltère ! Un centime pour les riches et gratis pour les pauvres ! » De son autre main, il tenait sa boîte à cirages de toutes couleurs.

Cet ange cirait gratis les pauvres et les amis, ce qui lui valait des semonces de son épouse, une longue créature armée d'une dent unique mais puissante et qui le ruinait en spécialités pharmaceutiques. Lorsqu'elle le grondait, il s'en allait bouder dehors et se consolait avec un petit chien imaginaire qu'il caressait. « Tu es gentil, toi, lui disait-il, on s'entend bien, nous deux. » Ou encore, autre réconfort, il se réfugiait sur le toit de sa maisonnette en compagnie du vieux phonographe à long cornet et s'offrait le plaisir de faire le chef d'orchestre. Dès que la musique nasillarde en sortait, il conduisait avec une baguette, plein d'assurance, arrondissant les trombones et pointillant les pizzicati. A la fin du morceau, baguette à la main, il saluait une assistance délirante. Encore ceci. Ce pauvre petit naïf s'acharnait à vouloir apprendre à nager, mais prudemment, en faisant avec ses mignonnes mains des mouvements de brasse dans une cuvette remplie d'eau. Une deux, une deux, scandait-il consciencieusement le matin, après sa toilette. Mais les résultats n'étaient pas satisfaisants.

Salomon était très sensible, et la moindre émotion lui donnait le hoquet. En tel cas, Mangeclous s'offrait le plaisir de le gifler à l'improviste, prétendant que rien n'était meilleur pour supprimer le hoquet, la peur ressentie alors par le petit n'ayant d'autre effet que de redoubler la fréquence du spasme. Le pauvret n'en aimait pas moins son bonasse persécuteur. Ce chérubin était tout amour. Par exemple, lorsqu'il était seul, en train de se laver les mains — ce qu'il faisait très souvent, féru qu'il était de propreté — il lui arrivait de dire à haute voix, sans nulle raison : ma chère épouse, ou encore : mon cher oncle Saltiel, et en sa solitude il souriait à l'objet aimé.

Comme l'oncle Saltiel, Salomon était profondément croyant. Il le témoigna le jour où Mangeclous, par pure méchanceté affectueuse, déclara devant lui que Dieu ne lui plaisait pas, mais pas du tout, à seule fin de scandaliser le pauvre petit, dont les cheveux se dressèrent et qui s'enfuit pour ne pas entendre de pareilles horreurs. Mais comme le Bey des Menteurs lui criait de loin que l'Éternel des Armées était un vantard, un fanfaron et un raconteur d'histoires pas vraies, Salomon indigné n'y tint plus et accomplit le premier acte sanguinaire de sa vie. Il ramassa une pierre ronde et, se comparant intérieurement au roi David vainqueur de

Goliath, la lança avec tant de force qu'elle éborgna un âne qui se promenait sans penser à mal. « Quand je suis gentil, je suis très gentil, expliqua le petit Valeureux aux Juifs accourus, mais quand je ne suis pas gentil, je suis horrible ! »

Encore ceci. Ayant une fois loué ses services à un paysan chrétien de Gastouri, un des villages de l'île, Salomon s'était interrompu un matin dans sa cueillette d'olives pour peindre de jolies fleurs sur les murs de l'étable. C'est pour faire plaisir aux vaches qui s'ennuient, les pauvres, toujours attachées, expliqua cet ange. Encore ceci, et puis fini. Il était la chasteté même. Les gaillardises de Michaël le faisaient frémir, pauvre mignon, et il se bouchait les oreilles pour ne pas entendre les récits galants du janissaire que pourtant il admirait follement. D'une manière générale, d'ailleurs, Salomon admirait. Tout l'éblouissait, le transportait. Ce cœur pur était doué d'un grand appétit de respect. Salomon, mon petit ami intime, les jours de nausée.

Ma plume s'est arrêtée et j'ai vu soudain mon peuple en terre d'Israël, adolescent d'un auguste passé surgi, antique printemps, virile beauté révélée au monde. Louange et gloire à vous, frères en Israël, vous, adultes et dignes, sérieux et de peu de paroles, combattants courageux, bâtisseurs de patrie et de justice, Israël israélien, mon amour et ma fierté. Mais qu'y puis-je si j'aime aussi mes Valeureux qui ne sont ni adultes, ni dignes, ni sérieux, ni de peu de paroles ? J'écrirai donc encore sur eux, et ce livre sera mon adieu à une espèce qui s'éteint et dont j'ai voulu laisser une trace après moi, mon adieu au ghetto où je suis né, ghetto charmant de ma mère, hommage à ma mère morte.

VIII

— Messieurs, je vous salue universitairement, dit Mangeclous en soulevant sa toque à bordure hydrophile.

Assis à terre, faute de chaises, les quatre Valeureux considérèrent avec stupéfaction la toge agrémentée de turquoise et d'orange. Mattathias s'arrêta de mâcher sa résine, Michaël lâcha le tuyau flexible de sa pipe à eau et Salomon commença une crise de hoquet. Saltiel se leva, croisa ses bras.

— O Mangeclous, dit-il, es-tu devenu fou et quel est ce carnaval ?

— Ce carnaval, mon cher, est un professeur d'Université, repartit Mangeclous en se découvrant de nouveau.

— Quelle Université ?

— Une grande !

— Mais où est-elle, cette Université ?

— Ici ! dit Mangeclous en indiquant son front. Mais bientôt en un palais.

— Et qui t'a nommé professeur ? demanda Saltiel avec une intention de mortelle ironie.

— Moi, répondit Mangeclous. En ma qualité de connaisseur de ma valeur.

— Nomination extraordinaire, en vérité !

— A personnalité extraordinaire, nomination extraordinaire ! répondit Mangeclous. Cher Saltiel, ton interrogatoire policier me semble provoqué par quelque jalousie. Ainsi est l'espèce humaine, hélas, et ne point partager la médiocrité commune se pardonne difficilement. Mais baste, passons l'éponge, et sache, ô Saltiel, qu'il y aura des honneurs suprêmes pour tous ! Décroise donc ton indignation et ouvre tes oreilles car je vais tout expliquer !

— Non, pas tout de suite, s'il te plaît, dit Salomon, l'index levé, car il faut que j'aille faire mon petit besoin dehors. Attends donc que je revienne, cher Mangeclous, car ton histoire me plaît, surtout les honneurs. Au revoir, je vais vite parce que je n'en peux plus !

— Que sont ces manières ? s'indigna Mangeclous. O fourmi à tête humaine, ô petit pois qui chus un jour au fond du trombone dont il fallut t'extirper et soustraire à la force des tenailles, que sont ces manières incorrectes, et crois-tu que ce soit ainsi qu'on se conduit à la Chambre des Communes ?

— Mais c'est parce que j'ai bu beaucoup d'eau d'abricot, expliqua le petit chou.

— Cette conversation me paraît déplacée, dit Saltiel. Allons, Mangeclous, explique ton Université, et toi, Salomon, va en ta voie et tes besoins.

— Mais c'est que j'aimerais savoir comment on se conduit à la Chambre des Communes, afin que j'apprenne, malgré ma souffrance présente !

— Le député anglais est un gentilhomme de parfaite éducation, dit Mangeclous. En conséquence, sache que s'il se trouve en ta même circonstance et envie, il se lève de son siège, va vers le roi assis sur son trône, prend un air humble et murmure à l'oreille de Sa

Majesté : Sire, puis-je sortir une petite minute pour me laver les mains ? Et le roi répond : Accordé, mais dépêche-toi et n'oublie pas de te reboutonner !

— Bien, je saurai maintenant, dit Salomon. Alors, je vais me laver les mains parce que vraiment je n'en peux plus ! Au revoir, chers amis, à bientôt !

— Ne tourmente plus cet agneau, je t'en prie, dit Saltiel à Mangeclous lorsque Salomon fut sorti. De plus, le roi d'Angleterre n'assiste jamais aux débats de la Chambre des Communes, c'est chose connue. Pourquoi racontes-tu de tels mensonges ?

— Par tristesse soudaine, vision subite de mon squelette sous terre et désir de passe-temps pour m'embrouiller, dit Mangeclous. Mais laissons cela. Oui, messieurs, une Université ! Nous n'aurons d'abord que les gens de Céphalonie, mais la renommée viendra rapidement et les étudiants accourront de toutes contrées ! En conséquence, fortune certaine, je n'hésite pas à le dire ! Taxes d'entrée pour écouter mes cours ! Taxes des examens, bon marché ou cher, selon les chaussures de l'étudiant ! Naturellement, j'examinerai avec quelque indulgence les étudiants payeurs de taxes de première classe et m'arrangerai pour qu'ils réussissent avec félicitations du jury ! Taxes pour la remise des diplômes ! Taxes spéciales pour les doctorats honoris causa conférés à des personnalités richissimes ! Ristournes remises à l'Université par les compagnies de navigation, vu l'affluence des étudiants arrivés par mer ! Et j'envisage pour plus tard la fondation d'un hôtel de luxe, qui sera propriété clandestine de l'Université, un palace avec eau froide courante et funiculaire sur la montée des Mûres pour les étudiants américains !

Salomon entra, guilleret et la démarche légère,

informa l'assistance que de s'être lavé les mains lui avait fait beaucoup de bien. Personne ne s'intéressa à cette information, à l'exception de Saltiel qui sourit au rondelet puis se tourna vers Mangeclous.

— Tout cela me paraît prématuré et même ambitieux, dit-il. Par contre, je reconnais qu'une petite Université répond à un besoin local, nos coreligionnaires de l'île étant affamés d'instruction. Et maintenant, je te poserai la question capitale. Que serai-je en cette Université ?

— Membre du conseil des gouverneurs !

— Insuffisant ! Président de ce conseil ou rien ! C'est mon dernier mot !

— Accordé !

— Et de plus, je ferai un cours de morale !

— Je ne crains pas la concurrence ! Accordé !

— De plus, à la tête de l'Université, il y a toujours un recteur, homme honorable et d'un certain âge. Qui sera le recteur ?

— Ne suis-je pas honorable ? demanda Mangeclous. D'ailleurs, j'ai toge et toque.

— Fort bien, dit aigrement Saltiel, tous mes vœux pour ton petit projet qui ne m'intéresse guère. Et maintenant, adieu, des affaires importantes m'attendent.

— D'accord, dit Mangeclous, tu seras vice-recteur.

— Un subordonné ? s'écria Saltiel après un rire méprisant.

— D'accord, recteur honoraire, et n'en parlons plus !

— J'accepte, après réflexion. Mais il est bien entendu que, lorsque tu feras ton cours, je m'assiérai sur l'estrade, près de toi, afin qu'il soit clair que je ne suis pas un étudiant et que je te contrôle !

— Accordé ! Tu pourras même croiser les jambes. Je te ferai toutefois affectueusement remarquer qu'en matière universitaire l'usage est de dire podium et non estrade. Mais peu importe et passons avec un sourire !

— Quel cours donneras-tu, Mangeclous ? demanda Salomon, charmé d'avance.

— Tous, mon cher, tous, répondit Mangeclous.

— J'en étais sûr, dit Salomon. Parce que tu es intelligent. Et moi pourrai-je être aussi un peu professeur quelquefois quand il n'y aura pas beaucoup de monde ?

— Professeur de quoi, mon enfant ? demanda Mangeclous avec une feinte bienveillance.

— Des belles choses de la vie, tout ce qui fait du bien, l'amitié, on se promène avec les amis le soir quand il y a la brise de la mer et on est contents de causer ensemble, et on se tient par la main, et puis la bonté de Dieu surtout.

— Ta demande de professorat, dit Mangeclous, me fait penser à cette fourmi qui avait vu ferrer un superbe cheval arabe et qui s'écria : moi aussi je veux qu'on me ferre les pattes !

— Tu as raison, dit Salomon, je ne suis pas assez instruit, et qui pourrait se mesurer à toi ? Mais quels cours par exemple donneras-tu, cher Mangeclous ?

— Cours de réussite dans la vie, ou de perspicacité, ou d'étiquette mondaine. Pourquoi ce sourire diabolique d'homme supérieur, ô Saltiel ?

— En toute amitié, cher cousin, je prendrai la liberté d'insinuer quelques doutes sur tes connaissances mondaines, dit Saltiel en puisant d'un air fin dans sa tabatière de corne. A ce sujet, me permettrais-tu de te poser quelques questions ? demanda-t-il après avoir prisé. (Mangeclous ferma les yeux en signe d'acquiescement.) Par exemple, dans un salon distingué, on te présente à une dame de haute naissance, comment engages-tu la conversation, aie la bonté de nous le faire connaître et savoir !

— La question est élémentaire, répondit Mangeclous. La formule appropriée en tel cas est : C'est une joie pour moi, madame, que de deviser galamment avec vous de petits riens.

— Pas mal, reconnut Saltiel, quoique bagatelles soit plus flatteur que petits riens !

— Ils en savent des choses, dit Salomon en se retournant fièrement vers Michaël. Malheureusement, bête que je suis, j'ai déjà oublié ce qu'on dit à la dame de haute naissance !

Le janissaire tira sur sa pipe à eau qui glouglouta et il eut un sourire indulgent car il savait bien qu'il ne perdrait pas son temps à deviser de petits riens avec cette dame de noble naissance et que, seul avec elle, il recourrait à son mode d'approche expéditif et masculin, et qui n'offensait jamais les belles, toutes indulgentes à un certain hommage silencieux, et même flattées et reconnaissantes.

— Et admettons que tu parles à un roi, si toutefois il consent à te recevoir, poursuivit Saltiel, que lui diras-tu pour témoigner ton intérêt respectueux pour la reine, aie la courtoisie de me le faire connaître, je te prie !

— De plus en plus élémentaire ! ricana Mangeclous. C'est bien simple, en tel cas on dit au roi, d'un air à la fois plaisant et discret : Puis-je espérer, pour la stabilité du trône et le bonheur de la dynastie, une nouvelle grossesse de Sa Charmante Majesté ?

— Grossesse ! s'écria Saltiel, après un rire douloureux. Grossesse en parlant d'une reine ! O légèreté de cervelle ! Mais quel homme es-tu et ne sais-tu pas que grossesse est justement un mot grossier ? Non, mon cher, on s'exprime avec délicatesse !

— Sors-la, ta délicatesse !

— Eh bien, on fait allusion à une situation pleine d'intérêt, à un heureux événement ! A la rigueur, si on est un peu intime, étant ministre, on demande finement si Sa Gracieuse Majesté aura bientôt soudain penchant pour les robes flottantes ! Le tout, avec un sourire attendri, naturellement. C'est ainsi qu'un homme de bonne compagnie s'exprime lorsqu'il s'agit d'une reine, apprends-le !

— Je suis démocrate et non courtisan, et je maintiens grossesse ! s'écria Mangeclous. Et si le roi me fait la tête, je lui dirai qu'il faut me prendre tel que je suis, homme de franc-parler, comme Jean Bart ! Après tout, une reine qui attend un enfant, on sait bien à la suite de quoi et dans quelle position elle était en une certaine nuit ! Et qu'elle ne fasse pas tellement l'orgueilleuse avec moi, car si elle m'énerve je suis capable de lui décrire tous les batifolages qu'elle a faits cette nuit-là ! Allons, allons, on ne m'en raconte pas à moi ! D'ailleurs, un recteur est moralement l'égal d'un roi ! Et j'en viens ainsi, messieurs, par cette transition habile, à la question bien plus importante des fonds nécessaires à la fondation de notre chère Université ! Quelles sont vos disponibilités, amis chéris ?

— En ce qui me concerne, aucune, dit Saltiel.

— Mais lorsque nous étions à Genève, l'an dernier, ton neveu nous combla de richesses ! Moi, je les ai perdues à cause de certaines spéculations pourtant subtiles, mais j'ai tout lieu d'espérer qu'il n'en est pas de même pour vous autres.

— L'oncle a dit la vérité ! fit Salomon. Parce que lui

et moi, nous avons tout dépensé en secret à Marseille, deux jours avant de prendre le bateau pour Céphalonie, voilà !

— Étrange, ces dépenses secrètes, dit Mangeclous.
— Que je perde mes yeux si ce n'est pas vrai !
— Inutile de raconter, dit Saltiel.
— Non, oncle, avec votre permission je parlerai ! s'écria Salomon. Parce qu'il croit que c'est un mensonge et ce n'est pas un mensonge parce que c'est la vérité, et c'est à votre honneur, mais vous êtes trop modeste, et moi je vais tout raconter pour qu'on vous admire un peu par ici ! Voilà, l'oncle et moi nous nous promenions, en nous tenant par le petit doigt, dans une immense rue à Marseille, et il y a eu un régiment qui a défilé avec le drapeau, et nous avons salué le drapeau avec des frissons, et l'oncle m'a fait un discours tellement beau, et alors nous sommes allés à la Banque de la France et nous avons versé pour le seigneur ministre de la Guerre tout l'argent que le seigneur Solal nous avait donné à Genève ! (Il s'arrêta pour reprendre son souffle.) Et puis le lendemain nous avons un peu regretté et nous sommes retournés à la Banque de la France pour demander qu'on nous rende la moitié et que le seigneur ministre garde l'autre moitié, mais ils n'ont pas voulu ! Tant pis, ça ne fait rien ! Tout ce que je souhaite, c'est que le général en chef achète des canons de bonne qualité avec notre argent !

Après un soupir, Mangeclous se tourna affectueusement vers Michaël qui expliqua que l'argent de Genève avait été utilisé « pour doter certains petits enfants auxquels j'ai le devoir de m'intéresser discrètement ». Salomon, ayant compris, eut un hoquet que le janissaire stoppa par un pinçon à la fesse. Sur quoi, l'homme à la toge s'adressa à Mattathias.

— Et toi, dit-il, ô aisé, ô paume ouverte, pour combien de drachmes participerais-tu bienveillamment au fonds de lancement de cette Université dont tu seras un des gouverneurs, ayant l'occasion, en cette qualité, de causer avec le baron de Rothschild à tous ses passages en yacht à Céphalonie !

Mattathias sortit de sa poche un mouchoir, en considéra l'inscription brodée en rouge (« Volé à Mattathias Solal »), se moucha lentement, plia son mouchoir en quatre, le rempocha avec circonspection, promena d'une joue à l'autre sa résine de lentisque, toucha finement les fils roux de son bouc.

— Pour combien de drachmes, cher cousin ? répéta Mangeclous d'une voix caressante.

— Pour aucune drachme, répondit Mattathias. Je n'ai pas confiance en ton Université.

— Une variole noire pour toi, et que pertuis tout entier elle te fasse ! cria Mangeclous. Ou plutôt que tu vives longtemps, mais aveugle, et que tu ailles de porte en porte demander la charité, ô félon, ô jaune, ô triste figure, ô tire-sou, ô mesquin, ô pisse-citron, ô sécheur de café, ô pressureur de bambins pêcheurs et affamés, ô profiteur d'un lait maternel, ô constipé par avarice, ô brûleur de tes vieux habits pour remboursement par l'assurance, ô profiteur clandestin du savon liquide des latrines des chemins de fer, ô échangeur de tes vieux draps contre les draps neufs de la chambre d'hôtel où tu séjournas dans ce seul but, ô faussement évanoui de faim dans les rues d'Athènes en vue de profitables aumônes !

— Calomnie, et tu le sais, dit calmement Mattathias.

— Calomnie tant que tu voudras, mais n'empêche qu'en ton intérieur tu te cuides que ces idées sont bonnes à creuser !

— Nenni, se borna à répondre Mattathias.

— Messieurs, regardez ce puant et apprenez qu'au temps de ses fiançailles il offrait à sa promise des bouquets qu'il allait chercher à minuit sur les tombes fraîches du cimetière grec ! Sachez en outre qu'il n'achète qu'une once de café à la fois car s'il en achetait une livre et venait à mourir le lendemain ce serait gaspillage, ce dont il a peur plus que de décéder !

— Tu sais bien que ce n'est pas vrai, dit Mattathias. Envie te fait médire parce que je gouverne mon argent par sagesse et raison.

Ainsi dit-il, et il colla sa résine contre le mur, partagea en deux une cigarette, puis demanda du feu à Michaël qui souriait au rendez-vous de tout à l'heure avec la belle rousse du Palace, parfaite pour une certaine chose et dont le seul défaut était qu'elle lui parlait anglais durant la certaine chose.

Et voici que soudain Mangeclous se défit de sa toge et de sa toque et se laissa tomber à terre, murmurant que sa carrière universitaire était brisée faute de fonds, oui, à jamais brisée et adieu, nobles espoirs ! Bouleversé de pitié, Salomon s'agenouilla auprès de son cher cousin qui gisait, les orteils crispés de chagrin, lui caressa timidement le front et lui chuchota qu'il était prêt à l'aider par la vente de la bague de sa maman défunte. Le désespéré ouvrit un œil, demanda d'une voix mourante si la bague était munie de diamants. C'est alors que Saltiel décida d'intervenir.

— Non, cher Salomon, s'écria-t-il, il n'est pas question que tu te défasses d'un souvenir sacré ! Moi vivant, je m'y opposerai de toutes mes forces, sache-le ! Quant à toi, Mangeclous, je te poserai une seule question, et qu'il te plaise d'y répondre ! En somme, pourquoi as-tu besoin d'argent pour cette Université ?

Mangeclous se souleva, le regarda en silence. Un sourire éclairant soudain sa barbe, il se leva d'un bond, remit sa toge et sa toque, alla et vint en grande animation muette, frottant fort ses mains.

— Saltiel, dit-il enfin, je reconnais que tu es un sage ! C'est vrai, je n'y avais pas pensé ! En effet, pourquoi de l'argent ? L'Université sera installée chez moi, dans ma cuisine privée, et les étudiants n'auront qu'à s'asseoir par terre ! Ce soir, je composerai trois pancartes annonçant l'ouverture de l'Université et demain mes trois chéris feront toute la journée les bambins-sandwiches dans la ruelle d'Or ! Quel besoin d'argent, je vous le demande, messieurs ? En conséquence, l'Université de Céphalonie est fondée ! Après-demain vendredi, ouverture à la première heure !

Il embrassa ses cousins l'un après l'autre, en commençant par Mattathias, à l'oreille duquel il souffla que « mes petites taquineries de tout à l'heure, ce n'était pas sérieux, c'était seulement pour t'offenser un peu, vu ma grande douleur ». Lorsqu'il donna l'accolade à Saltiel, il fut frappé par sa tristesse, devina que le pauvre oncle se languissait de son neveu dont il n'avait pas de nouvelles. Pauvre Saltiel, si vieux tout à coup et qui n'en avait plus pour longtemps à vivre. Il décida de le ragaillardir.

— Amis, dit-il, pour fêter l'heureux accouchement de l'Université, une promenade en barque s'impose ! Nous emprunterons celle de Bambo des Mûres qui est mon obligé car l'autre jour je lui ai fourni une lettre d'amour pour sa fiancée, avec paroles anglaises et proverbes caraïbes. Donc, promenade en barque, n'est-ce pas, oncle, et en liesse grande !

— J'en suis ! cria Salomon. Tant pis, je ne travaille pas aujourd'hui ! On va s'amuser et s'esjouir ! Tu viens, Michaël ?

Michaël frotta son chapelet de santal, en aspira l'odeur, considéra le bracelet de cuir clouté de cuivre qui encerclait son poignet, médita. Il avait rendez-vous à midi avec la rousse sous les mandariniers de l'Analipsis. Mais Mangeclous lui ayant désigné d'un clin d'œil l'oncle Saltiel, Michaël opta pour la vertu. Faire certaine chose avec son Anglaise n'était point désagréable, mais chasser les tristes pensées de l'oncle était méritoire. Et puis elle transpirait trop pendant les mouvements, et d'ailleurs la décevoir de temps à autre ne pourrait qu'avoir de bons résultats.

— J'en suis, dit-il, et j'apporterai ma guitare.

— On chantera ! cria Salomon, excité. Et moi, vous verrez comme je rame bien ! Et avant d'aller au port, on s'arrêtera chez moi et j'apporterai de quoi manger !

— Qu'apporteras-tu, mon chéri ? demanda Mangeclous.

— J'apporterai de tout ! Ma femme est chez sa sœur en douleurs d'enfantement et je peux faire tout ce que je veux aujourd'hui ! J'apporterai du foie haché aux oignons qu'elle a préparé pour en faire cadeau à son pharmacien ! Mais c'est nous qui le mangerons !

— Absolument ! cria Mangeclous

— Et puis elle a fait des feuilletés au fromage pour son médecin ! Je les apporterai et tant pis pour le médecin !

— Et même qu'il crève ! suggéra Mangeclous.

— O mes amis, on va s'amuser ! On mangera ensemble en se regardant ! Et puis on regardera la mer, et il y aura la brise qui sent bon ! On causera dans l'amitié, on fera des plans de bonheur si on gagne à la loterie ! Moi, si je gagne, je ferai des voyages, je donnerai à celui-ci, je donnerai à celui-là ! Tant pis, je ne travaille pas aujourd'hui ! Et puis j'apporterai aussi de la confiture de roses !

— O mon délicieux ! cria Mangeclous.

— Et puis une grosse boutargue, elle l'a cachée, mais je sais où ! On en mangera, c'est exquis !

— Surtout coupée en fines lamelles et bien arrosée d'huile d'olive ! approuva Mangeclous. J'en ai déjà salivaison énorme et je pose ma candidature pour la totalité de cette grosse boutargue, sans partage avec les autres, car j'adore la boutargue et ne vis que pour elle ! Et j'aimerais mieux n'en manger pas du tout que d'en manger un peu ! O Salomon, fleur de Céphalonie, prends note !

— Et puis des loukoums comme dessert ! cria le petit homme au comble de l'excitation. Et en les mangeant on sera un peu balancés dans la barque et vous verrez comme c'est agréable ! Et puis des feuilletés aux noix, je les achèterai chez le pâtissier, pas besoin de le payer tout de suite, et voilà comme je suis ! Et vous savez ce que je ferai en passant par le marché des petits oiseaux ? J'en achèterai dans une cage et j'ouvrirai la porte pour qu'ils s'envolent et soient contents ! Voilà comme je suis !

— La grosse boutargue est grosse comment ? demanda Mangeclous.

— Et puis j'apporterai des pastèques, et on les mettra dans un sac qu'on attachera à la barque, et le sac trempera dans la mer et les pastèques seront fraîches ! Et on ira à l'écueil de Vido où la mer est tellement claire que les larmes me viennent ! Et puis j'apporterai du vin résiné pour mes amis parce que j'aime les belles choses de la vie, l'affection, l'odeur de la mer, et puis on cause ensemble et on se tient par la main et on est

sûr que Dieu est bon et qu'on se reverra après la mort !
(Compte là-dessus, murmura Mangeclous.) Et puis des
figues noires qui sont bien rouges dedans ! J'apporterai
tout ! cria cet ange en transe sous les yeux attendris des
cousins. Tout, pourvu qu'on m'aime et qu'on me le
dise, parce que moi j'ai besoin qu'on me dise qu'on
m'aime ! Et même je vous avouerai que quelquefois je
souffre ! Par exemple, si pendant deux jours, trois
jours, Mangeclous n'est pas venu me dire bonjour, eh
bien je me dis qu'il n'a pas pensé à moi, qu'il m'aime
moins ! Et alors je ne dis rien, mais la nuit je pleure
tout seul dans mon lit !

— Allons, viens ici, imbécile, dit Mangeclous, viens
que je t'embrasse gratis.

Le baiser d'amitié reçu et rendu, Salomon eut honte
et détala. Mais Michaël le happa par le fond de ses
culottes et le mit à cheval sur ses épaules. Le petit
cavalier sourit à Saltiel qui se moucha, à Mattathias qui
lui rendit son sourire et à Mangeclous qui eut un
ricanement de gêne.

— Trêve de sensibleries, dit-il, et embarquons-nous
pour le mangement. A propos, Salomon, elle est grosse
comment, cette grosse boutargue ?

IX

Alertés la veille par les trois bambins-sandwiches, les gens de la ruelle d'Or s'étaient massés de bon matin devant une grande pancarte plantée contre une haie de fuchsias, près des marches qui menaient à la demeure souterraine de Mangeclous. Sous le ciel de lavande, les instruits lisaient à haute voix pour les illettrés qui écoutaient, bouches ouvertes, puis commentaient avec de sagaces hochements.

JUSTE EN FACE !
UNIVERSITÉ SUPÉRIEURE ET PHILOSOPHIQUE
DE CÉPHALONIE !

Recteur Professeur Pinhas Solal dit Mangeclous !
Homme Intellectuel Avec Connaissances Multiples !
Donc Offrant Toutes Garanties !

TARIF DES COURS !

Une Drachme par Heure Ou des Aliments à Convenir
Après Conversation Privée mais à remettre D'Avance
Par Faveur !

EXPLICATIONS !

L'Université se trouve chez le Recteur Pour le Moment ! En attendant ! Plus tard elle sera Ailleurs ! Il N'y a qu'à descendre l'Escalier ! Dans les pays Civilisés quand On s'adresse à Un Recteur On lui dit Votre Honneur !

AUTRES EXPLICATIONS !

A titre d'exemples seulement quelques Cours Universitaires Par le Professeur Émérite Mangeclous ! Un : Grammaire Française avec Enseignement des Accords Sournois de Participes Passés ! Comme difficulté la Langue Italienne N'étant rien A Côté de la Langue Française ! Deux : Philosophie Sarcastique ou Idéaliste selon Entente avec Les Étudiants qui diront leur Préférence ! Trois : Preuves de l'Existence ou de l'Inexistence de l'Ame, Également au choix des Étudiants ! Mais une drachme de Plus pour l'Existence qui est Plus Difficile A Prouver ! Quatre : Phrases A la Mode et Profondes ! Cinq : Éloquence en cas de Fiançailles et Mariages ! Six : Lettres de Condoléances Sanglotantes ! Sept : Combinaisons Pour Payer Moins d'Impôts et Secrets de la Douane pour Passer Tout ce Que tu voudras ! Ce Cours de Contrebande Étant Privé et en Grande Confidence et Trois Drachmes vu l'Importance et le Grand Secret ! Huit : Manières de Réfuter ! Neuf : Pour adultes seulement et Non Mariés Leçons de Séduction Amoureuse ! Avec pensées sur la Psychologie Féminine ! Modèles de lettres ! Sujets de Conversation du Début d'un Amour ! Dix : Cours complet De Ruses Juridiques Moyennes et Fortes de Manière à Toujours Gagner le Procès Malgré le Juge

Imbécile nommé Par Protection ! Onze : N'importe Quoi d'Autre au Gré De la Clientèle ! Prix à Débattre selon la Difficulté et La Profondeur ! Douze : Cours de Médecine Interne et Externe en Vers Composés par le Recteur Mangeclous à Apprendre par Cœur pour Se Guérir Tout Seul Gratis !

AVIS IMPORTANT !

Venez tous ! Venez Augmenter votre Cerveau ! La Culture Est ce qui sépare l'Homme de la Bête ! Tous aux Nobles Fontaines du Savoir et des Agréables Connaissances ! Réductions pour Abonnements ! Diplômes Garantis ! Négociations en cours pour équivalences avec les Diplômes Des Universités Françaises de manière à Pouvoir Être Honoré en Voyage et faire un peu le Fier ! Pour chaque Matière enseignée Son Honneur le Professeur Recteur fait Passer des Examens Indulgents et remet des Diplômes selon Entente Bachelier Licencié Docteur ! La Taxe pour Diplôme Mérité est Cinquante Drachmes ! La Taxe pour Diplôme Non Mérité mais pour Se Faire Valoir est à Débattre ! Cent Drachmes minimum ! Par Corruption et Clins d'Œil ! L'Examen ayant été Lamentable ! En cas de Visite Urgente Au Futur Beau-Père pour lui demander la Main de sa Fille Remise Immédiate et affectueuse du Diplôme de Docteur Sans Examen mais Selon Entente à Voix Basse entre Quatre Murs !

AUTRE AVIS IMPORTANT !

Analphabètes acceptés avec Grands Sourires Indulgents ! Les lettrés qui liront sont priés d'expliquer aux

Analphabètes qu'ils seront les bienvenus et choyés ! On leur Expliquera Bien Tout et on les Mettra au Premier Rang pour qu'ils Entendent Bien ! On leur Donnera des Petits Diplômes s'ils viennent Souvent !

RECOMMANDATIONS !

Attention à l'Affiche ! Ne pas s'Appuyer ! Ne pas la Déchirer en Venant Lire Trop Près ! Venez Tous en Foule ! Signé Professeur Émérite Mangeclous Avec Rang et Prérogatives de Recteur Magnifique !

AVIS LE PLUS IMPORTANT !

Après lecture Remords de Conscience du Recteur ! En conséquence les Diplômes ne seront remis qu'Après Examens Honnêtes ! Donc pas de Corruption et Pas de Clins d'Œil ! Cette Pancarte étant trop Longue à Refaire on la laisse Telle Quelle Mais les Conditions Un peu Friponnes Ci-Dessus Écrites dans un Moment d'Égarement Sont Annulées ! Donc qu'on se le dise ! Remise strictement Intègre des Diplômes ! Perception Vertueuse des Taxes ! Honesty is the best policy !

A droite et à gauche de la pancarte se tenaient, cérémonieux et pieds nus, les deux bambins cadets, en redingote et haut-de-forme. De toute la force de leurs petits poumons et se relayant l'un l'autre, ils engageaient les badauds à entrer.

— Allons, messieurs, dépêchons-nous ! Aujourd'hui, ouverture de l'Université ! Il ne reste plus que quelques places ! Venez savourer les délices de l'instruction ! Instruction à bon marché ! Venteréclame de toutes connaissances ! Prix imbattables et étudiés ! Allons, profitez, messieurs ! Une drachme l'heure seulement ! La direction ne recule devant aucun sacrifice ! Une occasion à saisir ! La leçon commence à l'instant ! Allons, messieurs, venez vous instruire ! On n'arrive à rien dans la vie sans instruction ! Diplômes avec signature et cire rouge ! Entrez, jeunes gens ! Tout jeune homme diplômé est assuré d'une dot importante ! Les riches commerçants cherchent des gendres diplômés ! Entrez, l'Université va commencer !

Dans la foule, l'opinion générale, vivement exprimée, était que Mangeclous avait exagéré. Une drachme par heure, ce bandit ! Une drachme, le prix d'un gros poisson ! Pourtant, au bout d'une vingtaine de minutes, après s'être concertés, Colonimos, Belleli et le vieux Jacob des Meshullam — ce dernier ayant remplacé son tricorne par un fez rouge — se décidèrent à descendre les marches herbeuses au bas desquelles, debout devant l'entrée encadrée de vigne brillante de rosée, Éliacin les reçut avec onction. Le haut-de-forme à la main et la redingote solennisée par une vieille chaîne de bicyclette, portée en sautoir, il les guida à travers le sombre boyau de la cave, poussa la porte de la cuisine privée.

— Salle de cours, expliqua le petit huissier à chaîne en se savonnant les mains à sec d'un air engageant. Veuillez prendre place et m'excuser car je dois retourner à mes obligations d'appariteur.

Restés seuls, les trois aspirants au savoir s'assirent sur le sol de terre battue, sous les trois couffes suspendues au plafond, regardèrent autour d'eux, impressionnés par le fauteuil doré et la table recouverte de velours rouge. « La chaire du recteur », chuchota

Colonimos aux deux autres qui approuvèrent en silence. La porte se rouvrit et Éliacin posa silencieusement sur la table, avec des gestes ecclésiastiques, une carafe d'eau, un verre, une sonnette et un encrier muni d'une plume d'oie. « Pour le professeur », souffla le borgne à ses condisciples qui hochèrent la tête. Un carnet à la main, le bambin s'approcha des trois accroupis et les pria d'inscrire leurs noms, prénoms et professions.

— Formalités d'immatriculation en usage dans les Universités, expliqua-t-il.

Le cabri centenaire s'arrêta de sucer son bonbon et glapit que tout le monde savait qu'il était noble homme Jacob, dernier des Meshullam, et refusa catégoriquement d'écrire son nom, expliquant qu'au-dessus de sa signature un malintentionné, fils de Bélial, pourrait écrire une reconnaissance de dette. Levant son œil unique, Colonimos se récusa également. N'avait-il pas tenu Éliacin sur ses genoux le jour de la circoncision et quel besoin de demander sa profession ? Qui à Céphalonie ignorait qu'il vendait des épis de maïs grillés ? D'ailleurs, dès l'âge de sept ans il avait dû gagner sa vie et comment aurait-il pu apprendre la science de l'écriture ?

— Donc écris toi-même que je suis Josué des Colonimos, dit Œil Mort, fils de Michée, le tué par la bombe appelée torpille, pêchée dans la mer, et que le père de Michaël frappa à coups de marteau, le disgracié et mal inspiré, pour en connaître l'intérieur et les trésors possibles.

Le troisième étudiant, un albinos aux yeux cerclés de rouge et aux cils invisibles, obtempéra et écrivit fièrement : « Je suis Isaac des Belleli, dit le Blanc, dit Chéri de sa Mère, dit Instruction, pâtissier et fils de pâtissier, spécialité de tresses fourrées. » Les prudentes paroles du centenaire l'ayant frappé, il ajouta : « Interdiction de mettre une reconnaissance de dette au-dessus. »

L'albinos avait à peine fini d'écrire que la porte s'ouvrit et livra passage à une affluence soudaine d'étudiants. Entrèrent successivement Issacar, le grand fruitier barbu ; Benjamin Montefiore, le boiteux, vendeur de graines de courge rôties et salées ; Samson Espinosa, un jeune changeur anémique, accompagné de sa femme coiffée d'une résille de jais, épouvantée par tant de mâles ; le long Zacharie, portier de la fabrique de mon grand-père, le cher Zacharie qui m'apprit à nager ; dans sa chaise à porteurs, Aaron Manassé, le riche paralytique en cafetan fourré, fortement salué par l'assistance ; Ascher le tailleur, aux revers piqués d'aiguilles enfilées ; Abraham Luzzato, le greffier du tribunal rabbinique, un tout petit à tête énorme ; cinq grosses dames endiamantées, s'éventant violemment, transpirantes et en robes respectivement orange, amarante, citron, violine et feuille-morte ; Ruben Disraeli, le rôtisseur de pis de vache, dit Canine ; Samuel Fano, le brocanteur eczémateux, dit Grattejoue, dit Fourbinet, qui portait toujours sa petite fortune sur lui afin de séduire les éventuels vendeurs par un payement comptant et l'exhibition fascinante des billets de banque proposés ; Sarfati, le friturier ; Salamanca, dit Bédouin, un obèse cafetier ; Negrin, dit Double Bosse, repasseur d'habits ; Benrubi, dit Consulet, dit Protocole, un autre brocanteur ; deux jumeaux aux longs visages et aux oreilles décollées ; un adolescent silencieux, d'étrange beauté ; d'autres Juifs encore, nez puissants et grands yeux de velours, regards rapides et mains agitées, tous se saluant puis s'asseyant par terre et s'informant réciproquement.

Mattathias, Michaël et Salomon arrivèrent les derniers dans la cave maintenant comble. Encombré de sa boîte à cirer et de ses deux jarres en bandoulière, porteur au surplus d'un bouquet, le petit vendeur d'eau tenait néanmoins le janissaire par la main, car il aimait se sentir tout près de son grand ami, aux côtés duquel il ne craignait personne. De divers côtés on lui demanda pourquoi le bouquet.

— C'est pour le recteur professeur, répondit le rondelet qui monta aussitôt sur la table pour être vu et entendu de tous. Sachez, chers coreligionnaires et enfants de l'Alliance bénie, que je me suis levé dès avant l'aurore pour cueillir des fleurs sentant bon ! Vous voyez, il y a des jacinthes, des asphodèles, des myrtes, et même des fleurs de l'arbre à poivre ! C'est pour le bon augure de son premier discours ! Et puis je lui ai écrit un compliment ! Attendez, je vais vous le lire, écoutez !

« Ce bouquet est pour Son Honneur le Professeur Mangeclous Céphalonie de la part de son cher ami Salomon et aussi avec la salutation aimable de l'oncle Saltiel Cher Mangeclous il ne peut pas venir j'ai voulu rester auprès de lui pour le soigner parce qu'il a mal au foie n'ayant pas de nouvelles de son neveu mais il m'a dit qu'il fallait que je vienne t'entendre pour ne pas te vexer Tu vois que je n'ai pas oublié que tu as dit qu'on dit Votre Honneur à un Recteur le bouquet étant pour la bonne chance De nouveau ton cher Salomon ! »

Ayant terminé sa lecture que nul applaudissement ne récompensa, il fit une courbette, mit pied à terre, tomba, se releva, annonça qu'il ne s'était pas fait mal du tout et s'épousseta cependant que l'assistance s'impatientait et réclamait le professeur qui se faisait vraiment trop attendre. Des aigris crièrent que c'était pour se donner de l'importance. Sur quoi, Diamantine Viterbo, une des grosses dames, fit remarquer à grands coups d'éventail qu'après tout Mando, le fils du beau-frère de Mangeclous, avait fait de la prison, et quel besoin alors de prendre de grands airs ?

A voix basse, Éliacin ordonna à ses cadets d'informer leur père de la « révolte grondante », cependant que Salomon, remonté sur la table, s'efforçait de calmer le tumulte avec ses petites mains, expliquait que les professeurs étaient toujours en retard à cause des pensées de leurs fronts, proposait aux plus indignés un verre gratuit d'eau d'abricot ou même de leur cirer les souliers à titre amical, pour leur faire prendre patience.

Enfin, la porte s'entrebâilla et une grande main toute en os, poils et veines passa un tambour et deux baguettes. S'en étant prestement emparé, Éliacin exécuta aussitôt un roulement du genre batterie aux champs, puis s'immobilisa, tête fièrement dressée. De curiosité, les toux cessèrent et cinquante-neuf grands yeux d'Orient attendirent.

— Messieurs, le recteur ! annonça Bambin Aîné, et aux roulements renouvelés du tambour la porte s'ouvrit.

X

Précédé par Lord Isaac portant un gros pilon doré sur son épaule, suivi du jeune Moïse tenant à deux mains le bas de la toge, le recteur de l'Université fit lentement son entrée, souverain et affable, la barbe en fourche et les pieds nus. Sa face tourmentée était noblement pédantisée par un lorgnon démuni de verres et agrémenté d'un large ruban moiré qu'il tenait entre ses longues dents.

— L'Université ! annonça Éliacin. Debout, messieurs !

A l'exception du paralytique et de Mattathias, ce dernier insensible aux regards suppliants de Salomon, les assistants se levèrent d'un seul mouvement et les deux bambins cadets, charmants et sérieux dans leurs petites redingotes, firent le salut militaire tandis que Rébecca et ses deux longues filles, timidement sur le pas de la porte, essuyaient des larmes de fierté. Mangeclous inspecta l'assistance d'un œil bénin, prit place dans le fauteuil, ôta son lorgnon.

— Veuillez vous asseoir, messieurs les étudiants, dit-il après avoir légèrement soulevé sa toque. Lord Isaac, mon cher, veuille mettre la masse de l'Université à sa place consacrée. (Le pingouillon déposa sur la table le pilon de cuisine, ennobli de dorure encore fraîche.) Et maintenant, Bambin Aîné, encaisse en ta qualité de chambellan. Une drachme chacun, mon trésor, et attention aux fausses pièces !

Le petit huissier en chef passa dans les rangs, une assiette à la main, suivi par ses deux franginets qui contrôlaient l'authenticité de chaque drachme en la mordant l'un après l'autre. Les amateurs de culture payèrent en espèces, à l'exception de Zacharie et de Negrin. Ce dernier ayant tendu une tresse de piments rouges, Éliacin questionna du regard son père qui acquiesça avec un soupir de résignation. Quant à Zacharie, il sortit d'une couffe une belle tarte aux tomates et aux anchois. Sur quoi, de nouveau muettement interrogé par son fils, le recteur fit un sourire d'approbation, long et jaune. La perception terminée, Bambin Aîné, surveillé par ses méfiants cadets, apporta les drachmes et la tarte à son père qui empocha les unes et, après l'avoir humée et un peu goûtée, posa l'autre sur la table, puis se leva. Habile orateur, Mangeclous se garda de parler aussitôt, sourit avec bienveillance, brossa les débris de tarte collés à sa toge. Enfin, dans le silence accentué par le roucoulement de la pipe à eau de Michaël, il commença son discours, ses grandes mains appuyées sur la table.

— En ce jour solennel qui marque le début d'une ère nouvelle pour notre peuple, ce n'est pas sans une profonde émotion, messieurs les étudiants et, si vous m'y autorisez, chers amis, que mes yeux charmés contemplent devant moi l'élite intellectuelle de la ruelle d'Or. (Il s'arrêta pour, du geste, enjoindre à Éliacin de se tenir à distance plus respectueuse.) Soyez donc remerciés d'être venus si nombreux en notre alma mater, expression latine signifiant Université de premier ordre ! Oui, messieurs, par le truchement de ma langue, l'Université tout entière vous remercie de l'honneur que vous lui faites, honneur que je m'abstiendrai, par modestie, de reporter tout entier sur moi-même. Qu'il me suffise de dire que je suis fier d'avoir pu créer cette Université, après maintes angoisses, traverses, tribulations et fatigues, et de laisser ainsi en notre Céphalonie une trace impérissable de mon passage sur terre avant ma disparition dans l'éternel néant, disparition prochaine, vu mes profondes grottes pulmonaires, à moins que je ne puisse les colmater par des poulets rôtis, je les aime bien cuits et non humides, il me les faut un peu secs, le mieux étant de les laisser au moins deux heures dans un four de chaleur modeste, et à cet égard je sais pouvoir faire confiance à la sollicitude de mes étudiants bien-aimés ! Cela dit, et l'allusion ayant été, je l'espère, comprise, je commencerai par une introduction à mon cours de ruses juridiques, à savoir but et modalités des lettres recommandées ! Messieurs les étudiants, pourquoi les lettres recommandées sont-elles à conseiller malgré leur cherté ? Eh bien, messieurs, j'attends ! Répondez, élève Salomon !

— Pour que la lettre arrive sûrement, Votre Honneur, répondit timidement Salomon.

— Insuffisant et même médiocre, dit Mangeclous qui s'était entre-temps assis. Messieurs, qui dit mieux ? (Il y eut un silence pendant lequel il musarda avec la tarte. Les étudiants s'entre-regardèrent, toussèrent, se mouchèrent.) Eh bien, messieurs, puisque vous êtes des incapables, mon fils et assistant, Bambin Aîné, premier de ma dernière série, donnera la réponse ! Approche, confiture de mon cœur, renseigne ces ignorants et montre-leur ce que tu vaux, je t'y autorise ! Pourquoi une lettre recommandée ? Pour quelle raison plus profonde que celle de l'ignorant Salomon ?

— Pour deux raisons ! commença avec feu Éliacin. A savoir, primo, pour que l'homme de la poste, ayant donné un reçu faisant preuve, ne puisse pas jeter la lettre aux balayures après s'être emparé du timbre qu'il se serait gardé d'oblitérer !

— C'est bien, mon doux massepain, c'est bien. Et oblitérer est un bon mot, un mot plaisant, dirai-je. Et quel est ton secundo, mon chéri ?

— Secundo, récita ardemment l'enthousiaste enfant, pour que le destinataire, étant toujours de mauvaise foi, ne puisse pas venir raconter au juge qu'il n'a pas reçu la lettre, surtout si c'était une mise en demeure !

— Vous voyez quel fils j'ai, messieurs les étudiants, quel chef-d'œuvre et quelle pâte d'amandes !

— Pétrie par vos mains, père ! cria Éliacin auquel Mangeclous lança un baiser de ses doigts.

— Bambin Aîné a fort bien répondu, dit-il. Mais allons plus profond, messieurs, creusons le sujet et voyons quelles doivent être les modalités matérielles d'une lettre recommandée. Doit-elle être envoyée sous enveloppe ?

— Oui ! cria Salomon, heureux de pouvoir enfin briller. Absolument ! Parce que si on ne la met pas dans une enveloppe elle se perdra sûrement !

— Stupidité profonde et honteuse niaiserie de la progéniture d'un âne ! dit Mangeclous. Allons, réponds la réponse intelligente, cher Bambin Aîné !

Pendant plusieurs minutes, le petit prodige médita activement, ses mains comprimant ses tempes, les regards des étudiants fixés sur lui dans un silence angoissé. Enfin, il rouvrit les yeux, releva la tête, rouge de confusion.

— Père, balbutia-t-il, j'ignore la solution du problème ! Oh, pardonnez à votre malheureux enfant !

— Petit Mort aurait su, lui, soupira Mangeclous qui souleva tristement ses sourcils puis ferma les yeux pour revoir le cher petit cadavre. Allons, cherche !

— Non, père, je suis vaincu, je suis la honte de la famille !

— A tout péché miséricorde, dit Mangeclous. C'est donc moi qui vais répondre. Jamais sous enveloppe, messieurs ! Et pourquoi, messieurs ? Parce que le maudit destinataire est capable de dire au demandeur, en présence du juge imbécile : « Tu as le récépissé de la poste, d'accord ! Tu m'as en effet envoyé une enveloppe recommandée et je ne le nie pas ! La voilà, ton enveloppe ! Mais il n'y avait rien dedans, pas de feuille, rien ! Tu as peut-être oublié de mettre la feuille ! En tout cas, je n'ai pas reçu de mise en demeure, je n'ai reçu qu'une enveloppe vide, c'est tout, mon cher ! » Bien entendu, messieurs, l'excommunié ment ! Mais impossible de prouver qu'il ment ! Alors, que faire pour qu'il ne puisse nier la mise en demeure ? Répondez, messieurs !

— J'ai trouvé ! cria Éliacin, assoiffé de réhabilitation et les bras croisés. Eurêka ! ajouterai-je, tel Archimède trouvant en son bain le moyen de déterminer la densité des corps en prenant l'eau pour unité, tout corps plongé dans un fluide perdant une partie de son poids égale au poids du volume du fluide qu'il déplace ! (Épanoui, Mangeclous souriait aux anges, physiquement charmé.) Eurêka ! redis-je, il faut envoyer non point une lettre dans une enveloppe, mais une carte-lettre ! (Mangeclous applaudit discrètement.)

Donc, une feuille pliée en deux, perforée en ses bords et collée par l'apposition d'une langue humide sur la partie gommée ! La carte-lettre ayant été envoyée recommandée, lorsque je montre le récépissé au juge, je dis au défendeur : « Allons, montre un peu ce que tu as reçu ! Ce récépissé prouve que je t'ai envoyé une missive ! » Le défendeur ne pourra plus prétendre qu'il a reçu une enveloppe vide ! Il sera forcé de montrer la carte-lettre qui est à la fois enveloppe et lettre ! Et le juge le condamnera à divers dommages-intérêts pour damnum emergens, lucrum cessans et tort moral, ainsi qu'à tous dépens que de droit, et fera ainsi justice !

— Dans mes bras ! cria une fois de plus Mangeclous.

Il se leva et l'enfant se précipita dans les bras paternels, largement écartés. Le père et le fils s'étreignirent, non sans guigner du coin de l'œil l'effet sur l'auditoire. Mattathias, ému, se moucha. « Brave enfant », murmura-t-il, et il se proposa de coucher Éliacin sur son testament.

— Trêve de tendresses familiales ! s'écria Mangeclous. Réprimons donc nos larmes et revenons à nos chères études ! Messieurs, le problème de la lettre recommandée ayant été résolu à la satisfaction générale, je suis à votre disposition pour développer avec grâce telles somptuosités juridiques qu'il vous plaira, par exemple réintégrande, complainte, dénonciation de nouvel œuvre, tierce opposition, actions diverses mais ayant toutes leur succulence et appel, telles que la pétitoire, la possessoire, la confessoire, la négatoire, cette dernière ne manquant certes pas de charme, ou encore exceptions variées, la dilatoire étant ma petite préférée. Mais à vous de choisir, messieurs !

Après un silence, Salomon se décida à lever le doigt,

demanda au professeur s'il pouvait parler, en reçut l'autorisation débonnaire.

— Écoute, Mangeclous, enfin, pardon, seigneur recteur, de tes choses de tribunal nous ne comprendrons rien car ce sont machinations de méfiance et grandement embrouillées, et moi d'ailleurs jamais je n'irai devant le juge car le peu de drachmes que j'ai, il me les mangerait ! En retour de la drachme, nous aimerions plutôt entendre des récits plaisants de la vie des fortunés du grand monde en Europe, apprendre comme on se comporte à la table du président de la République, présentation au roi de l'Angleterre et à sa douce dame, et ainsi de suite. C'est cela que nous souhaitons de tout cœur connaître, la vie des grands et leurs usages, n'est-ce pas, chers amis ?

L'assistance manifesta aussitôt son approbation, applaudit le vendeur d'eau qui, de deux doigts, rendit les baisers que les assistants lui lançaient. « En vérité, tu as bien parlé ! » lui cria Colonimos. Cramoisi, Salomon s'inclina, dégringola et se ramassa.

— Formulez vos vœux, bonnes gens ! dit Mangeclous.

De toutes parts fusèrent alors des demandes de renseignements mondains. Était-ce un fait de vérité que dans les grands dîners on devait prendre les morceaux de sucre avec des sortes de petites tenailles ? Qui passait le premier devant une porte, le roi d'Angleterre ou le seigneur pape des catholiques ? Le seigneur pape ! crièrent aussitôt des voix compétentes, et Mangeclous approuva, tête baissée et yeux fermés. Qui était plus, le ministre ou le cardinal ? Qui était plus, l'ambassadeur ou le consul ? Comment, l'ambassadeur ? Pourtant, c'était le consul qui te donnait le visa ! Quelle était la décoration la plus importante du monde ? On disait Sire à un roi, c'était bien connu, mais était-ce exact, professeur, que l'on devait dire Sirette à la reine ? Était-ce vrai que l'on devait toujours dire Gracieuse à une duchesse ? Et qui était plus, un baron ou un comte ?

A cette dernière demande, Mangeclous répondit que c'était le comte mais qu'en général le baron était plus riche. Bien d'autres questions jaillirent mais on ne peut pas tout rapporter. Qu'il suffise de dire que Mangeclous, les bras croisés, répondit avec vaillance, à la satisfaction de tous, et leur apprit entre autres que le baron de Rothschild changeait de yacht chaque année ; que l'ambassadeur était en réalité plus important que son chef le ministre car il fréquentait la haute société « tandis que non le ministre » ; que le whisky était jus de pommes fort cher bu dans les grandes réceptions et dans lequel avaient longtemps macéré un fumier spécial d'Écosse et des punaises rares de la même contrée ; qu'en Europe les grands mondains se demandaient réciproquement comment ils allaient mais sans jamais écouter la réponse, ce qui était signe de bonne éducation. Une des dernières questions fut posée par le vieux Jacob des Meshullam.

— Sur ta vie, auréolé, toi qui sais tout, dis-moi, est-ce un fait de vérité que la reine d'Angleterre se brosse les dents toute seule ?

— Non, honorable Jacob, elle a un domestique spécial à cet usage.

— J'en étais sûr ! Un duc, ce domestique ?

— Non, marquis simplement.

— Un marquis pour lui brosser les dents ! s'extasia Colonimos.

— Grande chose, la richesse ! soupira Belleli.

— Et un comte pour le lavage des pieds, ajouta

Mangeclous pour faire bon poids, pieds charmants qu'elle a d'ailleurs fort propres, car il les lui lave une fois par semaine, en grande pompe et assistance !

— Que tu vives cent dix années et bonnes ! remercia le centenaire. Un marquis pour les dents, un comte pour les pieds, répéta-t-il en hochant la tête. Juste, les pieds méritant moins que les dents, hocha-t-il de nouveau, heureux de cette augmentation de ses connaissances, qu'il allait longtemps ruminer dans ses promenades solitaires, tout en grignotant des jujubes.

— Écoute, Mangeclous, intervint Michaël, toi qui es supposé tout connaître, dis-nous s'il est exact qu'aux grandes réceptions les princesses royales viennent en partie déshabillées et montrent leur jeune poitrine pour la délectation des invités, les mettant ainsi en grand échauffement, dis-le-nous car il m'importe de le savoir.

— Calomnie ! cria Salomon. Les princesses sont vertueuses, je le garantis, étant filles de roi !

— Tais-toi, rognure ! intima Mangeclous. A ta question, ô brave Michaël, je répondrai avec plaisir et de bonne grâce due. Apprends donc que les gentilshommes invités aux bals de la cour sont en effet autorisés à contempler la moitié des mamelles des princesses et même de la reine, mais que lesdits gentilshommes sont immédiatement emprisonnés, avec masque de fer, s'ils font la moindre allusion, même admirative, aux viandes ainsi étalées. En résumé, les mamelles royales et princières sont montrables mais non mentionnables. Manières d'Europe.

Mangeclous s'étant tu, les grosses dames maudirent ces dépoitraillées de mauvaise vie, les unes appelant stérilité sur les sans-vergogne, les autres souhaitant petite vérole aux impudiques détourneuses de maris. Les hommes, eux, gardaient un silence pensif. La chaleur étant extrême, Mangeclous déboutonna le haut de sa toge pour se rafraîchir, souffla sur les poils gris de son torse ruisselant puis les éventa à l'aide de sa toque. Enfin, il retira de ses basques une antique montre à clef, la consulta de près, feignant la myopie pour faire intellectuel.

— Neuf heures moins une, messieurs. Dans soixante secondes la leçon sera terminée. Mais afin que vous en ayez pour votre argent, je vous donnerai en terminant un conseil pour faire un dîner gratuit dans un restaurant de luxe. Ayez toujours sur vous, dans une boîte d'allumettes, une provision de cafards trépassés que je peux d'ailleurs fournir à des prix étudiés. Dans le dessert exquis, lorsque vous l'aurez presque terminé, introduisez un des cafards. Faites aussitôt scandale, menacez le patron de poursuites, et il vous laissera partir sans payer, en vous suppliant de vous taire ! J'ai dit. Neuf heures, messieurs, la séance est levée ! Récréation d'un quart d'heure dans la courette des pistachiers derrière l'Université, suivez les bambins huissiers ! Pendant la récréation, taille et ablation payante de cors aux pieds par le recteur en personne, rapide comme la foudre ! D'autre part, avis est donné que mes petits adjoints vendront obligeamment et à prix inconnus à ce jour des figues sèches délicieusement fourrées ! Icelles figues, véritables confitures de la nature, épicées de cannelle, bourrées de pignons et joliment recousues, sont munies d'une longue ficelle pour qu'on puisse jouer un peu avec et les faire tourner par amusement avant de s'en divertir le palais ! Qu'on se le dise ! De plus, messieurs, n'oubliez pas qu'elles seront secourables à votre santé car ainsi que je l'ai dit dans mon traité de médecine écrit à la main et en vers munis de rimes : « La figue du poumon adoucit l'âcreté — Elle apaise, amollit l'intestin irrité ! — Une cannelle pure offre maint avantage — Du foie et de la rate elle affermit l'usage ! »

Dans la courette où lentisques, arbouses rouges, soucis et roses sauvages poussaient en confusion et exubérance, les trois bambins procédèrent aussitôt à la vente ardente des figues qu'ils firent tournoyer pour allécher les amateurs, rangés en cercle autour des petits glapisseurs.

— Figues fourrées pour prendre des forces ! Voici les consolations de vos gorges ! Vraiment délicieuses ! Amusez-vous à les faire tourner ! Invention brevetée du recteur ! Trois sous la pièce et cinq sous les deux ! N'hésitons pas, messieurs ! Fourrées par le recteur en personne ! Après s'être lavé les mains ! Qui n'a pas sa figue volante ?

Cette friandise ingénieuse eut du succès et bientôt trois douzaines de figues fourrées tourbillonnèrent au bout de leurs ficelles, menaçantes frondes, tandis que Mangeclous, agenouillé sous le pin pignon de la courette, sciait au rasoir le cor d'une dame obèse en robe orange incrustée de perles de verre, gémissante derrière son éventail. Ayant fini son opération et encaissé ses honoraires, Mangeclous repéra le plus pauvre des Juifs de l'île, Nino le rétameur qui s'était faufilé sans payer. Fonçant, il réclama la drachme au malheureux qui retourna ses poches vides en témoignage, supplia, excipant de sa soif d'instruction. Après discussion, il fut convenu que la drachme serait remise le soir même sous la forme d'une miche de pain bien trempée dans l'huile d'olive, « mais attention, Nino, ne triche pas, il faut que le pain en regorge comme une éponge ». Le rétameur promit et jura sur les rideaux de l'arche de la Loi. La négociation terminée, Mangeclous battit des mains et les dégustateurs de figues s'approchèrent, suçant leurs doigts poisseux, cependant qu'au-dessus d'eux viraient et fonçaient des hirondelles.

— Messieurs, la deuxième leçon va commencer et je suis à votre disposition. Voulez-vous un discours sur ce qu'on appelle honneur et qui n'est que préoccupation et ridicule peur du qu'en-dira-t-on et misérable souci d'être estimé par tes voisins et connaissances, probablement imbéciles, et qu'ils continuent à te saluer! Les Dix Commandements, c'est bien, messieurs, et je m'incline devant notre maître Moïse, mais cet honneur dont les Européens font si grand cas est une véritable horreur, n'étant que désir de réputation, ce qui est mesquin et sans audace! Ou bien préféreriez-vous des historiettes sur le grand ministre Colbert dont le vrai nom était probablement Goldberg et en conséquence un fils de l'Alliance, comme vous et moi! Ou bien voulez-vous un cours de géographie avec description de Genève, ville honnête où tu peux laisser ton portefeuille sur le banc d'un jardin, et la police te le rapporte tout de suite à l'hôtel, sans te demander un pourboire? Ou bien un cours d'antipathie sur la charité? Car donner à un pauvre, je suis d'accord, mais en tant que jeu et plaisir, tel que d'aller au théâtre, et non pour en tirer gloire comme d'une action méritoire! Quelle valeur, en effet, messieurs? Le riche donne deux drachmes ou même cent à un pauvre, fort bien, mais est-ce que ces drachmes changent l'existence du pauvre et du riche? Elles prolongent la vie languissante du pauvre et embellissent de bonté et d'orgueil la vie délicieuse du millionnaire! Justice, messieurs, telle est ma devise ! Ou bien voulez-vous un cours de négation générale ? Ou bien un exposé prouvant que le pari de Pascal, tant admiré, est d'une grande bassesse ? Ou encore que diriez-vous d'un joli cours de séduction amoureuse, telle qu'elle est pratiquée dans les Europes, à titre documentaire et pour votre culture, étant entendu que les personnes du sexe opposé seraient en tel cas priées de nous priver de leur délicieuse présence ? Messieurs, c'est à votre choix ! Que les amateurs se fassent connaître !

La plupart des mâles crièrent aussitôt qu'ils voulaient la séduction amoureuse, la réclamèrent à qui mieux mieux sous les regards glacés des dames qui se retirèrent en grande dignité, avec des bruissements méprisants de soies et force éventements outragés. Les suivirent Manassé, Luzzato et Espinosa, ce dernier à cause de son épouse.

Cependant, excité et trépignant sur place, le vieux Jacob des Meshullam rajeuni demandait à cor et à cri si cette séduction européenne était par lettres ou par sérénades et barcarolles ou encore par enlèvement nocturne avec loup de velours et grande consternation des parents bien forcés de donner leur consentement, la demoiselle ayant perdu son innocence dans l'heure suivant l'enlèvement !

— Qui paiera saura, lui répondit Mangeclous, étant bien entendu que la taxe sera de trois drachmes car, perdant sur la quantité, l'Université doit se rattraper sur le prix.

— Je verserai ! cria le centenaire. Sur l'âme de mon grand-père qui vit Napoléon, je verserai ! Je verserai car je suis curieux de choses étranges et nouvelles, et je désire les connaître avant mon heure déterminée !

— Et avant que ne survienne la Pourvoyeuse des

Tombes et la Coupeuse des Conversations, compléta Mangeclous pour la beauté de la chose.

Michaël et Salomon vinrent prendre congé. Le recteur magnifique, regrettant les six drachmes qu'il allait perdre, fit le douloureux et l'amical, les incita à rester. Michaël, grand fascinateur de dames, haussa les épaules. Il connaissait la question, et que pouvait-il apprendre qu'il ne sût déjà ? Il n'est si chaste dame de qui la vertu ne chancelle devant mâle et profitable corporence, sourit-il, et il recourba ses grosses moustaches. En conséquence, au revoir, cher Mangeclous. Salomon dit qu'il s'en allait aussi, car quel besoin de séduire ? Il fallait se marier et aimer son épouse, et voilà !

— Je peux rester pour faire nombre, dit Mattathias, à condition que tu me rétribues.

— Que tu crèves, ô Pissefroid, dit Mangeclous avec un sourire agréable. Un cancer à tous tes orifices, et de plus une hémoptysie pour toi et pour qui te veut du bien !

XI

Avant de commencer son cours de séduction, Mangeclous ordonna à sa femme, à ses filles et aux bambins de s'éloigner de l'Université pour raisons de pudeur et de n'y revenir que rappelés « par un sifflement aigu, trois fois lancé dans les airs ». Ayant ainsi agi en chef de famille soucieux de moralité, il fit son entrée dans sa cuisine privée et salle de cours où, accablé de chaleur, il se débarrassa aussitôt de sa toge. En pantalon et le torse nu, mais toujours coiffé de sa toque et le front lourd de pensées, il déambula en silence, respectueusement considéré par les étudiants accroupis à la turque, Colonimos soufflant à ses voisins que le professeur était en approfondissement de pensée et qu'il fallait se tenir tranquilles pour ne pas lui faire perdre ses idées. Les diverses parties de son discours enfin disposées en sa tête, le recteur perçut de chaque assistant la taxe des trois drachmes, s'installa dans son fauteuil doré, chaussa son lorgnon sans verres, sourit agréablement et prit la parole.

— Messieurs, dit-il en soulevant sa toque, je commence ma leçon de séduction amoureuse en Europe. Sachez qu'il y a deux sortes de séductions. D'une part, la séduction lente et soignée ; d'autre part, la séduction rapide qui n'est utilisée que dans les cas de grande urgence. La séduction lente et soignée nécessite l'emploi de cinq manœuvres successives que j'énumérerai en temps opportun et dont la durée jusqu'à obtention de la victoire dans le lit est habituellement de trois semaines en cas de dame vertueuse. Mais apprenez d'abord que les séducteurs européens, avant de commencer, s'assurent au préalable que sont réunies les conditions indispensables au succès des manœuvres subséquentes. (Il ôta son lorgnon et considéra l'assistance.) Messieurs, à voir vos regards éteints et vos lèvres pendantes, je comprends soudain que vous ne comprenez rien. Me mettant à votre portée et quittant le ton universitaire, je vais donc vous expliquer familièrement cette séduction en vous contant la véridique histoire d'un certain Wronsky et d'une dame Anna Karénine, épouse légitime d'un vieux commissaire de la police du tsar, et comment celui-là séduisit celle-ci.

— Mais il n'a pas eu peur de se mettre mal avec un commissaire de police ? demanda Colonimos.

— Non, car il était prince et en conséquence un air de dédain, tenant la tête comme s'il avait le torticolis, et de plus ami du tsar qu'il faisait rire en lui chatouillant la plante des pieds !

— Un prince, mon cher, te crache dessus si tu oses lui parler ! expliqua Belleli.

— Messieurs, cette leçon étant profonde et requérant grands efforts de cervelle, j'exige un mutisme de mort ! Et maintenant je reprends le câble de mes pensées. Sachez, messieurs les étudiants, que par une belle matinée d'été, revêtu d'un brillant uniforme de colonel cosaque avec cravache et diverses décorations embellies de gros diamants, le prince Wronsky faisait une promenade à cheval dans un grand parc de la ville luxueuse Pétersbourg, tandis que sur un banc la charmante Anna Karénine lisait modestement un livre sérieux tout en respirant un bouquet de violettes. De temps à autre, elle prenait dans son sac à main un mouchoir délicieux pour se moucher sans bruit et avec finesse. A propos, messieurs, pourquoi les Européennes ont-elles toutes des sacs à main et non des poches ? Qui saura me répondre ?

— Moi ! cria Belleli. C'est pour y mettre leurs choses !

— Réponse dérisoire, dit Mangeclous dont le lorgnon foudroya l'albinos qui baissa la tête. La raison, messieurs, est qu'elles veulent qu'on voie leurs courbes ! Or, si elles avaient des poches, les objets introduits feraient des saillies qui déformeraient leurs formes et abîmeraient leurs rondeurs ! Telles sont les filles d'Ève ! Or donc, apercevant l'Anna, belle et respirant ses violettes, et la trouvant véritable rosée matinale et rafraîchissement, le rusé prince décida aussitôt de la séduire.

— Très bien ! cria le centenaire Jacob des Meshullam. Vite, dépêche !

— Il descendit donc de sa fougueuse monture et se dissimula derrière un arbre, à deux mètres de sa future victime, l'observant sataniquement sans être vu ! A l'abri de son tronc, il se dit les paroles suivantes : « Voyons un peu, est-ce que je lui fais le coup de la séduction rapide, dite encore séduction éclair ? » Il réfléchit pendant une heure de temps tout en lissant ses longues moustaches cirées et enfin il se dit : « Non, soyons prudents, elle est vertueuse puisqu'elle lit un livre sérieux, c'est donc la séduction lente et soignée à cinq manœuvres qui s'impose ! Cela prendra du temps mais tant pis, il faut ce qu'il faut, et de cette manière je serai sûr de la victoire ! Mais voyons un peu, est-ce que sont réunies les sept conditions préalables, indispensables à la réussite des cinq manœuvres susdites ? Examinons-les l'une après l'autre, se dit l'excommunié. En tout cas, la première condition est acquise, à savoir que la femme doit être en possession d'époux. En effet, cette Anna-là est mariée à son Karénine depuis sept ans, et en conséquence elle le déteste sûrement ! » Hélas, messieurs, le maudit n'avait pas tort et il connaissait bien les Européennes ! Car il faut que vous sachiez que, vivant constamment avec son mari, l'Anna s'était aperçue qu'il allait plusieurs fois par jour, et en particulier le matin, dans les lieux d'aisances, et elle l'en méprisait fort, étant grande poétesse. En outre, il avait un peu de ventre, ce que ces païennes ont en grande détestation, préférant les ventres plats. Enfin, le pauvre Karénine, étant fidèle et tendre, la comblait de diamants, la nourrissait fort bien, et surtout avait des manières attentionnées et non cruelles, ce qui agaçait l'écervelée.

— Quelle dévergondée ! s'écria Colonimos.

— Je reprends, messieurs, avec le ferme espoir de n'être plus interrompu. « La deuxième condition préalable est également acquise, murmura ensuite l'homme de noirceur derrière son cyprès. Cette femme est noble et vertueuse et cela me convient, les nobles et vertueuses étant, d'une part, les plus portées sur les mouvements dans le lit, car plus le ressort du désir de fornication est comprimé et plus il veut sortir à toute force et, d'autre part, elles sont plus naïves et faciles à embrouiller que les coquines ! Elle entrera donc dans mon piège à souris en grande foi et loyauté et se livrera à ma coupable concupiscence pourvu que je lui dise des phrases fines et que je lui parle de musique et de Dieu, ce qui est facile et je m'en charge ! Ainsi donc, à la fin de la cinquième manœuvre, je l'aurai dans ma couche et m'en régalerai, toute nue et suave en ses quatre rondeurs ! »

— Et blanche comme perle ! glapit le vieux cabri. Car elle était d'une grande beauté, oui, très grande beauté, de cela je suis sûr et certain ! Une vraie nacre, cette Anna, sourit-il, et il secoua l'anneau d'or de son oreille pour montrer à quel point Anna Karénine était ravissante, puis il s'offrit deux bonbons acidulés qu'il suça à grand bruit.

— Silence, étudiant Jacob ! intima Mangeclous. Ensuite, cet affreux constata avec plaisir que la matinée était belle et chaude, et il ricana derrière son arbre que la troisième condition préalable était acquise, vu la douce température ! Apprenez en effet qu'aucune séduction ne peut réussir en Europe si l'homme la commence dehors par froidure extrême et tourmente de neige ou sur un iceberg par quarante degrés au-dessous de zéro, car en tel cas la dame grelotte et ne pense qu'à claquer des dents. Mais à la grande exultation du misérable, il faisait en ce jour exactement vingt-deux degrés au-dessus de zéro, ce qui est l'idéal en matière de séduction en plein air. Il faut en effet de la tiédeur pour que les appels secrets de la viande montent au cerveau et y créent la propension nécessaire aux conversations élevées, indispensables aux deux premières manœuvres qui se passeront dans le parc. « Quelle chance ! » s'écrie donc ce prince-là. Silence, messieurs, et croisez vos bras comme les étudiants dans les Universités ! (Les accroupis obéirent, fiers d'être des intellectuels.) La quatrième condition préalable dont l'infâme, courbé en sa cachette, se frotta les mains fut que l'Anna qu'il observait avec l'œil du faucon surveillant la colombe, fut que l'Anna, dis-je, était toute rose en son visage, abondante en vitamines et en certaines petites substances scientifiques que nous autres médecins appelons hormones, bref en santé suprême, condition préalable également indispensable ! Sachez en effet qu'une Européenne en rage de dents ou enrhumée du cerveau reste fidèle à son mari pendant toute la durée de l'abcès dentaire ou des éternuements. Par contre, si elle est saine comme l'œil du coq et dépourvue de crampes d'estomac, elle répond séance tenante aux adroits appels du mâle illégitime. Et maintenant, messieurs, revenons aux réflexions du maudit derrière son arbre. Voici ce qu'il se murmura longuement en se tortillant traîtreusement les moustaches : « La cinquième condition préalable est que ma future victime soit bien habillée car elles sont vaniteuses et peu propices à l'amour si elles se jugent mal vêtues ou avec un col qui fait des plis car alors elles sont désespérées et ne pensent plus à la bagatelle. En tel cas, ne se sentant pas sublimes, elles sont même d'une froideur terrible et ne veulent rien savoir de l'homme ! Par contre, si elles estiment être en élégance et beauté, à la dernière mode et sans boutons sur le nez, elles sont toutes prêtes pour la souricière, assoiffées qu'elles sont de compliments et désireuses d'être rassurées sur leur charme vainqueur. Bref, elles sont pratiques et leur beauté doit servir, ainsi que leur costume coûtant des dollars, sinon à quoi bon ? Or, poursuit cet adjoint de Satan, la taille se porte fort basse cette année et je constate avec plaisir que sa ceinture est attachée au-dessous de son merveilleux derrière. En conséquence, se trouvant digne d'être louée quant au bon ton de la tenue, elle sera d'humeur accueillante et me sourira gracieusement, prête à s'entrouvrir si je sais m'y prendre ! Quant à la sixième condition, se dit ce vaurien, elle me concerne personnellement, à savoir que le séducteur doit être d'agréable apparence. Or, sans fausse modestie, je dois reconnaître que je suis beau et bien fait, mesurant que je mesure la bonne longueur, ce qui facilitera grandement mon sombre projet ! » Or, messieurs, réfléchissons philosophiquement à ce que le pestiféré vient de dire à nos oreilles écœurées. Que signifie l'expression beau et bien fait ? Elle signifie, comme il y a fait allusion, que sa viande doit mesurer au moins cent quatre-vingts centimètres et peser dans les soixante-dix kilos. Elle signifie en outre que le séducteur doit avoir un nombre suffisant de petits os dans la bouche, trente-deux si possible, et en tout cas ceux de devant, qui sont visibles, doivent être au complet. Ainsi sont les dames, messieurs, et elles tiennent particulièrement à ces petits bouts de squelette. Bref, il faut que leur adoré soit plein de dents et si une maladie les lui fait perdre l'une après l'autre, elles lui donnent un coup de pied au derrière et s'en vont à la recherche d'un muni de petits os de bouche auquel elles déclarent sur-le-champ adoration éternelle d'âme. Car elles n'aiment parler de leur âme qu'aux porteurs d'osselets en bon état.

— Bravo ! cria Colonimos dont la denture était incomplète.

— Modère ton enthousiasme et laisse-moi poursuivre, dit Mangeclous. Pour vous prouver, messieurs, que je ne mens point, je vous montrerai tout à l'heure des annonces de mariage découpées dans des journaux et vous verrez que les jeunes filles, après avoir indiqué qu'elles croient à l'immortalité de l'âme, insistent fort sur les centimètres du fiancé qu'elles recherchent. Eh là, attention, disent-elles en leurs annonces, il nous faut une convenable longueur de viande ! Un mètre soixante-dix minimum ! Grand, élancé, brun, énergique ! Alors, si un bon jeune homme se présente, honorablement connu dans son commerce mais ne disposant que de cent cinquante-cinq centimètres, si le malheureux se présente à la distinguée de l'annonce, qui est une pieuse de bonne famille, raffoleuse de sentiments élevés, et tout le temps parleuse de musique classique, savez-vous ce qu'elle dit au gentil jeune homme ? Elle lui dit : « O minuscule, ne sais-tu pas que je ne puis goûter les qualités morales d'un fiancé que s'il a une convenable longueur viandeuse ? » Alors, fort indignée de la petitesse du candidat, elle le roue de coups et le laisse à demi mort sur le plancher !

— Vipère ! cria Colonimos.

— Et sachez que même lorsque le prétendant est suffisamment long, s'il lui manque au devant de sa bouche une seule dent, elle lui crache aussitôt à la figure ! Et voilà pour lui ! Pauvre, faute d'un misérable bout d'os de un centimètre, il ne connaîtra jamais la douceur d'amour ! Je le répète, messieurs, car on ne saurait trop insister sur ce point, les demoiselles européennes raffolent de l'âme et de ce qu'elles appellent les réalités invisibles, mais elles exigent que les canines soient bien visibles !

— Peu m'importe, elles me plaisent ! s'écria le vieux Jacob qui eut son petit rire idiot. Et d'ailleurs, il me reste plusieurs dents dans le fond, et de plus je compte m'acheter un dentier ! Donc que la jeune fille vienne et on discutera !

— Paralysie à la langue importune, élève Meshullam ! ordonna Mangeclous. Sinon, je vous mets en punition dans le coin, avec un bonnet d'âne ! D'ailleurs, la plupart des jeunes Européennes ne se contentent pas d'examiner les dents de devant. Lorsqu'un prétendant se présente pour la première fois afin de faire sa demande en mariage avec bouquet et gants blancs, elle lui fait aussitôt ouvrir la bouche toute grande et elle examine l'intérieur avec une tige métallique à petit miroir rond comme chez le dentiste pour voir si la denture est au complet ! Et s'il manque une ou deux dents dans le fond, gare à lui, un coup de pied ! Et maintenant, réfléchissons encore plus philosophiquement. Que signifie ce besoin féminin de longueur de viande ? Ce besoin, messieurs, signifie adoration bestiale du coup de poing ! Car longueur de viande en bon état et canines nombreuses et poitrine énorme et ventre plat et énergie, toutes abominations dont elles sont gourmandes, sont preuve de la capacité de l'homme de donner des coups de poing ! Et maintenant, écoutez-moi bien car c'est ici que je deviens profond ! Qu'est-ce qu'un coup de poing, messieurs ? Un coup de poing est un commencement de meurtre ! Donc, ce que ces mignonnes, avec gestes doux et instruits, exigent avant tout de leur homme pour qu'elles l'adorent, c'est qu'il puisse être capable de faire du mal, d'assommer, tuant légèrement ou tout à fait ! En somme, comme dans les anciens temps, avant Moïse descendant du Sinaï avec les Dix Commandements, comme dans les anciens temps où les hommes étaient des singes, le plus chéri des femelles étant le plus grand, capable d'écraser avec une grosse pierre les crânes de tous autres singes généralement quelconques ! Oui, messieurs, ce que ces demoiselles instruites et riches, et présentées au roi d'Angleterre avec trois plumes d'autruche et trois révérences, ce que ces demoiselles bien élevées veulent en la finesse de leurs robes coûteuses, c'est un assommeur, tout comme leurs arrière-grand-mères singesses des anciens temps ! Seulement, les rusées ne l'avouent pas ! Dans leurs annonces matrimoniales, elles disent des mots menteurs, des mots de déguisement ! Elles disent grand, un mètre soixante-quinze minimum, énergique, ayant du caractère, sportif, aimant la nature et les sauts dans la nature, tous mots signifiant capable de donner ce coup de poing qui est, comme je l'ai dit, début de meurtre ! Bref, messieurs, pour aimer d'amour, il leur faut un gorille !

— Comment, gorille ? s'étonna Colonimos. Pardonnez, professeur, ce n'est pas un gorille qu'elles veulent, mais un homme !

— Licence poétique, imbécile ! expliqua Mangeclous. C'est d'ailleurs l'usage des grands professeurs de la Sorbonne de faire des comparaisons ! Savez-vous ce que signifie Sorbonne et en comprenez-vous l'importance ? (Colonimos l'admira. En savait-il, ce renard ! pensa-t-il. Vraiment, il avait réponse à tout, et qui pouvait lutter avec lui ?) Donc, je maintiens gorille ! Mais ces mignonnes s'indignent de l'expression gorille ! Elles disent que ce n'est pas vrai, que ce qu'elles veulent c'est un homme plein de sentiments élevés, croyant à l'âme et à toutes sortes d'invisibilités, qu'à cet effet, dans leurs annonces chercheuses de maris, elles prennent toujours soin d'indiquer qu'il doit avoir des qualités morales en plus des nombreux centimètres de viande et qu'en conséquence elles sont angéliques, leur idéal étant un gentleman long et délicieusement viandu mais de sentiments sublimes et leur parlant de Dieu à tous les repas ! Que cela ne vous trompe point, messieurs ! Car sachez que ces demandes de qualités morales, c'est pour ne point paraître singesses malgré les poils de leurs jambes et faire les mignonnes et déguiser leur gorille en homme et se mettre en règle avec notre Bible ! Mais en réalité, l'important pour elles, c'est le gorille frappeur sous les apparences d'homme ! Bref, pur alibi, et elles recouvrent les pieds de porc avec de la crème fouettée. Mais, mesdemoiselles, accepteriez-vous pour époux le plus grand des prophètes, mais qui serait un nain ou un vieillard sans dents, et en conséquence l'un et l'autre sans aptitude au coup de poing ? Non, mesdemoiselles ! La cause est donc entendue et elles ont avoué ! cria-t-il avec joie.

Il s'arrêta brusquement. Pourquoi se donnait-il tant de peine pour ces imbéciles ? Pour trois misérables drachmes, il leur livrait des pensées d'au moins trente drachmes pièce ! Il haussa les épaules. Allons, il fallait continuer, non pour ces ignorants, mais pour l'amour de la vérité, but le plus élevé de l'homme !

— Donc, messieurs, toujours caché derrière son arbre et guettant l'Anna qui lit maintenant un livre de grande valeur et encore plus sérieux, un livre sur l'honnêteté, le noir se murmure ces paroles en son intérieur : « La dernière et septième condition préalable, indispensable pour parvenir à la faire mon esclave de lit, est la convenance mondaine, à savoir que j'ai une bonne situation, étant prince et chambellan, et je m'arrangerai pour lui faire savoir que je vide les cuvettes des débarbouillages du tsar, ce qui l'impressionnera fort. » Hélas, l'excommunié n'a pas tort, messieurs ! Elles adorent la haute situation, car la haute situation, c'est la force, la force qu'elles adorent ! Et la force, c'est le pouvoir de nuire, dont la dernière racine est le pouvoir de tuer ! Oui, messieurs, la force, sous toutes ses formes, physique ou morale ou mondaine que nous autres philosophes appelons généralement sociale, est toujours en fin de compte pouvoir de tuer, et c'est pourquoi elle est universellement adorée ! Pensée trop profonde, messieurs, difficile à admettre, je le sais, et personne ne voudra me croire et ne pourra me comprendre ! Ainsi sont les génies ! Incompris durant leur vie, méprisés même parfois, mais quand je serai dans la tombe, ah que de statues, alors, messieurs ! Mais trêve de noirs pensers, pensers au masculin pluriel, messieurs, et revenons à la haute situation qui est pouvoir de nuire et détruire ! Un important, si tu as un procès, il le gagne, même si tu as raison ! Il fait un clin d'œil au juge avec qui il vient de faire un déjeuner avec hors-d'œuvre variés, un clin d'œil qui veut dire : « Allons, dépêche-toi et condamne-moi ce rien du tout aux travaux forcés à perpétuité ! »

— Très juste, dit Belleli, et si jamais le préfet grec apprend ce que sa femme trafique avec Michaël, la nuit, sous les oliviers, que Dieu garde !

— Excusez, professeur, dit Colonimos, et apprenez-nous ce qu'est un chambellan, par faveur !

— Je sais ! cria le seigneur Jacob. Un grand dans les palais !

— Un domestique flatteur, dit Mangeclous. Car sachez que tous les réussisseurs sont ainsi. Le secrétaire de l'ambassade est le domestique flatteur du conseiller qui est le domestique flatteur de l'ambassadeur qui est le domestique flatteur du ministre qui est le domestique flatteur du Premier ministre et le trahira dès que possible !

— Mais le Premier ministre n'est le domestique de personne ! dit fièrement Colonimos.

— Domestique aussi, et grand caresseur du roi ! dit Mangeclous.

— Vérité, dit le seigneur Jacob. Le roi, il faut que tu le cajoles.

— Mais le roi n'est le domestique de personne ! cria Belleli.

— Domestique de son actrice et concubine, dit Mangeclous, qui le trompe avec un soldat et fait son fait avec lui puis le cache dans son armoire lorsque le roi arrive avec des cadeaux ! Je reviens maintenant au misérable Wronsky et je vais vous dire ses ultimes réflexions.

— Derrière l'arbre ! cria le seigneur Jacob qui, d'un mouvement frileux des épaules, rentra en lui-même pour mieux déguster.

— « Donc toutes les conditions préalables sont réunies, se dit le malfaisant à voix basse, mais elles ne suffisent pas à faire naître l'amour, leur seul effet étant que je puis entreprendre mes odieuses manœuvres avec chances de succès. En effet, si j'étais laid j'aurais beau faire ces manœuvres, ce serait un échec, mais si beau que je sois, si je fais mal mes manœuvres, ce sera un échec également, car elle est vertueuse, ne l'oublions pas, et pour parvenir à mes fins j'ai besoin de toute mon intelligence stratégique ! »

— Allons, dis ce qu'il va faire avec son intelligence ! cria le centenaire. Dépêche !

— D'abord, il se parfume derrière son arbre avec un musc chinois dont il a toujours un flacon en ses pantalons. Ensuite, il met un monocle pour qu'elle sache qu'il est du grand monde. Ensuite, avec son mouchoir brodé, il fait briller ses bottes pour qu'elle les remarque et sache qu'il est vigoureux cavalier, ce qui lui donnera des idées coupables, se disant qu'il est musclé, apte aux coups de poing et doué d'une grande puissance de copulation.

— Tout cela, à cause des bottes! s'extasia Colonimos.

— Tout cela, oui, car je suis psychologue. Ensuite, pour être en forme, le maudit se sustente d'un pain fourré dont il a toujours provision.

— Fourré de quoi? demanda Colonimos.

— De jambe de porc, naturellement.

— Un païen, expliqua le seigneur Jacob. Poursuis, mon fils.

— Ensuite, toujours derrière son arbre, il fait bien sortir ses manchettes pour qu'elle voie qu'elles sont propres et en déduise qu'il se lave tous les jours.

— Mensonge! s'indigna le seigneur Jacob. Qui se lave tous les jours? Et ensuite?

— Ensuite, il tourne sa langue six fois dans un sens et six fois dans le sens contraire pour se préparer à l'éloquence, et il sort de sa cachette!

— On va savoir maintenant! cria le centenaire. Chut, les Juifs, taisez-vous!

— Il s'avance galamment vers elle, et il s'incline car il l'a rencontrée déjà dans un salon de luxe et mondanité.

— Sûr et certain, dit Colonimos, un commissaire de police comme le mari étant presque autant qu'un prince et pouvant te mettre en prison si le pourboire n'est pas suffisant. Quelle situation, mes amis! Commander même à des gendarmes! Et alors?

— Alors, il lui demande, en tenant un des bouts pointus de sa moustache, si elle va bien. Elle dit oui et se remet à lire son livre car elle est vertueuse, et de timidité charmante son cœur se fait oiselet tremblant. Pour cacher sa rougeur, elle porte ses violettes à son nez d'un geste ravissant.

— Elle me plaît, cette gracieuse ! cria le vieux cabri, et il essuya d'un doigt tremblant les gouttes qui coulaient de son nez. Un vrai régal ! Qu'on me l'apporte et vous verrez !

— Mais elle lit des livres sérieux ! dit Colonimos. En vérité, je me demande comment elle tombera dans le piège.

— Affaire sûre, elle tombera, laisse-moi faire ! chevrota le centenaire. Poursuis, mon fils.

— Donc, le prince Wronsky commence la première manœuvre, dite des goûts communs.

— Voyons un peu, dit le seigneur Jacob, la main en cornet acoustique.

— Il a entendu dire qu'elle est instruite. Alors, habilement, il lui demande si c'est une tragédie de Racine qu'elle lit et comme elle répond que non, il dit : « Quel dommage ! Car Racine est un grand écrivain ! » Alors, les yeux de la Karénine s'éclairent, elle est très contente car elle a un grand penchant pour ce Racine qui, entre nous soit dit, est fort ennuyeux, sauf qu'il a écrit une bonne pièce qui s'appelle les Plaideurs. Mais enfin, passons. Alors, elle pense : « En somme, malgré que je sois vertueuse, je peux bien parler avec ce prince-là puisque ce sont de choses pures et littéraires que nous allons nous entretenir. » Vous comprenez, le fils de Satan lui a fourni un alibi, une justification honnête ! Elle croit que c'est par amour de Racine qu'elle a plaisir à parler avec lui ! Mais en réalité, c'est pourquoi, messieurs ?

De toutes parts, les réponses crépitèrent, chaque étudiant criant la sienne, les bras croisés. « Parce qu'il est de bonne longueur ! — Et qu'il a des dents ! — Et qu'il est prince ! — Et qu'elle n'a pas mal aux dents ! — Et qu'elle n'éternue pas ! — Et qu'elle est pleine de vitamines ! — Et que sa ceinture est attachée au-dessous des fesses ! — Et qu'il fait chaud ! — Et que le mari va le matin au cabinet ! »

— Fort bien, messieurs, vous me faites honneur ! Alors, le rusé bat le fer pendant qu'il est chaud et vite il parle de Racine puis de peinture et de sculpture, et l'idiote est ravie et elle se dit : « Mais c'est merveilleux, nous avons les mêmes goûts en tout ! Oh, comme j'aime parler avec lui et comme c'est innocent et de bonne éducation ! » Alors, elle lui demande si, comme elle, il aime la musique aussi. « Énormément, ô parfaite, répond-il, et j'en mangerais ! » A ces mots, de contentement elle se trémousse tant qu'elle tombe sur son derrière ! Il la ramasse et vite il fait des remarques fines sur la musique d'un professeur de Germanie, un calamiteux de premier ordre nommé Bach, musique que j'entendis à Marseille au temps où je servais ma patrie en la hiérarchie de caporal, musique toute en broderies inutiles et sans aucun sentiment de l'âme, véritable accompagnement pour scier du bois et que je comparerai à une mécanique marchant toute seule ou encore, lorsqu'elle est musique d'orgue, à un éléphant empêtrant ses pattes dans du papier collant attrape-mouches dont il ne peut se débarrasser ! Et comme le malintentionné a appris par un de ses espions qu'elle aime la nature, il lui parle vite du plaisir de faire un bon déjeuner sur l'herbe.

— Avec vin écumant et tziganes, je sais ! dit le seigneur Jacob.

— Et il lui parle aussi du clair de lune et de nouveau elle frétille de bonheur, comme une truite, et elle le regarde avec des yeux énormes, puis elle les baisse en grande modestie et elle dit d'une voix douce et bien élevée : « Qu'y a-t-il de plus beau qu'une promenade au clair de lune avec une âme qui vous comprend ? » Et voilà, la manœuvre des goûts communs est terminée et il passe vite à la deuxième manœuvre, dite des moralités rassurantes ! A ces fins, cette ordure de prince dit qu'il rapporte toujours à la police les billets de banque trouvés dans la rue et que de plus il déclare toujours les choses qu'il passe à la douane. Vous vous rendez compte, quel menteur ! Ensuite, il dit qu'il adore les petits oiseaux ainsi que sa grand-mère et sa patrie. Alors, elle pense : « Quel noble cœur ! On peut avoir pleine confiance en lui ! Absolument ! » Et enfin, il parle avec respect de Dieu, ce qui est un grand apaisement pour l'Anna qui se dit : « Vraiment, cet homme est parfait, très convenable, très sérieux, et il n'y a aucun mal à parler avec lui ! » Et naturellement, elle l'admire beaucoup à cause de son honnêteté à la douane et elle pense qu'un tel bijou ne peut avoir de vilaines intentions. Elle ne demande qu'à l'admirer moralement ! Mais en réalité, pourquoi, messieurs ?

— Parce qu'il a trente-deux dents ! cria Colonimos, premier de la classe, bras croisés.

— Très bien. Et la malheureuse imbécile se dit : « Enfin quelqu'un avec qui je peux parler de choses élevées ! Quelle différence avec mon mari, ce calamiteux ventru qui va tout le temps au cabinet et jamais ne me parle de clair de lune ! » Et pour rester plus longtemps avec cet homme de toute confiance puisqu'il a parlé de Dieu, elle lui demande s'il aime aussi Mozart et naturellement lui, il lui dit : « Autant que le melon confit qui est ma passion suprême ! » Et aussitôt, il lui fait un discours sur Mozart, toujours le même, et qu'il sait par cœur parce qu'il l'a servi à toutes les autres idiotes. Et l'Anna respire fort par le nez tellement elle est contente qu'ils aiment Mozart ensemble, conjointement et solidairement. En réalité, si elle a respiré fort, c'est pour faire ressortir ses mamelles et qu'il voie qu'elle est bien munie. Mais cela, elle ne le sait pas, étant vertueuse. Enfin, le pervers prend congé après entente de la revoir demain chez elle, à neuf heures du soir, et ils se font le salut mondain appelé shake-hand, ce qui signifie qu'elle lui serre fortement la main, à la militaire, pour bien sentir qu'elle est honorable et qu'il n'y a rien de mal entre eux. Une sans-cervelle, comme toutes les autres ! Et elle sourit toute seule quand il est parti. Elle ne lit plus ses livres sérieux mais elle soupire, les yeux fermés : « Comme cette conversation avec le prince fut intéressante et vertueuse ! Oh, comme je me réjouis de le revoir demain et de parler avec lui de choses bienséantes et distinguées ! » Et pendant ce temps, que fait le maudit ? Devinez-vous ?

— Non ! Dites vite, maître Mangeclous ! Dites, pour l'amour de Dieu, car nous mourons ! crièrent en même temps plusieurs étudiants.

— Eh bien, il court chez le tsar, il le chatouille pour le mettre de bonne humeur et il le supplie d'envoyer Karénine aujourd'hui même à l'étranger en mission de police ! Et voilà le pauvre mari qui est parti, le bon mari qui a toujours été aux petits soins pour elle ! Et dans le train il pleure de quitter sa chère épouse, il se bat la poitrine !

— Le malheureux qui ne sait pas ce qui l'attend ! gémit Colonimos qui se moucha de compassion, aussitôt imité par ses condisciples, tandis que Mangeclous, ému par l'émotion de ses étudiants, se réconfortait d'un gros morceau de tarte.

— Messieurs, dit-il lorsqu'il eut terminé, un entracte de quelques minutes maintenant, car il me faut aller contrôler le comportement de ma famille. Soyez sages, et ne fourrez pas votre nez partout, s'il vous plaît.

Dans la ruelle d'Or, dès qu'ils virent leur père arriver en toge, les trois bambins se remirent à bonimenter et clamèrent de nouveau les avantages des diplômes universitaires, « attireurs de belles dots » et « attrapeurs de filles de banquiers ». Il leur pinça l'oreille à chacun, puis s'en fut inspecter les femmes, stationnées plus loin. Après une galanterie distante à Rébecca, il enjoignit à ses filles de ne pas regarder les jeunes gens et en conséquence de marcher toujours les yeux baissés. Sur quoi, il souleva sa toque.

— Adieu, mesdames, dit-il, je retourne aux devoirs de ma charge.

XII

— Et maintenant, messieurs, revenons à nos chères études et abordons la troisième manœuvre de séduction, dite de l'amitié décente et grandissante, dont la durée est habituellement d'un tiers de mois. Débarrassé de l'infortuné mari, le pernicieux Wronsky va donc rendre visite à l'Anna tous les soirs ! Ce fourbe choisit le soir parce que la digestion alanguit la Karénine et augmente son désir de poésie. Et de cette manière, il devient de plus en plus son ami convenable et frère de l'âme, et tous les soirs il lui dit des mots parfaits. Il lui parle de musique et de littérature tout en retenant ses vents, et elle l'écoute tout en retenant les siens, la tête en arrière sur le canapé comme si elle prenait un gargarisme à l'eau de rose, et elle fait à son tour des réflexions de grande éducation sur la peinture, par exemple trouvant admirable l'affreuse Joconde et son stupide sourire. Quand elle a des borborygmes, elle tousse pour les couvrir, ou encore elle fait l'enthousiaste, récitant des poésies à grande voix pour que son cher ami n'entende pas les borborygmes dont elle a honte car ils sont énormes comme les bruits de la grosse corde du violoncelle et indignes de cet homme si fin aux ongles vernis. Ou encore elle se remue à droite et à gauche et se contorsionne pour refouler, contraindre et comprimer ces borborygmes de malheur et les réduire au silence ! Ou encore elle se lève et elle va à la fenêtre admirer les étoiles en faisant la poétesse avec des remuements, mais en réalité c'est pour se tenir loin de son distingué et qu'il n'entende pas les hurlements de son estomac furieux ! Mais le reste du temps, elle est heureuse car elle a la conscience en paix, ayant tout de suite écrit honnêtement au pauvre mari qu'elle reçoit la visite du prince et nous sommes grands amis, dit-elle, parlant tous deux de choses distinguées et sérieuses en tout bien tout honneur ! Ainsi lui écrit-elle, et le plus satanique, c'est qu'elle le croit ! Vous voyez comme elles sont malignes, les vertueuses ! D'autre part, sachez qu'en cette période de l'amitié grandissante leur sujet favori de conversation, c'est l'âme ordinaire des autres, ce qui signifie qu'ils sont, eux, des extraordinaires faits pour se comprendre ! Donc ce moustachu fils de Bélial vient tous les soirs la voir en grande amitié et parleries de sculpture et de nature. Il est patient, comme vous voyez, l'astucieux !

— Il en faut du travail pour séduire cette dame ! dit Colonimos.

— C'est parce qu'elle est vertueuse, mon cher. Elle, naturellement, toute frétillante des paroles artistiques du prince sur la littérature et la peinture, parce qu'elles sont la preuve qu'il est vraiment de la haute société et en conséquence elle se sent aussi de cette haute société, puisqu'il est son ami en grande décence. Et portant sa main à son cœur, elle se murmure tout bas : « Oh, combien il est superfin et supérieur à mon mari, ce vieux malpropre des latrines tous les matins qui n'est que commissaire de police, ce qui n'est vraiment rien du tout à côté d'un prince vous parlant de littérature avec des bottes ! » Mais elle se trémousse encore plus lorsqu'il lui raconte ses chambellaneries et qu'il vide tous les jours la cuvette des eaux noires du débarbouillage du tsar. « Oh, que c'est beau, pense-t-elle, et quelle âme distinguée il faut avoir pour savoir bien vider les chères cuvettes impériales ! Oh, combien je suis contente d'être l'amie irréprochable de ce merveilleux qui étant prince et vidant les cuvettes du tsar peut faire mettre en prison n'importe qui des basses classes, et gare à qui ne lui plaît pas ! Oh, qu'il est admirable et combien j'adore la force ! »

— Qui est pouvoir de nuire ! cria Belleli.

— Et en conséquence, pouvoir de tuer ! cria Colonimos à qui Mangeclous envoya un baiser.

— Bref, messieurs, convenance mondaine, comme disait ce misérable derrière son arbre ! Mais elle veut aussi s'assurer qu'il a la convenance viandeuse, que nous autres savants appelons biologique. Alors elle l'interroge sur les remuements qu'il sait faire, lui demande, toujours en tout bien tout honneur, s'il aime faire du tennis, de la natation, du vélocipède, de la lutte et des glissades sur la neige avec des yatagans aux pieds. Lui, il dit chaque fois oui, ce menteur ! Alors, elle le regarde avec grande adoration des yeux et elle se dit : « Quels gros muscles il doit avoir ! Comme il doit savoir donner des coups de poing ! Aucun homme ne peut lui résister, sûrement, et en tout cas pas mon calamiteux commissaire du fumier ! C'est vraiment un homme selon mon corps ! » Là-dessus, elle rougit, et elle se dit : « Lapsus calami, je voulais dire naturellement un homme selon mon cœur ! » En outre, pour se faire encore plus admirer, il sort dans le jardin et il fait des sauts énormes devant elle, il grimpe sur les arbres, il fait de la voltige sur son cheval ! Alors, elle le chérit des yeux et elle se dit : « C'est vraiment un incomparable ! » Ensuite, revenu dans le salon, il fait l'homme fort pour lui plaire, mais je ne vous donnerai pas de détails pour ne pas allonger.

— Sur ta vie, dis les détails ! supplia le vieux Jacob. Car comment ferai-je si je ne les connais pas ?

— Oui, professeur, dites un peu comment il fait l'homme fort ! cria Belleli.

— Eh bien, il s'assied avec arrogance en mettant le poing sur la hanche et il hurle ses réflexions artistiques en se tapant fort la poitrine avec son autre poing pour qu'elle sache qu'il a du caractère et qu'il ne craint personne ! Alors elle est contente et elle ferme les yeux en respirant fort ! Ou bien encore il fait exprès le méprisant de telle musique qu'il n'a même jamais entendue ou de tel livre qu'il n'a même jamais lu, et alors elle l'admire avec des yeux énormes, et elle le trouve tout à fait supérieur avec son képi à plumet ! Ou bien il coupe en deux un écu de cinq francs avec ses dents, et alors d'enthousiasme elle saute sur son derrière, et elle se dit : « Quelles dents ! Autre chose que mon ventru des latrines ! » Ou bien il ajuste son monocle et il la regarde d'un œil méchant, ce qui la fait défaillir de bonheur et rougir de douce émotion, et elle le trouve fort affriandant et elle se dit : « Oh, il est à croquer ! Ce n'est pas mon affreux de la police qui saurait me regarder avec un monocle ! » Ou bien encore, sans qu'ils aient rien dit de drôle, il rit tout à coup énormément, à gorge déployée, la bouche toute grande béante pour qu'elle voie qu'il a toutes ses dents du fond et qu'elle ait le temps de les compter sans en avoir l'air ! Alors, voyant qu'elles sont au complet, elle respire encore plus fort de bonheur et elle le respecte encore plus ! Ensuite, il se lève et il dit des stupidités avec une voix de colonel et en marchant les mains dans les poches et le képi en arrière, et elle admire beaucoup les stupidités qu'il dit ! Ensuite, il se retourne avec brusquerie et santé et il la regarde avec insolence et un sourire méchant, de quoi le vice-conscient de l'idiote déduit qu'il est courageux et agressif, donc bon engendreur, et alors elle le mange des yeux comme s'il était de la pâte d'amandes entourée de confiture de rose. Vice-conscient, messieurs, terme moderne signifiant des pensées qui sont en ton cerveau mais que tu ne connais pas !

— Si ces pensées sont en mon cerveau, comment ne les connaîtrais-je pas ? objecta finement un museau pointu.

— Forte muselière à la bouche ignorante et fermeture immédiate du four d'incompétence ! intima Mangeclous. Il s'agit ici, mon pauvre ami, d'un gouffre scientifique que tu ne saurais pénétrer. Ceins-toi donc de modestie devant les profondeurs du docteur Freud !

— Célèbre professeur israélite ! crièrent en chœur les étudiants.

— Mais sont-elles toutes ainsi, ces Européennes ? demanda Colonimos.

— Toutes, mon cher ! Par exemple, si le fiancé reçoit une gifle dans la rue en présence de la fiancée et s'il ne réplique pas par un coup de poing, il est perdu ! La fiancée ne veut plus de lui, c'est fini ! Et elle lui réclame le prix du trousseau et de la robe de mariage déjà achetée, et même elle lui facture les repas qu'il a pris chez le futur beau-père !

— Quelle démone vraiment ! s'écria Colonimos. Au lieu de consoler le pauvre fiancé ! Mais pourtant, dans leur religion, il est dit que tu dois être doux de cœur et que si on te frappe sur une joue tu dois tendre l'autre ?

— Paroles du dimanche matin, mon cher, et ils les oublient le reste de la semaine.

— Allons, hue, retour à la charmante ! cria le centenaire.

— Tout à l'heure, seigneur Jacob ! Mais auparavant, afin de vous prouver combien les Européennes sont affamées de gorilleries, je vous conterai, ayant beaucoup lu et plus encore retenu, l'histoire de Mahaut qui était fille du comte de Flandre et nièce du roi de France, et comment elle tomba en amour.

— Que tu vives ! cria le vieux Meshullam. Car j'aime les historiettes des comtes et des rois !

— Louange à vous, ô raconteur délicieux, renchérit Colonimos, car en vérité nous sommes gourmands des récits du grand monde !

— Et suspendus à votre langue habile ! cria un troisième.

— Langue productrice de perles ! précisa un quatrième.

— Messieurs, comment parlerai-je si vous restez suspendus à ma langue ? Qu'il vous plaise de vous en détacher afin que je la puisse remuer ! Silence, donc !

— Silence ! glapit le seigneur Jacob. Allons, vite, la fille du comte ! Apporte-la !

— Silence ! lui crièrent ses condisciples.

— Silence à vos silences, messieurs ! cria Mangeclous en secouant une clochette sortie de ses basques. Faute de quoi, vous n'aurez pas l'histoire ! (L'index contre le nez, les assistants s'intimèrent silencieusement silence les uns aux autres, et l'on n'entendit bientôt plus que la plainte tremblotée d'une chèvre venue brouter dans la courette des pistachiers.) A la bonne heure et je commence ! Apprenez donc, étudiants chéris, qu'en des temps reculés du Moyen Age,

Guillaume le Conquérant, bâtard de Robert, duc de Normandie...

— Il en sait, l'excommunié ! chuchota Colonimos.

— Très bien ! cria le vieux Jacob, car un duc est encore plus qu'un comte, je le sais et personne n'a à me l'apprendre !

— Mais vous n'êtes pas seul à le savoir, seigneur Jacob ! cria Belleli.

— Nous le savions tous ! crièrent diverses voix.

— Mais moi, étant de grand âge, je le sais depuis plus longtemps que vous !

— Silence, ô Juifs maudits ! cria le recteur. Or donc, ce Guillaume-là se mit en tête d'épouser la Mahaut, rose de fraîcheur.

— Elle me plaît autant que l'Anna, dit le centenaire. Une rose brillante de rosée, vous rendez-vous compte ?

— Mais lorsque cette Mahaut apprit les visées du jeune homme, elle fit la grande fière et éclata d'un rire satanique qui dura au moins le quart d'une heure ! Lorsqu'elle eut fini de rire, elle dit : « Moi, la nièce du roi de France, épouser un bâtard ! J'aimerais mieux rester vierge et nonne voilée ma vie durant ! »

— Je ne puis lui donner tort ! glapit le vieux Jacob. Un bâtard, après tout, produit d'impudicité !

— Oui, mais bâtard d'un duc ! rétorqua Belleli.

— Moi, dit Colonimos, j'accepterais même d'être bâtard d'un baron, parce que je vous prie de croire qu'il ne me laisserait pas mourir de faim !

— Alors, messieurs, que fait le bâtard du duc lorsque cette altière réponse lui est rapportée ? Il entre dans le palais du comte de Flandre !

— Belgique, expliqua le centenaire. Ils ont le Congo ! J'ai des Union Minière !

— Fou de rage donc, le Guillaume empoigne la

Mahaut par les cheveux, la secoue comme salade, la roue de coups de pied, la jette contre le mur, tête ballante. Et il s'en va, la laissant étendue, robe relevée sur son derrière châtié. Et comment finit l'histoire ? La grande orgueilleuse et nièce du roi de France dit à sa dame d'honneur : « Ce Guillaume-là me plaît, je ne veux que lui pour époux ! Çà, qu'on nous marie vite, car mon âme est éprise de ce fier baron. »

— Quelle maudite !

— Aimer un homme parce qu'il lui a frappé le derrière !

— Haussons mentalement nos épaules, messieurs, et ayons pitié de ces malheureuses soumises à la loi de nature qui est bestiale. Elles veulent un protecteur et bon reproducteur, de même que les poules exigent un coq à grosse crête afin de donner le jour à des poulets bien en chair, ravissants au palais, la peau bien croustillante par le rôtissage au feu de sarments, mais il faut tourner la broche lentement de manière que l'intérieur de la bête s'assèche légèrement, ce qui en augmente le charme ! Mais revenons à l'Anna. Où en étais-je ?

— Troisième manœuvre !

— De l'amitié décente et grandissante !

— C'est juste. Eh bien voilà, le prince fait de temps en temps allusion à son bain mensuel pour qu'elle sache combien il est propre et cela leur donne des idées à ces Européennes, et à minuit il s'en va après lui avoir souhaité de doux rêves et fait baisemain. Alors elle l'admire d'avoir des manières de luxe et elle pense : « Ah, ce n'est pas mon calamiteux de la police qui me baiserait la main ! » Une fois qu'il est parti, elle lâche aussitôt avec grand soulagement, étant seule, tous ses vents retenus par idéalisme, des vents de toutes sortes, mes amis, des brefs et des longs, des droits et des dentelés, enfin, bien assortis, puis elle court à la cuisine et se coupe de grosses tranches de gigot à l'ail qu'elle mange debout car elle meurt de faim. Ou encore s'il y a de la tête de veau en salade, elle se jette dessus et s'en régale car c'est son mets préféré !

— Moi aussi ! cria le seigneur Jacob. Parce que c'est mou !

— Lorsqu'elle est bien rassasiée, elle va faire son petit besoin, de même qu'elle a déjà fait trois heures auparavant, juste avant qu'il arrive, puis elle s'étend mélodieusement sur le canapé du salon et murmure en grand délassement et bonheur, les yeux fermés : « J'ai un ami et il me comprend ! » Car sachez que les dames d'Europe adorent être comprises, c'est leur manie, et elles disent que leur mari ne les comprend jamais, être comprise voulant dire parler à un gentilhomme qui n'est pas un mari et être flattée par lui, le gentilhomme ne sachant pas encore qu'elles ont des flatulences. A ce propos, messieurs, notez qu'elle hait de grande haine son mari non seulement parce que le pauvre va au cabinet mais aussi et surtout parce qu'il la voit y aller aussi plusieurs fois par jour et parfois y rester longtemps pour cause de constipation ! Et pourquoi la voit-il y aller ? Parce qu'étant mariés, ils sont chaque jour ensemble pendant des heures et des heures et qu'elle ne peut se retenir tout le temps ! Donc elle le hait de savoir qu'elle n'est pas poétique ! Tandis qu'avec le Wronsky qui ne reste que deux ou trois heures elle peut se retenir et faire avec lui la reine de poésie ! D'où sa haine du mariage ! Et maintenant, je reprends le fil de mon discours. Donc, le nuisible parti, elle se redit que c'est de l'amitié et que vraiment elle n'a rien à se reprocher. N'empêche que depuis quelques jours elle s'enduit les lèvres de vermillon pour recevoir son fameux !

— En somme, professeur, pourquoi se mettent-elles cette peinture sur la bouche ? demanda Colonimos.

— Pour trois raisons, mon cher, dit Mangeclous. Primo, pour attirer l'attention des mâles sur une muqueuse sottement utilisée en Europe dans les rapports entre hommes et femmes, laquelle muqueuse étant ainsi en quelque sorte éclairée en rouge, de même que les vers luisants femelles à la recherche d'un époux éclairent leur derrière non point en rouge mais en vert ! Oui, sottement utilisée ! Car la bouche ne devrait servir qu'à l'éminente fonction du mangement et non être déshonorée par de risibles frottements ! Quoi de plus beau que manger ? Le seul inconvénient étant qu'ensuite tu n'as plus faim, ce qui est dommage ! D'accord ! Mais poursuivons, et ce sera mon secundo ! Ledit infâme rougissement est aussi pour prouver aux amateurs qu'elles ne sont pas affligées d'irrigation sanguine défectueuse, des lèvres pâles étant signe d'anémie et de vieillesse, mais au contraire qu'elles sont pleines de sang de bonne qualité, donc jeunes et en parfaite santé, donc pouvant être saillies avec agrément, et avec profit en ce qui concerne la progéniture à venir. Et maintenant abordons le tertio qui est grandement subtil et que vous ne comprendrez pas, ainsi qu'en témoignent déjà vos ternes regards et vos lèvres pendantes ! Mais peu m'importe et je m'élance, par moi-même enthousiasmé ! Mon tertio, messieurs les étudiants, est que les lèvres sont une muqueuse de remplacement, la seule que depuis des siècles les Européennes puissent décemment afficher à l'extérieur ! Bref, il s'agit d'une exhibition que nous autres psychologues appelons génitale, déguisée en innocente coutume, les dames convenables n'en sachant rien, par suite de leur vice-conscient, pas plus qu'elles ne savent le mobile pécheur des bas de soie, des parfums ou des danses mondaines ! Rougir ses lèvres est donc montrer au concupiscent regardeur une muqueuse importante, en remplacement de l'exhibition plus franche et plus directe que l'on observe chez d'autres espèces animales ! Pour résumer en quelques mots ma thèse je dirai que par le rougissement de sa muqueuse ainsi fortement signalée, telle ou telle honorable princesse déclare qu'elle est prête aux rapports intimes ! Je suis appétissante, semble-t-elle crier, voyez ma fraîche muqueuse si rouge, si saine ! De plus, sachez que je suis très libidineuse, semble-t-elle ajouter, je me préoccupe de ces affaires-là, je m'intéresse beaucoup à ces affaires-là, je suis disponible, sachez-le ! Bref, il s'agit d'un louche fanal d'invitation ! Bien sûr, les vieilles dames ne se doutent de rien et en toute innocence elles se colorient pour se rajeunir, les idiotes, ce qui les rend encore plus vilaines et démolies ! A votre soupe, vieilles sorcières ! Et maintenant trêve de philosophies passant l'entendement des fils muets de l'âne et retournons à la Karénine et à son bas-ventre maudit ! Interrogez, messieurs, je vous y autorise !

Après un long silence, suivi d'un conciliabule chuchoté avec Belleli, Colonimos frotta son œil valide, puis leva son index.

— Excusez ma curiosité, professeur chéri, mais cette impudique n'avait-elle point eu progéniture de par son accouplement légal ?

— Oui, un bijou de sept ans, nommé Alexis, gracieux et bien disant. Mais pour pouvoir mieux penser à son merveilleux des moustaches pointues et se raconter en bonheur et tranquillité qu'elle le verra le soir au clair de lune, elle a mis le pauvre Alexis en dépôt payant chez une vieille barbue, car elle aime peu le produit du commissaire, comme elle dit en haussant les épaules.

— Vilaine ! cria Belleli.

— Un fils de son ventre, avec de mignonnes mains, comprenez-vous cela ? s'indigna Colonimos.

— J'ajouterai encore que durant cette manœuvre de l'amitié décente et grandissante, le fourbe vient souvent en retard pour se rendre précieux. Dès qu'il arrive, il prend donc, comme je vous l'ai dit, des attitudes énergiques pour impressionner la sans-cervelle. Après quoi, les deux s'entretiennent sans tarder de couchers de soleil, de fleurs, de musique classique, de grandeur d'âme et autres sujets de délicatesse, en faisant ceux qui ne vont jamais aux latrines. C'est ce qu'on appelle les préambules d'un amour. Mais il suffit, et j'en viens maintenant à la quatrième manœuvre que je comparerai au jarret de bœuf au froment cuisant doucement du jeudi matin au vendredi soir, j'en adore les parties graisseuses, et que j'appellerai en conséquence la manœuvre du mijotage.

— Louange à vous, professeur adoré ! cria Colonimos.

— Dites-nous vite afin que nous apprenions ! cria Belleli.

— Allons, mijotons, mijotons ! cria le seigneur Jacob, trépignant d'impatience. Allons, commence, car j'en ai un tout neuf dans ma bouche, très bon, goût de framboise !

— Voici donc la manœuvre du mijotage. Sachez en effet, ô estimés des circonstances et du temps, ô doués de bonnes manières, ô chéris des trois drachmes, sachez que le dixième jour de leur amitié décente et grandissante, le prince lui a fait dire par son serviteur nègre qu'il doit partir d'urgence et qu'il n'a pas le temps de venir lui faire baisemain, mais qu'il sera de retour dans sept jours. Alors, de tristesse le monde noircit devant son visage, et elle cuit doucement dans sa solitude, se disant tout le temps : « Oh, comme mes journées sont vides sans mon grand ami ! Oh, avant de le connaître, je ne vivais point, pareille à la taupe sous sa terre ! Oh, qu'il revienne vite pour me parler des couchers de soleil ! Oh, qu'il est noble et excellent ! Et puis lui au moins, il ne va jamais aux latrines ! » En quoi elle se trompe, messieurs, les amants et séducteurs faisant caca tous les jours ! Mais ces idiotes, ne les voyant pas y aller, les imaginent privés de boyaux ! D'où grand respect et adoration ! Je me propose d'ailleurs de conseiller au chef du chemin de fer souterrain de Paris, dit métropolitain, de faire peindre sur les murs des tunnels de ce métropolitain, de dix mètres en dix mètres et comme réclame morale, cette simple maxime : « Les amants et séducteurs font extrêmement caca ! » Ainsi, les voyageuses seront forcées de lire et les vierges seront averties et les épouses ne commettront plus d'adultère ! Car tout le mal vient de là, messieurs, ces inconsidérées ne voulant pas savoir que les amants font caca ! Mais, lisant ma maxime mille fois répétée, elles seront bien forcées de la retenir, ce qui les dégoûtera des moustaches cirées, et ainsi elles seront chastes et fidèles ! En attendant, cette maxime du caca des amants et séducteurs, je la fais réciter devant moi, tous les soirs et avant leur coucher, par mes filles Trésorine et Trésorette, afin qu'elles aient des rêves salubres. Le mieux serait peut-être de photographier secrètement en posture de caca l'acteur le plus affriolant aux dames et de remettre ensuite cette photographie à toutes les jeunes mariées à la sortie de la cérémonie nuptiale ! Mais revenons à la poétesse Anna. Dans sa solitude, elle se languit donc du caqueur lointain et, pour passer le temps, elle crache sur la photographie de son mari.

— O la lapidée ! s'exclama Belleli dont les yeux cerclés de rouge étincelèrent d'indignation. Vous rendez-vous compte, le père de son fils !

— Or, voici que le septième jour de l'absence arrive un télégramme de son coliqueur des couchers du soleil et venteur des symphonies, disant qu'il retarde son retour et qu'il n'arrivera qu'après-demain, ce qui perfectionne le mijotage. Le neuvième jour, nouveau télégramme l'informant qu'il viendra ce soir, à neuf heures. Alors, comme elle se prépare ! Elle savonne ses cheveux, elle les enduit d'huile d'amandes ! Elle lessive son corps en entier ! Elle se coupe les ongles ! Elle se cure les oreilles ! Elle relave ses mains à huit heures cinquante ! Elle répand des livres profonds sur le canapé pour acquérir de la considération quand il sera là ! Cinq minutes avant neuf heures, elle se regarde de profil dans la glace pour voir quel est son meilleur côté ! Manières de femmes ! Elle arrange des lumières, elle éteint une lampe trop forte, elle en allume une autre plus affable, et même elle la recouvre avec une soie rouge pour faire poésie et alanguissement, et aussi pour s'adoucir le visage ! Ensuite, elle essaie des sourires dans sa glace et des expressions plaisantes, d'abord de la vivacité, puis de doux reproches, puis de l'étonnement charmant. Ainsi sont-elles.

— De pareilles à cette Anna, en avez-vous connues, professeur ? demanda Colonimos.

— Non, mais il se trouve que j'ai quelque connaissance du cœur féminin. S'étant donc jugée parfaite de robe et de corps, l'Anna s'assied car il est neuf heures moins trois minutes et elle ne bouge plus pour rester belle. Tout à coup, sonnerie à la porte ! Elle va vite se regarder une dernière fois dans la glace pour être bien sûre que son nez ne brille pas, car elles ont cette luisance en grande peur, et elle court ouvrir !

— Arrivée de l'adjoint de Satan ! annonça Colonimos.

— Eh non, mon cher, car maintenant c'est la cinquième et dernière manœuvre qui commence, la manœuvre dite du gril et de l'explosion. Celui qui a sonné, c'est le serviteur nègre du Wronsky, ce prince des coliques ! Il apporte une lettre, s'agenouille et s'enfuit aussitôt. Elle ouvre la lettre et son front noircit et ses yeux s'enténèbrent car elle apprend que le prince ne peut pas venir la voir !

— J'ai compris ! cria Belleli. C'est une combinaison pour la faire rôtir !

— Moi aussi, j'ai compris ! glapit le seigneur Jacob, réveillé en sursaut. Que croyez-vous ?

— Alors, l'endolorie se promène de long en large, embrouillant ses cheveux en grand déchirement ! Mais enfin, que se passe-t-il ? Il est à Pétersbourg et il ne peut pas venir la voir ! Mais enfin, pourquoi ? « Oh, nos conversations bienséantes, notre douce amitié, la peinture, la nature, la sculpture, la littérature ! » Ainsi se lamente-t-elle, et elle se regarde dans la glace ! Elle était justement si agréable dans cette robe, tellement serrée sur son derrière qu'elle peut à peine marcher ! Alors, elle déchire cette robe qui ne sert à rien !

— Quelle dépensière ! cria Colonimos.

— « Mais pourquoi ne vient-il pas ? pleure-t-elle. Que lui ai-je fait ? M'en veut-il ? Pourtant, je lui ai écrit des lettres délicieuses chaque jour ! » Et tout à coup elle décide de l'appeler par le moyen de l'engin téléphone.

— Je connais ! dit le seigneur Jacob. L'autre te parle de sa maison et tu l'entends !

— Transpirante des pieds à la tête et les cheveux comme l'écheveau de laine avec lequel le chat a joué, elle crie dans le tuyau scientifique, elle réclame une franche explication ! « Il y a quelque chose que vous me cachez ! J'ai le droit d'y voir clair ! » Ainsi disent les insensées en instance de passion. Alors, le malfaisant consent à une dernière entrevue mais pour après-demain seulement afin qu'elle ait bien le temps de se tordre et bistourner sur le gril des suppositions.

— Pardonnez mon incorrection, professeur, dit Colonimos, mais comment se fait-il qu'étant laid comme la poix aggravée de goudron, c'est chose connue et il n'y a nulle offense, comment se fait-il que vous sachiez tant de choses sur l'amour ?

— Question de cervelle, mon cher, je te l'ai déjà dit, répondit Mangeclous. Car le grand esprit est celui qui connaît ce qu'il n'a jamais vu ni pratiqué. Je suis, grâce à Dieu, doué d'une certaine faculté naturelle de concevoir et imaginer. Mais nul gouvernement ne semble s'en être aperçu et je ne suis pas ambassadeur ni même ministre plénipotentiaire. Ainsi va le monde, mon cher, et tu devrais voir les yeux arriérés de ces grands diplomates. Mais baste, et revenons à la stupide Anna se préparant pour la dernière entrevue. Imaginez-vous que cette mordue se lave de nouveau alors qu'elle s'est déjà lavée avant-hier ! Ensuite, elle se frise les cheveux avec des fers brûlants, devenant pareille à un mouton, puis elle va vite acheter un chapeau coûtant un dollar, charmant mais dans la manière triste, avec voilette ! Oh, comme son cœur tamponne et bute lorsqu'elle frappe à la porte du palais du prince ! Lui, il a bien chauffé le salon car il faut qu'elle se sente bien en son corps pour qu'elle souffre en son âme, et de plus il a une idée libidineuse derrière la tête. Alors, lui en robe de brocart indien pour être artistique et concupiscé, lui donc, ce réprouvé, il lui parle en ces termes : « Je ne peux plus vous voir, bien que je vous adore et que j'aie forte démangeaison et grand échauffement de faire avec vous l'affaire habituelle de l'homme et de la femme, mais que voulez-vous, cher ange, c'est mal de continuer à venir vous voir puisque vous êtes mariée à votre Karénine, et d'ailleurs je n'ai pas le droit de faire souffrir ma maîtresse qui s'appelle la grande-duchesse Tatiana, l'honneur m'oblige à vous en informer ! » Vous rendez-vous compte quel bandit est ce prince Wronsky ? Il lui dit à la fois qu'il l'adore et qu'il ne veut plus la voir ! Il n'y a rien de mieux pour envenimer la pauvrette qui pense en se tordant l'âme et le derrière qu'elle a dodu : Comment, il m'adore, et je ne le verrai plus ? Comment, il a envie de faire avec moi l'affaire habituelle de l'homme et de la femme, et cette affaire il va la faire avec la Tatiana ? Bref, messieurs, nous en sommes à l'explosion ! Et notez qu'il ment, car cette Tatiana-là n'a jamais été sa maîtresse, mais c'est pour se faire valoir et brûler l'Anna à petit feu ! Et alors, ce menteur diplômé de première classe raconte qu'il n'aime plus la Tatiana depuis qu'il a rencontré la merveilleuse Anna, mais qu'il a le devoir de pitié et de respect, vu le grade de la Tatiana, de ne pas l'abandonner. Et il fait serment qu'il n'aime plus la Tatiana ! « Mais cela ne vous empêchera pas de copuler fort et longtemps avec elle ! » crie la vertueuse désespérée qui a perdu toute décence et qui se dit que s'il revoit la

Tatiana il va aimer de nouveau cette maudite à force de copuler avec elle et de la farcir jour et nuit ! Alors, il s'arrange pour qu'elle voie une photographie qu'il a découpée dans un journal de luxe et mise ensuite dans un cadre en or pour la vraisemblance, une photographie de la Tatiana qui est bien pourvue en ses devant et derrière et de plus grande-duchesse, ce qui empoisonne l'Anna qui saute comme le rouget sur un feu de sarments, ce qui est la meilleure façon de le préparer avec de l'ail et quelques graines de fenouil, et elle tressaute et sursaute sur le gril de l'extrême jalousie ! Et elle crie qu'elle l'aime et qu'il n'est pas juste qu'ils ne se voient plus puisque c'est elle qu'il aime ! Et alors, mouchoir tragique ! Torsions diverses du petit mouchoir ! Pointe du mouchoir dans le coin de l'œil ! Pointe du mouchoir dans le trou du nez ! Petites moucheries de luxe ! « C'est la fin de ma vie de femme ! » sanglote l'Anna, et elle remue à droite et à gauche, et elle boutonne et déboutonne sa veste, et elle tombe par terre pour qu'il voie un peu ses belles jambes, et elle se ramasse et se relève, et puis elle retombe et elle gémit, et elle a les paupières gonflées et elle arrache sa voilette et elle déchire son chapeau de un dollar, et elle crie qu'il ne doit pas sacrifier leur bonheur à cette Tatiana de malheur, et elle s'accroche comme collante pieuvre à lui qui se dit : « Ça y est, elle est cuite, je peux me l'offrir ! »

— Oh, le pestiféré ! cria Belleli.
— Il ne craint pas Dieu ! cria Colonimos.
— Et alors, messieurs, dans cette petite cervelle de l'Anna, il y a du remue-ménage parce que la Tatiana est si belle, si élégante et si grande-duchesse, et elle a peur qu'elle ne lui reprenne son précieux ! Et bref, ce sont baisers nombreux et grandes langueries euro-

péennes et saliveries et échanges de microbes divers, notamment streptocoques et staphylocoques, mais peu importe à l'Anna, l'essentiel pour elle étant de bien entortiller sa langue à la langue de son caqueur adoré !

— Oh, la dégoûtante ! cria Belleli.

— Et ils ne s'arrêtent pas, messieurs, de se donner des baisers lécheurs avec la langue.

— Mais c'est sale ! s'indigna Colonimos. Non, je ne peux pas croire qu'ils se lèchent comme des bêtes ! Ce n'est pas possible !

— Les Européens adorent se lécher, c'est dans leur nature animale et lécheuse, dit Mangeclous. Ils se lèchent énormément, surtout dans les débuts d'amour, et plus ils sont du grand monde et plus ils se lèchent, se communiquant ainsi, outre les microbes susnommés, d'importantes quantités de petits champignons invisibles appelés mycosis albicans, et vous ne pouvez imaginer toutes les saletés de bouche qui se perpètrent la nuit dans un grand parc de Londres, justement nommé Hideux Park. Et il y a plus ! Sachez en effet que l'Anna et son Wronsky mélangent non seulement leurs langues mais encore leurs salives ! Parfaitement ! Cette inconsidérée introduit donc sa salive dans la bouche du maudit au lieu de l'utiliser raisonnablement pour bien cimenter un honorable cou d'oie farci ou de bons et loyaux macaronis à l'huile d'olive et à l'ail, bien rissolés à la fin de la cuisson, ce qui les rend un peu croustillants, et c'est excellent ! Vous rendez-vous compte, chers amis et coreligionnaires, quelle folie de gaspiller un utile suc digestif, de s'en servir pour *rien*, pour le déposer dans la bouche de cet imbécile de Wronsky qui ne sait que parler de chevaux ! Et bref, pour vous la dire courte, voilà soudain l'Anna à l'état de nature dans le lit, au lieu de s'occuper de son enfantelet, le maudit prince faisant son affaire avec elle qui pleure de bonheur et gigote avec enthousiasme, exécutant gymnastiques diverses et sauts de carpe malheureusement non farcie ! Et c'est la grande chiennerie dite passion, avec continuels frottements des peaux, car c'est le fond de toute l'affaire ! Et au bout de six mois, s'étant enfuis vers la mer et le soleil, ils s'ennuieront fort l'un avec l'autre ! Car ainsi finissent les amours fondées sur l'attraction des viandes et la gravitation des canines ! Le cours est terminé, messieurs.

— Mais, professeur, qu'est-il advenu du pauvre mari et du cher petit Alexis ? demanda Colonimos.

— Eh bien, le mari est justement arrivé le lendemain matin, chargé de cadeaux alimentaires pour sa femme chérie, entre autres trois kilos de caviar parfait ! Et alors la luxurieuse, encore congestionnée par ses cabrioles à l'endroit et à l'envers de toute la nuit, prend une tête de grande noblesse et lui dit : « Apprends que j'ai un amour supérieur et élevé pour le prince Wronsky qui est un charmeur délicieux et il vide les cuvettes du tsar ! Donc il n'y a pas de comparaison ! Sache en outre que mon amour pour cet incomparable est une passion fatale et je n'y puis rien, mon cher, c'est la volonté de Dieu, et c'est Dieu lui-même qui a joint nos bouches, sans compter le reste ! En conséquence, ô commissaire de police, j'ai le regret de t'informer poliment que je dois te quitter en toute distinction, et merci pour le caviar ! »

— Sûrement qu'elle l'a tout donné à son maudit ! s'écria Belleli.

— Trois kilos de caviar, vous rendez-vous compte ? s'emporta Negrin, et il se leva pour prendre à témoin l'assistance.

— Au bas mot, soixante écus de caviar, si c'est du sterlet, dit Issacar à Zacharie qui en fit aussitôt part à Benrubi qui le répéta à Montefiore qui en informa Disraeli qui, d'excitation, tapa dans ses mains, puis déclara, debout et à haute voix, que c'était sûrement du sterlet de première classe, vu l'importance d'un commissaire de police !

— Non, pas du sterlet, mais plutôt du malossol qui est bien supérieur ! cria Fano, à son tour dressé.

— Oui, du malossol ! glapit le centenaire Jacob, soudain réveillé. Du malossol, je connais ! Très bon, parce que c'est mou ! J'en donnerai à la charmante ! Elle sera contente, vous verrez !

— Paralysie à vos langues, messieurs ! tonna Mangeclous. De grâce, un peu de tenue universitaire !

— Et le malheureux mari, qu'en est-il advenu, professeur ? demanda Colonimos. J'ai peur de l'apprendre et mon cœur se fait oiselet tremblant !

— Alors le pauvre Karénine s'est empoisonné en buvant un litre de vitriol après s'être griffé les joues, et le délicieux Alexis, mignonnet en son joli costume de velours noir avec col de dentelle, s'est abattu en sanglotant sur le cadavre de son cher père ! Et voilà pour eux !

Après un silence rempli par les claquements de langue du vieux Jacob suçotant plusieurs bonbons à la fois, les mouchoirs sortirent et les nez résonnèrent. Pauvre Karénine, pauvre Alexis ! Par manière de réconfort, on discuta des divers châtiments mérités par les deux amants, notamment tête tondue pour l'Anna, cette libidineuse ! Puis Belleli soupira et dit que, Dieu merci, le mari ne souffrait plus, étant mort. Quant à Colonimos, il exprima l'espoir que le petit Alexis avait fait au moins un bon héritage, pauvre orphelin que le tsar protégerait peut-être. Oui, dit Belleli, bon héritage sûrement vu les nombreux pourboires reçus par le commissaire de police Karénine, reçus surtout de pauvres Juifs sans permis de séjour. Le calme revenu, les étudiants bâillèrent et le seigneur Jacob se rendormit.

— Cette séduction lente et soignée est bien fatigante, dit Colonimos en s'étirant. Toutes ces complications de sept conditions et de cinq manœuvres, tous ces discours sur la littérature et tous ces mensonges à inventer !

— Et tout le temps retenir ses vents, dit Negrin.

— Et puis coûteuse, cette séduction ! dit Belleli. Partir en voyage, envoyer des télégrammes et même avoir un serviteur nègre ! Et tout cela pour que la nauséabonde vous introduise de force sa langue dans votre bouche !

— Permettez, professeur, mais vous nous aviez promis aussi la séduction rapide ! rappela Colonimos.

Soudain lassé de ces histoires d'adultère, somme toute indignes de son Université, le recteur expédia le sujet en peu de phrases tout en éventant son torse avec sa toque.

— Ils sont dans un salon et l'homme est en train de faire la première manœuvre.

— Dite des goûts communs ! récita Belleli, les bras croisés.

— Je le savais aussi ! s'écria Colonimos. Mais je n'ai pas voulu interrompre le professeur !

— Lui, il est sur le canapé et la jeune fille est en face, dans un fauteuil. Et soudain, il bâille en dedans de sa bouche en pensant aux quatre satanées manœuvres qui restent à faire, tout ce travail et toutes ces dépenses de serviteur nègre, et il se décide pour la séduction éclair ! Après tout, elle ne mérite pas mieux ! En avant, marche ! A cet effet, il fait le grand triste avec tête baissée, et il sort son mouchoir ! Elle lui demande ce qu'il a ! En peu de mots, dans le genre anglais, il dit qu'il a un grand chagrin ! Alors elle est ravie de pitié, car elles adorent consoler ! Elle l'interroge avec grande délicatesse ! Il répond que son épouse ne le comprend pas et qu'elle le fait souffrir, cette calamiteuse, et il renifle de simulée douleur ! Alors, faisant une tête de grande vertu et douceur, elle vient s'asseoir auprès de lui, et elle lui prend gentiment la main, prise de grande compassion, très contente qu'il souffre et soit incompris car elles adorent avoir compassion et comprendre les incompris d'une autre femme, et les consoler en grande distinction, et enfin être des saintes. Alors, il fabrique un sanglot ! Alors, elle fait une tête de plus grande vertu et de plus grande compassion encore, et elle se rapproche de lui, cuisse contre cuisse ! Elle lui serre la main, et elle sent qu'elle le comprendra à la perfection, et elle lui dit d'une voix d'ange : « Je serai votre sœur ! » Sur quoi, il fait un sanglot plus fort, et alors elle est bouleversée de compassion, et elle serre son frère en grande honnêteté contre elle ! Et alors lui, il serre en grande honnêteté sa sœur contre lui ! Bref, ils se serrent en telle grande honnêteté que ce qui doit arriver arrive ! Fin de la séduction rapide !

A l'exception du vieux Jacob enseveli dans son innocent sommeil, les étudiants se secouèrent, gênés, évitant de se regarder. Puis, l'un après l'autre, ils parlèrent.

— J'ai un mauvais goût dans la bouche, dit Colonimos.

— Ces séductions, longues ou rapides, ce n'est pas pour nous, dit Belleli.

— Moi, dit Negrin, mon idée de l'amour c'est que tu

rentres à la maison et ta femme t'ouvre la porte et elle te dit la bienvenue. Bienvenu sois-tu, mon trésor, te dit-elle.

— Et si tu as des pellicules, elle te savonne la tête, dit Montefiore.

— Et le matin, tu lui apportes le café au lit, dit Zacharie. Et si elle est malade, tu la soignes.

— Être deux doigts de la main, c'est l'amour, dit Benrubi.

— Et quand tu as des ennuis commerciaux, elle te réconforte, dit Disraeli.

— Et on vieillit ensemble, dit Colonimos.

— Et on devient laids ensemble, dit Mangeclous, et c'est le plus beau de tout ! Car lorsque l'heure de la vieillesse a sonné l'épouse regarde l'époux et en silence elle se dit oh comme il est devenu moins joli mon pauvre, oh comme je l'aime encore plus, et l'époux se dit oh comme elle est plus belle que quand elle était belle et vraiment je l'adore extrêmement ! Et de plus, si elle a un petit morceau de viande logé dans un de ses diastèmes, tu lui prêtes ton cure-dents car tout ce qui est à toi est à elle ! (Il s'empara du dernier morceau de tarte, l'engloutit et reprit la parole tout en brossant les débris de pâte accrochés à la grise toison de sa poitrine.) Et surtout, messieurs, qu'on ne vienne pas me raconter que cette Anna-là est plus à plaindre qu'à blâmer, ce qui voudrait dire que sa passion était inévitable et fatale ! Ce n'est pas vrai, messieurs, car si ce prince Wronsky, la première fois qu'il l'avait rencontrée, avait eu devant elle une série de vents intestinaux à la suite les uns des autres, les uns doucereux et hypocrites, les autres sataniques et sans cœur, ou même et plus simplement, si ce prince-là avait par distraction ou par un rire soudain et expulseur émis un seul vent, même de petite envergure, l'Anna ne serait jamais tombée en amour inéluctable et divin ! Alors, je vous le demande, chers coreligionnaires et amis, quel sérieux accorder à un sentiment que le moindre vent suffit à flétrir ? Mieux encore, messieurs, si ce séduisant videur des cuvettes impériales, pris de subite colique, n'avait pu se retenir dans le parc, lors de leur première conversation, qu'elle l'eût vu alors dans l'accroupissement désespéré d'une digestion à son terme dramatique, l'eût-elle aimé d'un amour sublime, son prince charmant ? Non et non ! Alors, quelle foi, je le redis, accorder à un sentiment qui s'évanouit au spectacle d'une fonction pourtant bien connue et d'ailleurs universelle ? Et n'est-ce point la preuve que toutes ces nobles passions d'amour ne sont que trompe-l'œil, faux-semblants et comédies fondées sur le mensonge et la dissimulation des vents ? Et voilà, messieurs, pourquoi je méprise tous ces romanciers européens qui font de séduisantes peintures de la passion et qui, menteurs et empoisonneurs, cachent à nos regards les besoins de nature, grands et petits, de l'héroïne adultère et de son complice ! Alors, forcément, les insensées mariées se repaissent de ces peintures et elles courent, le feu aux jupes, tromper leurs admirables maris, criant que leur nouvelle passion est irrésistible et fixée par le destin ! O ânesses véritables ! En conclusion, vive la vertu et la fidélité, et à bas les chiens et les chiennes de l'adultère, et maudite soit l'Anna Karénine, la dévergondée qui a abandonné son bon mari et son fils ravissant, fleur de Russie, pour faire du trapèze volant dans un lit avec le Wronsky, ce venteur et caqueur en secret !

Des applaudissements éclatèrent et les étudiants clamèrent leur enthousiasme tandis que l'orateur épongeait son front ruisselant. « Louange à vous, professeur chéri ! — Louange à vous, sublime ! — Louange à vous, bouche d'or ! — C'est du sirop qui coule de votre bouche ! — C'est une gracieuse cascade de perles fines qui sort de vos lèvres ! — Longue vie à notre maître Mangeclous ! — En vérité, qui est pareil à lui ? — Et quelle chance est la nôtre ! — Encore, honoré recteur ! — Instruisez-nous ! — Continuez à nous charmer ! — Conduisez-nous sur les sentiers de la vertu et de la bienséance ! » Grand acteur modeste et la main sur le cœur, Mangeclous s'inclina à droite, puis à gauche. Les applaudissements continuant, il leva le bras pour les arrêter.

— Chers coreligionnaires, étudiants bien-aimés et fidèles vassaux, je suis fier de vous, car vous avez bon goût, dit-il. Aussi, répondant à vos sollicitations et pour chasser ces miasmes de l'impureté païenne, je vais vous faire, en guise de post-scriptum aimable, un cours gratuit sur Moïse notre maître et même sur l'Éternel, Dieu d'Israël !

— Loué soit Son saint Nom car Il nous a sanctifiés par Ses Commandements ! récita Colonimos.

— Loué soit-Il, continua Belleli, car Il nous a interdit les femmes d'autrui et nous a prescrit les liens sacrés du mariage !

— Préparez-vous donc à déguster, messieurs ! dit Mangeclous.

Mais à ce moment, la porte s'ouvrit avec fracas et le petit Salomon entra avec la vitesse de l'épervier. Stop ! cria-t-il, assuré de son importance. Mangeclous ne manqua pas l'occasion et, croisant les bras, il le foudroya du regard.

— Que veut cet audacieux qui trouble nos débats ?

— Nouvelle importante ! cria Salomon tout essoufflé.

— Élève Colonimos, expulsez manu militari cet importun que je déclare persona non grata ! ordonna Mangeclous qui, sachant que Salomon insisterait et qu'en fin de compte la nouvelle serait connue, s'offrit le délice d'être implacable.

— Grande nouvelle secrète, cher Mangeclous ! Pour tes oreilles seulement ! Selon les recommandations de l'oncle !

— Approche, grain de riz, et établis-toi à mon altitude, dit Mangeclous.

Salomon se hissa sur le fauteuil et chuchota à l'oreille de son cousin tandis que les étudiants dardaient leurs regards sur les lèvres du petit messager. Ils comprirent vite que la nouvelle était de taille car le recteur ne fut pas long à exprimer son intérêt puis sa joie. Dès les premiers mots, en effet, il boucla activement les deux ailes de sa barbe. Ensuite, l'oreille tendue, il poussa de menus rugissements tout en caressant le crâne du vendeur d'eau, petit globe où seul surgissait l'épi frontal. Lorsque Salomon eut fini de parler, Mangeclous le baisa sur le front, puis s'adressa aux étudiants raides de curiosité.

— En effet, messieurs, la nouvelle est secrète, mais elle est grande et propre à vous faire jaunir ! Je vous la dirai donc, car à quoi servirait un secret si on ne pouvait le révéler avec orgueil et poitrine gonflée ? Apprenez donc, messieurs, que mon cher compère Saltiel vient de recevoir un chèque de son neveu Solal des Solal, chèque sans nul doute immense et destiné à être partagé entre les Valeureux, à savoir moi qui suis mon préféré, Saltiel, Mattathias, Michaël et ce brimborion que vous voyez là, fier comme s'il était l'auteur du chèque! Un chèque libellé en francs suisses, messieurs, francs qui ont la dureté du diamant, et dont le produit sera judicieusement partagé entre les riants bénéficiaires, ma part étant certainement de nombreuses centaines de francs nés au pied des monts indépendants de la noble Helvétie, francs en or dont j'entends déjà le charmant murmure glissant en mes pantalons, francs chéris qui nous serviront à faire un luxueux voyage de l'amitié et du bonheur en cette Genève où règne le munificent, véritable sultan en son palais des nations, neveu de Saltiel et authentique parent de moi-même! Cela dit, messieurs, l'Université supérieure a terminé sa carrière et ferme à jamais ses portes pour cause de chèque suisse et enrichissement soudain! En conséquence, hors d'ici, étudiants imbéciles, car j'ai assez de vos faces abjectes et de vos misérables drachmes! Quant à toi, ami Salomon, cher cobénéficiaire, veuille m'attendre, je te prie, car je vais en ma cave à coucher revêtir une tenue civile!

Dès que Mangeclous eut disparu, Salomon, fort gêné par les insultes de son cousin, se frotta les mains pour n'avoir pas l'air d'avoir l'air, puis adressa maints sourires aux ahuris et commença à s'enquérir de la santé de leurs familles. Mais la porte se rouvrit et Mangeclous entra, un œillet à l'oreille et un cigare entre les dents, son haut-de-forme de côté et sa redingote négligemment sur ses épaules nues.

— Viens, mon chéri, dit-il à Salomon. Laissons ces miséreux à leurs monnaies dévaluées et, sans un regard sur cette ignorante plèbe, dirigeons-nous vers le chèque suisse!

XIII

Important et pensif, les mains derrière le dos, l'oncle Saltiel allait et venait en silence dans son pigeonnier cependant que Mattathias crayonnait des additions sur le dos d'une boîte de cigarettes et que, assis sur le petit lit de fer et jambes croisées, Michaël fumait sa pipe à eau tout en caressant le tuyau de velours rose. Soudain, la porte s'ouvrit et Mangeclous entra en coup de vent, suivi de Salomon.

— Montre le chèque ! cria-t-il, la main tendue.

— Patience, dit Saltiel. Chers cousins et compères de l'amitié, je vous ai convoqués tous quatre en mon cabinet...

— Quel cabinet ? interrompit Mattathias. C'est la chambre où tu couches.

— Et où je pense, répliqua fièrement Saltiel. En conséquence, je répète que je vous ai convoqués en mon cabinet afin de vous lire la lettre qui accompagnait le chèque.

— Montre le chèque ! cria Mangeclous.

— A mon heure, dit Saltiel. Vu la solennité de cette lettre, j'ai estimé opportun d'attendre que nous soyons tous au complet.

— En séance plénière, d'accord ! dit Mangeclous. Mais montre le chèque !

— Je m'excuse donc, chers Michaël et Mattathias, de vous avoir ainsi tenus sur la broche tournante de l'attente de cette lettre que je vais lire maintenant.

— Le chèque d'abord ! supplia Mangeclous.

— Non, toute chose en son temps. La lettre est plus importante.

— Plus importante qu'un chèque ? s'indigna Mangeclous.

— Oui, mon cher, car la lettre contient des expressions du cœur.

— Mais le chèque contient des francs suisses ! Dis au moins le montant !

— Le montant importe peu, c'est l'intention qui compte !

— Enfin, d'accord, finissons-en ! Lis-nous cette lettre que j'espère brève, et arrivons au chèque que je m'en attendrisse les yeux !

— Messieurs, debout pour l'audition de la lettre ! dit Saltiel qui chaussa ses lunettes à monture de fer. Je vous ferai d'abord remarquer la qualité du papier.

— Impérial Japon, d'accord ! dit Mangeclous. Dépêchons !

— Je vous ferai ensuite observer que cette lettre porte en relief, en haut et à gauche, la mention Société des Nations et au-dessous Cabinet du Sous-Secrétaire général. Cabinet, messieurs, et non bureau !

— Voilà d'où vient ton cabinet de tout à l'heure, dit Mangeclous. Mais ton neveu, c'est un vrai cabinet.

— Ce cabinet sur la feuille est imprimé en or ? demanda Salomon.

— En bleu, c'est plus distingué, et en relief. Tu peux toucher.

— Pour l'amour du ciel, Saltiel, lis la lettre ! réclama Mangeclous. Car il me tarde d'en venir au chèque et d'en voir les mignonnes fioritures ainsi que cet endroit charmant où la somme est inscrite sur un fond de minuscules mots imprimés et gracieusement répétés afin d'empêcher les faussaires ! Allons, au nom des prophètes, lis !

— D'abord, messieurs, louange à Dieu, dit Saltiel après avoir remis sa toque afin de ne point prononcer le nom sacré en état de nudité. Louange en vérité, car Il est le Suprême, le Parfait et le Sans Égal.

— D'accord ! dit Mangeclous. Il est tout cela ! Lis la lettre !

— J'attends que Compte en Banque daigne se lever afin de rendre hommage à la lettre.

— Et au chèque, dit Mangeclous.

Mattathias remit ses souliers à élastiques, entaillés de côté pour laisser passer les cors, se leva lentement et posa sur Saltiel ses yeux bleus et tranquilles.

— Tu fais trop de manières, dit-il, et d'ailleurs je suis de l'avis de Mangeclous, un chèque ayant préséance sur toute lettre qui n'est pas de crédit.

Saltiel haussa les épaules, se racla la gorge et commença sa lecture à noble voix, la poitrine arrondie d'orgueil et les mollets cambrés.

« Cher et bien-aimé oncle, honoré et révéré Saltiel des Solal, mon âme a la nostalgie de vous. Je vous adresse donc un chèque pour que, en compagnie de Mangeclous, de Michaël, de Mattathias et du cher Salomon... »

D'émoi, ce dernier commença une crise de hoquet. Saltiel s'arrêta, la lecture ne devant pas être profanée par des bruits vulgaires. Les sourcils sévères, il se tint immobile, attendant la fin de l'exhibition. Le remède habituel — sucre en poudre avalé et narines pincées — n'ayant pas eu d'effet, le petit bonhomme se mit à sangloter d'humiliation. Pour en finir, Mangeclous le pinça au derrière et le hoquet cessa.

— J'espère qu'un tel incident ne se reproduira pas et je continue ma lecture, dit Saltiel.

« ...vous veniez en avion me faire une visite à Genève et prendre le café du matin avec moi à l'Hôtel Ritz, le jour qu'il vous plaira à partir du premier juin, date à laquelle je serai certainement de retour à Genève après une longue mission. »

— Messieurs, je m'arrête pour trois remarques. Primo, sachez que l'Hôtel Ritz est le premier de Genève. Prix énormes, chers amis, mais il peut se le permettre ! Secundo, longue mission signifie tours complets d'horizon avec les hautes personnalités des capitales pour le bien de l'humanité souffrante ! Tertio, le chèque est tiré sur le Crédit Suisse, première banque de la Suisse !

— Et par conséquent de l'Europe, approuva Mangeclous en se frottant les mains. Dis le montant !

— Je poursuis ma lecture, mais attention, Salomon, ton nom revient une deuxième fois. Prépare-toi et maîtrise ta gorge.

« Le chèque est à l'ordre de mon cher Salomon pour qu'il ait le plaisir d'aller tout seul l'encaisser. Il voudra bien en répartir le montant comme suit. »

— Allons, dis la répartition ! cria Mangeclous, un crayon à la main et prêt à noter.

— Pour toi, Mangeclous, douze mille francs suisses.

— Je meurs ! cria Mangeclous qui, pour la beauté de la chose, crut devoir s'écrouler. Et les autres touchent combien ? demanda-t-il presque aussitôt, mais toujours gisant et un seul œil rouvert.

— Douze mille chacun, sauf Mattathias qui n'aura droit qu'à deux mille parce qu'il est riche.

— Très juste ! dit Mangeclous qui se redressa d'un bond. Ton neveu est homme de bon sens !

— Qu'en sait-il si je suis riche ? grommela Mattathias.

— Donc le chèque est de cinquante mille ! cria Mangeclous. Saltiel, mon chéri, montre le chèque de cinquante mille !

— Tout à l'heure. Messieurs, écoutez la fin de la lettre qui est une vraie merveille.

« Mon cher oncle, ce sera pour moi un grand bonheur que de vous revoir. Dans cette délicieuse attente, je suis, oncle vénéré et père spirituel, avec un profond respect, votre neveu et très humble serviteur qui baise vos mains et implore votre bénédiction. »

Sur quoi, Saltiel laissa échapper la lettre, tomba sur sa chaise et éclata en sanglots. Mangeclous, impatient du chèque, se dépensa en soins affectueux, lui faisant respirer du vinaigre, puis lui en humectant le front tandis que Salomon éventait avec une serviette le petit vieillard qui, par un effort suprême de volonté, se leva soudain, pâle et fier, les jambes tremblantes.

— Vous rendez-vous compte, il m'appelle son père spirituel et il se dit mon humble serviteur ! Voilà comment me traite le chef des nations !

— Sous-chef seulement, dit Mattathias.

— Infâme ! tonna Saltiel. De mon propre chef, je diminue ta part de mille francs ! J'en prends la responsabilité !

— Je me plaindrai à ton neveu !

— Et moi, je lui dirai ta conduite !

— Bravo ! cria Mangeclous. Écoute, cher Saltiel, la lettre de ton admirable fils spirituel a un style de toute beauté et je le soutiendrai devant tous contradicteurs généralement quelconques, privatim et seriatim, et par tous moyens que de droit et licites ! J'ai pleuré en écoutant cette lettre ! Il me reste encore une larme, regarde-la vite ! A propos, une idée me traverse l'esprit à l'instant. Ces mille francs, si justement ôtés à Mattathias, l'odieux calomniateur à tête d'escarre...

— Non, dit Saltiel, et il puisa dans sa tabatière à queue-de-rat. Non, répéta-t-il, et il prisa fort pour ponctuer sa décision. Ces mille francs ne te seront point remis, mais ils seront partagés entre des familles pauvres et méritantes. J'ai dit. Salomon, pourquoi cette tristesse dans tes yeux ? Qu'as-tu, mon fils ?

— J'ai que j'ai levé la main pour dire juste quelques mots tout à l'heure et vous n'avez pas fait attention ! Tout le monde parle ici mais moi je dois garder la bouche fermée !

— Abandonne cette sombre contenance, mon fils, et dis ce que tu voulais dire.

— Tout le monde a le droit de parler ici, mais moi non !

— Eh bien, parle, mon enfant !

— Non, je suis trop vexé !

— Bien, alors tais-toi et crève !

— Le chèque est à mon nom et on ne me le donne pas à garder, voilà ce que je voulais dire et protester !

Saltiel remit aussitôt le chèque au petit bonhomme

qui passa de l'accablement à la joie, expliquant que c'était lui qui irait l'encaisser, car lui seul en avait le droit ! Allons, dirait-il au caissier, dépêchez-vous !

— Mais ne signe pas le reçu avant de toucher la somme ! recommanda Mangeclous.

— Sois tranquille, cher ami, j'attendrai que les billets soient devant moi, je mettrai ma main dessus bien fort et c'est alors seulement que je signerai avec l'autre main !

— Passe-moi le chèque, Salomon, que je m'en rassasie un peu !

— Non, tu vas me l'abîmer ! Le voilà, regarde-le si tu veux, mais ne le touche pas !

Mangeclous s'approcha sur la pointe de ses pieds nus, déposa un baiser sur le chèque que Salomon tenait à deux mains, puis le respira, puis le caressa avec un sourire sentimental.

— Un chèque bancaire, un chèque de banque sur banque ! modula-t-il, attendri. Nul besoin de l'envoyer à l'encaissement ! Il sera réglé immédiatement ! Car qui oserait douter du Crédit Suisse ? Ah, cher Saltiel, comme ton neveu me plaît ! Et quel dommage qu'il ne se soit point remarié ! Mais je me propose de lui faire à Genève une proposition caressante de mariage avec une jeune fille très bien.

— Quelle jeune fille ? demanda Saltiel, déjà méfiant.

— Une des deux miennes, je lui laisserai le choix ! Celle qu'il voudra, Trésorine ou Trésorette ! A sa bonne volonté ! L'une et l'autre sont des perles sans défaut, suaves et nettes comme l'amande, nourries à la graisse de poulet, intelligentes et primesautières ! Et toutes deux parangons de vertu, marchant les yeux baissés dans les rues, tellement qu'elles se cognent et rentrent à la maison avec bosses et plaies sur le front ! Je lui conseillerai toutefois Trésorine, l'aînée qui a préséance, comme il se doit, car si la cadette se mariait la première, Trésorine l'aurait en grande haine !

— O effronté ! s'écria Saltiel, cramoisi de colère. Avec ta fille, la sans menton, la brèche-dents, l'ignorante, la trente ans et toute en os et odeur de persil ? Et pourquoi ? Pour que tu t'engraisses et fasses le beau-père dévoreur du patrimoine de mon neveu ? Mais ne sais-tu pas que la fille même de Rothschild n'est pas assez bonne pour lui ? Baste, ces sottises ne méritent pas qu'on s'y arrête et parlons sérieusement ! Mon neveu nous prescrit de voyager en machine volante. En telle machine nous volerons donc et à la grâce de Dieu le miséricordieux dont le bras puissant nous soutiendra même dans le vide ! D'autre part, nous sommes aujourd'hui le trentième de mars et ordre nous est donné par le munificent de ne nous trouver à Genève qu'à partir du premier de juin. Qu'allons-nous faire, mes amis ? Nous ternirons-nous ici de mélancolie dans une attente énorme ?

— Jamais ! s'écria Mangeclous. Car mon naturel est de me divertir lorsque je suis muni de milliers !

— En tel cas, que diriez-vous, chers amis, d'un petit voyage immédiat et d'agrément en divers pays, en attendant ce premier de juin béni ?

— D'accord ! dit Mangeclous. Dépensons noblement nos milliers et amusons-nous avant que d'être ordures sous terre !

— D'accord aussi ! dit Salomon. Allons voir ce qui se passe dans les contrées et les îles du monde !

— Pas d'opposition au départ immédiat ? La proposition est adoptée à l'unanimité ! Mon idée, chers amis, est que nous commencions par Rome, ville des Césars. Que vous en semble ?

— J'acquiesce, dit Mangeclous, car j'ai toujours eu envie de faire une visite au pape, ce qui me sera facile maintenant en ma qualité d'ancien recteur. En avant pour Rome !

— Et maintenant, messieurs, veuillez tendre vos oreilles. En effet, en prévision du vote unanime qui vient d'intervenir, j'ai déjà pris mes renseignements auprès du cafetier d'en bas qui est au courant, son beau-fils étant serviteur à l'Hôtel Belle Venise. Sachez donc qu'il y a une machine volante qui part d'Athènes pour Rome tous les jours à onze heures. Nous prendrons en conséquence demain le bateau qui arrivera après-demain de bon matin au Pirée.

— Port d'Athènes, dit Salomon.

— Grand professeur de géographie, celui-ci ! ricana Mangeclous. Il nous fournit des renseignements que je connaissais à l'intérieur du ventre de ma mère !

— Aie un peu de bonté, dit Saltiel. Notre Salomon a parlé dans l'innocence de son cœur. Même si tu sais des choses qu'il dit, n'en montre rien et n'humilie pas ce cœur charmant.

Salomon baissa les yeux et ses rondes joues constellées de rousseurs prirent la teinte de la tomate mûre. Oh, comme il se sacrifierait avec joie pour l'oncle Saltiel ! Oh, comme il aimerait voir l'oncle se noyer et lui, Salomon, il se précipiterait à l'eau et il le sauverait !

— Donc, messieurs, embarquement demain !

— Excusez ma correction, oncle, dit Salomon, mais demain sera samedi, et il est défendu de voyager le saint jour du sabbat !

— De quoi te mêles-tu, imbécile ? s'indigna Mangeclous. O rabbin miniature, qui t'a demandé de parler et de me gâter la royauté du départ ? Nous dirons à l'Éternel que ce fut distraction et oubli de notre part, et n'en parlons plus ! L'affaire est réglée ! Départ demain !

— Non, dit Saltiel. En effet, demain est le jour du Seigneur et je suis honteux de l'avoir oublié. C'est cette lettre qui m'a confusionné. Nous ne profanerons certes pas le jour du sabbat et nous partirons en conséquence lundi, puisqu'il n'y a pas de bateau le dimanche.

— O Saltiel, n'auras-tu pas pitié de moi ? supplia Mangeclous à genoux. Trois jours à attendre avant le délicieux départ ? Mais je vais me flétrir ! De grâce, ami !

— Non, redit Saltiel, après avoir croisé ses bras. Ferme en mon propos, je déclare que nous ne partirons que lundi.

L'ayant regardé, Mangeclous comprit que l'oncle était inébranlable, et il se remit sur ses pieds. En silence et la tête baissée, il bouda. Quel tyran, ce Saltiel ! Jour sacré ! Comme si un embarquement dans la joie et l'amitié n'était pas chose sacrée aussi ! Soudain, se rappelant le chèque, il releva la tête et sourit de ses longues dents, le monde redevenu rose à ses yeux.

— Discutons du chèque, dit-il. Qui l'encaissera ?

— Moi ! dit Salomon. Il y a mon nom dessus !

— Mais tu peux me l'endosser, mon chéri, et j'irai te l'encaisser en grande tendresse, heureux de te rendre service, et cela t'épargnera d'aller jusqu'à la banque, d'attendre des heures et de discuter avec le caissier chrétien qui est très méchant et beau-frère du chef de la police.

— Salomon encaissera, dit Saltiel, car il est honnête et différent d'une certaine personne.

Mangeclous, flatté, ricana de plaisir dans sa barbe. Eh oui, il était un peu bandit, comme Napoléon et Jules César, comme tous les grands hommes. Et Henri IV n'avait-il pas dit que Paris valait bien une messe ?

— Autres propositions, messieurs, avant de lever la séance ? demanda Saltiel.

— Je propose quelque chose, dit Mangeclous.

— Eh bien, propose !

— Quelque chose qui fera plaisir à ton neveu !

— Eh bien, remue ta langue !

— Je la remuerai moyennant promesse de mille drachmes comptant, mon idée étant le plus beau cadeau moral que nous puissions faire à ton neveu !

— Je m'engage personnellement pour mille drachmes, dès paiement du chèque, à condition que ta proposition me plaise ! Donc, ouvre ton four !

— Non, car j'ai soif. Adoucis ma gorge, ô Salomon.

Le petit homme rinça aussitôt un verre, le nettoya avec une feuille d'oranger pour lui donner bon parfum, inclina sa jarre de limonade aux petits citrons et remplit le verre jusqu'au bord.

— Bois dans la joie, dit-il, et ensuite explique un peu notre cadeau moral.

Pour augmenter l'impatience de ses amis, Mangeclous mâcha quelques pistaches retrouvées dans sa poche. Enfin, il se décida.

— Afin d'exprimer notre reconnaissance au seigneur Solal, que dis-je reconnaissance, afin de lui exprimer notre gratitude et notre amour...

— La lèpre sur toi et ton exorde ! cria Saltiel. Propose ta proposition !

— Ma proposition est que nous écrivions une lettre au président de la République et que nous lui expliquions que ton neveu mérite...

Il s'arrêta pour faire durer l'attente.

— Il le mérite sûrement ! dit Salomon.

— Forte muselière ! lui enjoignit Saltiel. Allons, Mangeclous, dis-moi ce qu'il mérite !

— Que nous expliquions au président de la République...

— Tu l'as déjà dit ! Je suis cheval nerveux frémissant sous le frein !

— Et moi je grille, et la plante de mes pieds fume ! dit Salomon.

— Allons, sors ton flot ! ordonna Saltiel. Que mérite-t-il ?

— La Légion d'honneur ! déclara Mangeclous en se découvrant, et un frisson traversa l'assistance. Nous signerons tous la lettre qui deviendra pétition !

Saltiel le considéra avec intérêt. Un fripon, certes, mais quelle tête !

— L'idée est sublime ! dit-il. Écrivons la lettre tout de suite !

— Idée sublime, idée sublime ! glapit Salomon qui se mit à tourner sur lui-même. Écrivons une lettre à monsieur le président de la France ! Et je signerai aussi ! Et ainsi le seigneur Solal sera décoré grâce à moi ! Et vous savez, j'ai une belle signature avec des ronds et des petits points dedans !

— Reste donc un peu tranquille, ô bruyante coquille de l'œuf ! dit Saltiel. Sois sage, car il faut que nous écrivions la lettre ! Pour l'amour du ciel, ne tourne plus, tu me donnes le vertige !

Mais rien n'y fit. Inlassable, pris d'une folie de bonheur, Salomon continua ses rotations, les bras écartés, tandis que ses cousins l'observaient avec curiosité, se demandant jusqu'à quand ce phénomène aurait la force de tourbillonner sans tomber évanoui.

— Je suis content ! criait ce toton humain. Le seigneur Solal des Solal va être décoré ! Comme je serai fier quand il aura sa décoration toute rouge, je connais la couleur ! Légion d'honneur, la plus grande décoration du monde ! Et comme c'est bon de savoir qu'il y a Dieu tout le temps ! O mes amis, le soir quand j'éteins la chandelle et que je suis bien fourré dans mon lit entre mes barreaux, je me ramasse de contentement en pensant à Dieu et je Lui dis que je sais qu'Il me regarde et qu'Il m'aime et qu'Il sait que je L'aime ! Et après Dieu, je pense à ma chère épouse et puis à mes amis ! Oh, comme je souris quand je pense à mes amis dans mon lit, je souris de tout partout mon corps, je souris même avec les doigts de mes pieds et je les remue beaucoup, tellement j'aime mes amis ! O mes amis, l'oncle Saltiel, quel cœur israélite ! Quel bonheur de le regarder, de l'écouter et puis de lui baiser la main ! Quel homme grand et admirable ! Quand il a de l'argent il le donne en grande cachette aux pauvres, c'est un pauvre qui me l'a dit en grande confidence, mais tant pis, je le dis ! Et puis lundi ce sera le voyage sur la mer ! O mes amis, comme j'aime voyager ! Et à Rome nous verrons le seigneur pape avec son bel habit blanc, tellement sérieux et important ! Je l'aime bien ! Mais je suis bon Juif et j'aime encore mieux notre grand rabbin ! Et je fais tous les jeûnes ! Pas seulement les grands, pas seulement celui du Grand Pardon et celui du Neuvième d'Av, mais aussi celui du dix-septième de Tamouz et celui de Guédalia et celui du dixième de Teveth et celui d'Esther, enfin tous ! O mes amis, combien je suis content de vivre ! Et puis plus tard il y aura le paradis, et je ne serai jamais mort ! Et je verrai un peu Dieu, de loin, bien sûr, mais tout de même je le verrai, et peut-être qu'il me fera un sourire ! En attendant, je vais aller dans des pays magnifiques sur un char volant et dans ce char on vous donne des bonnes choses à manger, on me l'a dit ! Et je les inscrirai toutes pour les raconter à mon retour ! Et je vais dire à tout le monde à Céphalonie que je vais aller dans des pays magnifiques ! Et à Genève quand j'irai voir le seigneur Solal je mettrai mon costume du samedi avec des pantalons blancs et de la brillantine sur mes cheveux !

— Michaël, arrête ce monstre tourneur ! ordonna Saltiel. S'il le faut, bâillonne cet estorbeillon, attache-lui les pieds et pose-le sur mon lit, mais sans me l'abîmer car il est perle précieuse. Et maintenant, je vais composer la pétition.

— Non, moi ! dit Mangeclous. Car j'ai l'habitude !

— Non, moi ! dit Saltiel. Car j'ai le tact, et je suis l'oncle ! Donc, laissez-moi, chers cousins, et allez vous promener en bas. Quand j'aurai fini de composer, je battrai des mains à la fenêtre, et vous voudrez bien me rapporter, par faveur, une tasse de café noir bien sucré.

Resté seul, il s'assit confortablement, puisa délicatement dans sa tabatière de corne, prisa avec un sourire et des gestes fins, les yeux fermés de béatitude, puis se frotta vigoureusement les mains car l'heure était venue de s'acquérir du mérite. Ses lunettes à monture de fer bien assujetties, il fit avec le porte-plume des ronds préliminaires dans le vide, gracieux ronds appeleurs d'inspiration et de belle écriture. Ensuite, sous les regards admiratifs de Salomon ligoté et bâillonné, il se mit à l'ouvrage avec une mignonne grimace de plaisir.

XIV

— Louange à toi, bon Michaël, ce café noir était excellent et je te félicite de l'avoir monté sans en verser une goutte. Tu peux délier Salomon car, débâillonné par moi, il a promis de ne plus tourner. Et maintenant, messieurs, la pétition ayant été achevée à ma satisfaction, je vais vous en donner lecture, mais vous pouvez vous approcher pour admirer la calligraphie.

— Permets-moi de m'aventurer à t'interrompre gracieusement, dit Mangeclous. Je vois le début de ta lettre et je constate que tu commences par Très Vénéré et Hautement Admiré Monsieur le Président de la République Française.

— Eh bien ? demanda froidement Saltiel.

— Eh bien, doux ami, accepterais-tu la contribution de mes modestes lumières ?

— J'accepte, dit Saltiel, déjà vexé.

— Puisque tu me le permets, je te dirai que le début ne me paraît pas très aimable.

— Et que faudrait-il mettre, d'après toi ?

— Eh bien, Haute Excellence, naturellement.

— Moi, je mettrais plutôt Majesté, dit Salomon.

— Je vous remercie tous deux de vos aimables conseils et je commence ma lecture en conservant le début qui est parfait.

« Vendredi, le trentième de mars 1935
« Très Vénéré et Hautement Admiré Monsieur le Président de la République ! Paris ! Veuillez agréer pour commencer nos Salutations Patriotiques en préambule à l'Humble Pétition de Citoyens Français de Père en Fils depuis de Nombreuses Générations mais échoués à Céphalonie à la fin du dix-huitième siècle ! Ile délicieuse de climat excellent et quels fruits ! Respectable Président, des raisins allongés, gros comme des prunes ! Et naturellement nous y sommes restés ! Également de Père en Fils ! Le soussigné Saltiel est malheureusement dépourvu de Fils ! Étant célibataire hélas par fidélité à une charmante fiancée morte précocement à dix-huit ans et lui en avait vingt-deux ! Un ovale de madone ! Mais le soussigné peut dire qu'il a un Fils ! C'est son Neveu dont il est l'Oncle Maternel et au sujet duquel nous vous envoyons cette Humble Pétition ! D'ailleurs son oncle il l'appelle son Père Spirituel ! Ce qui vous donne une idée de son Caractère et de la Délicatesse de ses Sentiments ! Le but de la présente est en conséquence de Vous Supplier ardemment quoique à genoux de lui remettre Sans Retard un Grade Supérieur de la Légion d'Honneur car il le mérite ! Étant une Haute Personnalité ! Sous-Secrétaire Général de la Société des Nations ! Vous avez sûrement déjà entendu son nom qui est comme le nôtre que vous trouverez au bas de cette Humble Pétition en tant que Signatures Lisibles ! Le même nom de famille, donc Solal, mais de la Branche Cadette tous les cinq ! Le même nom que son oncle maternel, sa mère étant

également une Solal de naissance! D'où la similitude de noms même pour l'oncle maternel! »

— Un peu embrouillé, dit Mangeclous.
— Pour les imbéciles peut-être, répondit Saltiel, mais pas pour l'intelligence d'un président de la République! Je continue!

« Lui, son prénom est Solal aussi et son nom de famille est Solal aussi! Moi, je l'appelle Sol par chérissement et intimité! C'est une tradition pour le premier-né de la Branche Aînée des Solal de s'appeler Solal des Solal et non par exemple Moïse ou Abraham des Solal et ainsi de suite et il n'y a pas de mal à cela! C'est ainsi, c'est une Coutume! Il y en a de pires en Allemagne en ce moment! »

— Bien dit, fit Salomon.
— Dis-moi, Saltiel, fit Mangeclous, et si pour impressionner un peu ce Président tu lui disais que ton neveu est un descendant direct du roi David?
— Non, c'est un mensonge.
— C'est de la politique, mon cher!
— Et d'ailleurs cela pourrait éveiller en lui des sentiments d'envie. Je continue ma lecture.

« Maintenant pour qu'il n'y ait pas confusion dans Votre Esprit et pour éviter les critiques acerbes d'un certain cousin dont le surnom commence par un M! j'expliquerai plus clairement que mon neveu est de la Branche Aînée venue d'Espagne directement à Céphalonie! C'est ainsi! Les Solal Aînés, comme on dit, ne sont pas citoyens français comme nous, les Solal Cadets! Ils ont été sujets des diverses Puissances qui ont gouverné Céphalonie et maintenant ils sont sujets grecs ! Ou helléniques, si vous préférez ! Mais mon neveu est devenu citoyen français par naturalisation ! Ayant épousé une demoiselle Maussane, la fille d'un Premier Ministre français, vous pensez bien qu'il a été facilement naturalisé ! Aude elle s'appelait ! Joli nom ! Ensuite il a été Député puis Directeur d'un journal puis Ministre et maintenant Chef Important à la Société des Nations ! Enfin vous savez sûrement tout cela ! Mais ce que vous ne savez pas c'est qu'il est Très Affectueux ! Il a le Sang Doux ! Imaginez-vous, Cher et Vénéré, qu'il a envoyé aux respectueux soussignés un Tchèque de 50 000 (cinquante mille en toutes lettres) francs suisses ! Donc un Cadeau ! Comme un autre enverrait un paquet de bonbons ! Vous rendez-Vous compte ? »

— Excuse-moi de t'interrompre, dit Mangeclous. Au lieu de vous rendez-vous compte, je préférerais qu'en dites-vous, cher Président ? C'est plus aimable. Et puis mets-lui l'équivalent en francs français, sans cela cet imbécile est capable de ne pas comprendre l'importance de la somme.

— Comment oses-tu parler ainsi du Président ?

— Honte à toi ! dit Salomon.

— Il n'est pas là pour m'entendre, dit Mangeclous. Bon, je retire, il est très intelligent, d'accord ! Continue !

« Enfin là n'est pas la question ! C'est l'Intention du Cœur qui compte ! Et s'il envoie des Sommes Énormes c'est qu'étant Très Capable il est Bien Rétribué ! Un petit employé gagnant peu et envoyant cent drachmes étant tout aussi méritant ! Mais naturellement ce n'est pas à cause des 50 000 (cinquante mille en toutes lettres) du Tchèque que nous vous demandons de l'honorer par la Légion en un Grade Supérieur à Commandeur car il est déjà Commandeur ! Donc qu'il n'y ait pas d'erreur, le Grade Au-Dessus ! S'il Vous plaît ! A vrai dire nous ne savons pas comment se dit ce Grade Supérieur mais vous êtes certainement au courant ayant l'Habitude ! Tout ceci donc non par Protection mais Honnêtement ! Parce qu'il le mérite à cause de sa Grande Capacité ! Haut Fonctionnaire et Serviteur de l'Humanité et Travaillant pour la Paix du Monde ! Quoique avec l'Allemagne nous avons bien peur que tôt ou tard il n'y ait la Catastrophe Guerrière ! Donc des tanks français forts ! Raison de plus pour lui donner vite le Grade Supérieur ! Donc plus que Commandeur ! Car en temps de guerre Vous aurez, Vénéré Président, d'autres chats à fouetter comme on dit familièrement ! Il faut battre le fer pendant qu'il est chaud ! Sachez qu'il Fait Tout à la Société des Nations ! Son Oncle peut vous le Garantir, l'ayant vu travailler Jour et Nuit ! Allant à son cabinet somptueux avec Vases de Sèvres et Gobelins à minuit pour Questions Politiques à régler avant l'Aurore ! Grand Chef et tous pâlissent devant lui et Balbutient ! Sûrement Vous avez entendu parler de lui, Grande Tête Politique, Études Supérieures et Vaste Culture ! Et du Charme ! Il n'y a qu'à voir son Sourire et sa Manière de Vous regarder ! En un mot comme en cent il fait honneur à la France ! »

— Ici, interrompit Mangeclous, je conseille que tu ajoutes : Alors qu'attendez-vous pour le décorer ? En ajoutant peut-être sapristi pour donner du piquant.

— Je refuse ! Ce n'est pas ainsi qu'on traite le chef de la France !

— Bravo ! approuva Salomon qui n'avait rien compris mais à qui la fière réponse de Saltiel avait plu. Continuez, oncle Saltiel.

« Il y a un Anglais censément au-dessus de lui ! Mais en Grande Confidence à l'Oreille nous pouvons vous Garantir que c'est lui qui Fait Tout ! L'Anglais n'étant là que pour l'Ornement, étant âgé et plein de cheveux blancs ! Très à l'oreille ! Buvant de l'Alcool ! Et jouant au tennis ! C'est tout ce qu'il sait faire ! Vous qui êtes Fin Psychologue si vous voyiez sa Tête vous vous rendriez Compte Immédiatement ! Mais ne voulant pas Lui Nuire j'ajoute qu'il a Bon Cœur et est très Aimable avec Mon Neveu ! De plus il a une Bonne Apparence pour les Cérémonies Officielles ! Nous serons à Genève le trente et unième de mai et nous serions heureux si l'Honorable Légion de Grade Supérieur pouvait arriver en même temps que nous par Paquet Express et Recommandé pour plus de Sécurité et ainsi Nous pourrions fêter le Grade avec lui fils unique de ma chère sœur Rachel ! Le tout est qu'avec Fermeté vous donniez l'ordre à vos inférieurs de se dépêcher pour l'envoi de la Décoration, les employés étant parfois paresseux ! Ou envieux et se disant pourquoi cette Grande Décoration à celui-ci et non à moi ? Comptant sur Vous en conséquence pour que Vous leur disiez clairement que c'est urgent et que Vous y tenez vu les qualités intellectuelles de mon Neveu ! Et morales surtout ! Passant par Paris dans quelque temps je prendrai la Liberté de Vous téléphoner au cas où Vous désireriez me charger du Paquet pour que je le lui remette, ma joie étant ainsi Doublée ! Mais ce n'est pas indispensable ! L'important étant de lui donner le Grade Supérieur de Légion ! Sans oublier le Diplôme prouvant son droit au Grade Supérieur d'Appellation Inconnue malgré Tout Notre Respect !

« Comme référence j'ajoute, Vénéré Président, que l'également Vénéré Père de mon Neveu et Fils de ma sœur Rachel était l'Illustre Gamaliel Solal, hélas disparu, chef de la Branche Aînée des Solal, éminentissime Grand Rabbin de la Sainte Communauté des Sept Iles Ioniennes avec siège à Céphalonie ! Les rabbins des six autres îles lui étant inférieurs quoique certains très érudits ! Mais lui les surpassant tous et connaissant à fond le Talmud ! L'égal de Maïmonide ! Bref, homme sévère et moral d'une grande austérité et même Redoutable ! Ce qui fait que mes rapports avec lui furent un peu froids à cause de son Caractère Altier ! Mais très polis tout de même à cause de ses profondes connaissances ! Respecté de tout l'Orient, appelé Lumière de l'Exil ! On le révérait tellement qu'on lui donnait le pluriel de dignité et on lui disait Nos Rabbins Gamaliel, bref doué d'une Énorme Sagesse ! Donc vous voyez que mon Neveu a de qui tenir et soyez tranquille, Il mérite la Décoration ! Il me ressemble physiquement ! Quoique lui très grand et moi de petite taille ! Quoique lui beau et moi peu doué d'attraits ! Mais il y a un air de famille dans le nez malgré ce qu'en disent les Envieux !

« Dans l'espoir que vous voudrez bien lui envoyer donc par Paquet Recommandé la Décoration avec Diplôme durant mon séjour qui sera bref à Genève et en général sur cette Terre car j'ai dépassé la soixante-quinzième année et vous savez qu'à mon âge tardif qui est aussi le Vôtre il ne faut pas renvoyer à Demain ce qu'on peut faire Aujourd'hui ! Le Diplôme étant pour fermer la bouche aux Envieux qui seraient Capables de dire Dieu sait Quoi, qu'il n'a pas droit à la Décoration et ceci et cela ! Quoique sachant Très Bien que ce n'est pas dans Son Caractère ! Mais vous savez comment sont ces Calomniateurs ! Enfin pour leur mettre un Cadenas ! La méchanceté et la médisance ayant toujours été ma Grande Stupéfaction ! Salutations distinguées avec remerciements téméraires et Sourires Nombreux de grand Espoir de vos fidèles Compatriotes ! Signant en Premier ! Saltiel des Solal !

« Psst ! ci-joint sa photographie à l'âge de neuf ans ! Vous voyez quel Bijou il était ! C'est la seule photographie de Lui Enfant que je possède ! Me la retourner à Céphalonie par recommandée en la remettant à l'un de vos domestiques et lui ordonnant de faire attention de ne pas La Perdre, dont Dieu garde ! Mon adresse étant pigeonnier de la vieille fabrique Viterbo, impasse des Bonnes Odeurs dite aussi de la Bombe, tout près des Degrés des Poules, par faveur !

« Psst ! Psst ! La Décoration par Paquet Recommandé et ne pas oublier d'ajouter le Diplôme ! Remerciements multiples ! Avec admiration véritable sans Subtiles Flatteries ainsi qu'avec Bénédictions d'un Oncle Sincère et Vieillard Français de cœur et de papiers d'identité à disposition ! Mais Israélite et heureux de l'être malgré les Inconvénients de l'Incompréhension et des Calomnies et de la Haine Incroyable ! Cette fois, se soussignant seul ! Saltiel des Solal ! »

L'auteur se leva, arrangea sa houppe de fins cheveux blancs, cambra ses mollets, passa deux doigts dans son gilet à fleurs et attendit les compliments. Salomon déclara aussitôt que la pétition était parfaite, qu'il n'y avait pas un mot à enlever et que le seigneur Solal recevrait certainement sa décoration après une pétition pareille.

— Et puis ce que j'aime, oncle, c'est que vous ayez dit à la fin que vous êtes content d'être Israélite ! Ah, mes amis, à la synagogue quand on sort les rouleaux de la Loi, j'ai du respect partout dans le dos et un froid de bonheur en pensant comme notre Dieu est grand ! Et comme je les embrasse, nos saints Commandements ! Quelle chance d'être Israélite ! Et non seulement je suis Israélite, mais encore je m'embarque lundi avec mes amis ! Et maintenant je vais signer, et vous allez voir la jolie signature ! Je vais bien la soigner pour qu'elle porte bonheur !

En effet, il s'appliqua, fit plusieurs ronds et toutes sortes de points inutiles autour de son nom. Michaël signa ensuite tandis que, debout et le regard au loin, Mangeclous restait sombre et, de temps à autre, toussotait avec réprobation. Saltiel s'adressa d'abord à Mattathias.

— Eh bien, Mâche-Résine, pourquoi restes-tu silencieux ?

— Dans bouche fermée mouches n'entrent point, dit Mattathias. Mais puisque tu veux que je parle, je te dirai que je ne vois pas pourquoi tu envoies à ce Président la photographie de ton neveu en sa neuvième année.

— Pour qu'il voie comme Sol était beau ! Et c'est mon affaire !

— Quelle importance ? Et quel intérêt ?

— Une grande importance et un grand intérêt ! Le Président n'est pas comme toi ! Il a une tête de bon grand-père et il sera ému, je te le garantis ! Préférerais-tu peut-être que je lui envoie ta tête de crocodile ? Allons, signe, sinon je diminue ta part !

Mattathias haussa les épaules et s'exécuta. Ensuite, Saltiel tendit la plume à Mangeclous qui resta immobile et silencieux, les bras croisés, statue de la critique. A son tour, Saltiel croisa les bras en signe de défi.

— Ma pétition te déplairait peut-être ?

— J'ai quelques observations à formuler. Primo, tu interviens tout le temps dans cette pétition ! Est-ce une lettre collective, oui ou non ?

— Je suis l'oncle et j'ai le droit d'apparaître en tant que personne séparée ! Nierais-tu par hasard la dignité de la personne humaine ?

— Bravo ! s'écria Salomon, sensible aux nobles répliques.

— Secundo, ta pétition est maladroite ! Il n'y a rien qui nous fasse prendre en sympathie ! Tu n'as même pas mis que nous sommes des républicains ardents ! Tertio, pas le moindre petit compliment, comme de lui dire que la France a besoin de lui !

— Je me refuse à des machinations !

— Mais enfin, est-ce que cela t'aurait troué le ventre de lui glisser une petite flatterie pour lui lustrer un peu l'orgueil ?

— Je vois l'idée de Mangeclous, dit Salomon, et elle me paraît raisonnable.

— Je demeure inébranlable, dit Saltiel, mon Sol doit être honoré pour ses mérites !

— Bravo ! s'écria Salomon.

— Quarto, reprit Mangeclous, tu aurais dû terminer ta lettre par un cri vibrant, gloire à la France immortelle, gloire aux héros qui sont morts pour elle ! Quinto, tu n'as même pas songé à lui dire que s'il accorde la décoration ton neveu sera indulgent s'il y a un petit abus çà et là dans les colonies françaises et qu'il fermera un œil !

— Je me refuse à toute intrigue !

— Eh, mon cher, c'est la vie ! Enfin, à ta guise.

J'ajouterais un sexto. La pétition est sèche. Tu aurais dû mettre quelque part président chéri, appellation qui l'aurait amadoué. Bref, après avoir lu, il pensera : quel sang glacé ont ces Céphaloniens ! Et il déchirera la pétition dans un mouvement de colère !

— A cela je répondrai également par des primo et des secundo. Primo, chéri est un mot d'amour.

— Justement, il serait ému de voir à quel point nous l'aimons !

— Secundo, tes remarques sont dues à l'envie la plus jaune, tertio, je les méprise, et quarto, ma pétition est parfaite ! Donc, tu refuses de signer ?

— Je signerai par gain de paix mais en ajoutant que c'est sous toutes réserves.

— En tel cas, je supprime tes douze mille francs suisses ! Prends note, Salomon !

— Mais, mon cher, c'était par affectueuse taquinerie ! s'écria aussitôt Mangeclous. Il va sans dire que je signerai sans réserves car ta pétition est excellente ! Vois-tu, ma seule véritable critique est que tu aurais dû mettre : en un mot comme en mille, ce qui est plus convaincant ! Et puis convertir les francs suisses en francs français pour qu'il comprenne l'importance du montant ! Mais somme toute, le Président est sûrement instruit et d'ailleurs il pourra toujours demander à son ministre des Finances de lui faire le calcul. D'autre part, pour ta fiancée, il aurait été peut-être plus délicat de mettre décédée plutôt que morte, décédée étant plus respectueux pour le cadavre d'une vierge. En outre, au lieu de lui dire Vénéré Président, qui fait un peu triste, j'aurais préféré l'expression Cher Grand Ami, qui créerait des liens affectueux. Mais enfin, passons, tout cela est sans grande importance, donne la pétition que je la signe de bon cœur. Voilà qui est fait. Maintenant, mon cher, prépare l'enveloppe. Je te conseille en toute amitié de mettre simplement : A Monsieur le Président de la République en son palais à Paris.

— Bien, mais je mettrai, en haut et à gauche : Urgent et à n'ouvrir que par Son Excellence.

— Très juste. Et pour qu'il n'y ait pas de malentendu, ajoute : Les subordonnés sont priés de s'abstenir, ceci n'étant pas une affaire pour eux.

A la poste, la pétition fut envoyée sous enveloppe recommandée, Saltiel contrôlant les gestes de l'employé grec. Oui, tous les timbres y étaient, et l'homme n'avait pas triché. Il tressaillit, remarquant soudain que le fainéant n'avait pas appuyé avec assez de force et que les timbres n'adhéraient pas entièrement. Ils pouvaient donc se décoller durant le voyage et en conséquence la pétition ne serait pas remise au président, pour cause d'affranchissement insuffisant ! Que faire ? Dire au maudit de mieux coller ? Il serait froissé et, pour se venger, cette canaille serait capable de ne pas envoyer la lettre ! Profitant de ce que la canaille bavardait avec un collègue, l'oncle donna subrepticement des coups de poing discrets sur les timbres mal collés. « Signez lisiblement, par gracieuse faveur », pria-t-il lorsque l'employé prit le récépissé pour le remplir. Pour ne pas se faire un ennemi de ce Gentil à tête peu avenante et donner toutes chances de départ à la pétition, il ajouta avec un doux sourire : « Je vous dis cela parce que vous êtes un intellectuel. Plus on est intellectuel et plus l'écriture est difficile à déchiffrer ! » Cette amabilité ne servit de rien et la signature fut un gribouillis non identifiable. Comment prouver plus tard que ce Grec était le responsable de la perte de la pétition ? De loin, sans en avoir l'air, il observa l'employé et nota son signalement sur le récépissé : « Petit, gros, lunettes, nez retroussé. » Si la pétition n'arrivait pas, il pourrait signaler le coupable au ministre des Postes. Retournant au guichet, il remercia aimablement le païen d'envoyer la lettre sans retard « car le Président de la République l'attend ». Innocent mensonge qui aurait peut-être de l'effet. Par surcroît de précaution, il déposa dix drachmes devant le guichet et dit au fils de l'âne : « Pour acheter quelques douceurs à votre chère maman ! »

Hors du bureau de poste, les Valeureux coururent vers la banque qui se trouvait juste en face. O malheur ! Fermée pour cause de deuil, le directeur étant mort ! Il avait bien choisi son jour, celui-là ! Enfin, l'argent était en sécurité et les attendait dans un coffre.

— Nous viendrons encaisser demain matin, dit Mangeclous.

— Certainement pas, dit Saltiel. Car il est interdit de toucher de l'argent le jour du sabbat.

— Absolument ! dit Salomon.

— Même des francs suisses ? s'indigna Mangeclous.

— D'ailleurs, le chèque est à mon nom, dit Salomon. Bisque et rage, ô franc-maçon, mais sache que je n'irai pas l'encaisser en ce jour sacré !

De nouveau, Mangeclous bouda. Oh, ces deux, avec leur jour sacré ! Tous ces francs suisses qui allaient rester productifs entre les mains des Grecs pendant des jours et des jours !

— Messieurs, dit Saltiel, rendez-vous lundi matin devant la banque à son heure d'ouverture, soit neuf heures précises, ou même un quart d'heure avant, en vue de tous conciliabules et dispositions préalables.

— Mais rendez-vous incognito et en grand secret !

recommanda Mangeclous. Cela afin d'éviter les demandes de prêts et de secours, vu notre richesse subite ! Pourvu maintenant que la banque ne fasse pas faillite d'ici à lundi ! Toi, Saltiel, puisque tu es si pieux, que cela serve au moins, prie Dieu qu'il protège cette banque et la maintienne prospère jusqu'à encaissement lundi matin neuf heures et même dix heures pour plus de sécurité ! Et après, que Sa volonté soit faite ! Sur ce, je vous quitte, amis de la fortune, car je dois liquider quelques litiges en cours et des mariages possibles, ainsi qu'avertir ma Rébecca de mon départ et affronter ses larmes. Journées benoîtes pour vous tous en attendant la sublime retrouvaille de lundi ! Salomon, je te recommande le chèque qui est prunelle, veille sur lui jour et nuit !

XV

Rentré chez lui peu après midi, Mangeclous annonça son départ proche à sa femme en pleurs, lui donna des instructions quant aux effets et aux livres à enfermer dans les deux cartons qui serviraient de valises, puis s'enferma à clef dans sa cuisine privée où il s'attabla devant un gigot d'agneau croustillant et bien gras qu'il dégusta dans l'agréable solitude, tout en lisant un livre de Darwin placé contre une fiasque de vin résiné.

A la huitième tranche, pour varier le plaisir, il s'amusa à manger en sauvage africain. A cet effet, tenant le gigot par l'os, il en plaça l'extrémité entre ses dents et le coupa au ras de ses lèvres avec un couteau bien aiguisé. Et ainsi jusqu'à la fin du gigot, avec interruptions de vin bu à la régalade, cependant que, dans la cave voisine, Rébecca, suivie des trois bambins sceptiques et goguenards, brûlait des aromates pour apaiser tous revenants éventuels — qu'elle appelait craintivement « ces Personnes ».

Après un gâteau de maïs aux raisins de Corinthe suivi de divers rots de satisfaction, il décida de se remettre au livre de pensées qui le rendrait célèbre. Comme il ouvrait la porte du bahut où était déposé son manuscrit, une guêpe s'y engouffra. Sans perdre un instant, il referma brusquement la porte. Victoire! La bête était prisonnière! Il tourna la clef, la retira et la cacha dans le dossier consacré à l'accouchement litigieux Euphrosine Abravanel. Ainsi, les enfants ne risqueraient pas d'ouvrir l'armoire par mégarde ! A la pensée soudaine que la guêpe pourrait sortir par le trou de la serrure, il appliqua prestement son haut-de-forme contre cette issue possible.

— A moi, bambins, au secours ! cria-t-il tout en maintenant le couvre-chef en place, tandis que de l'autre main, introduisant la clef, il ouvrait la porte de la cuisine. Enfants, alerte à la guêpe !

Les rejetons entrèrent au galop, tous trois jurant aussitôt de défendre leur père, petites mains droites levées. Informé, Éliacin trouva aussitôt la solution et déclara que, propriétaire d'un timbre neuf, c'était volontiers qu'il en faisait don à la collectivité. Il l'humecta et le tendit à son père qui le colla bravement contre le trou du danger.

— Louange à Dieu ! dit Mangeclous en s'épongeant le front. Sauvés, mes enfants, grâce à ma présence d'esprit et à mon sang-froid ! Imaginez-vous que, m'ayant aperçu, la maudite s'élança vers moi, animée de sombres visées, en proie à une fureur vengeresse ! Alors, n'écoutant que mon courage, je lançai un hurlement affreux qui, l'épouvantant, l'incita à chercher salut et refuge dans le bahut ! Ah, mes enfants, si vous m'aviez vu alors, fermant virilement cette porte, prompt comme l'éclair ! A propos, défense de l'ouvrir avant deux ans, durée maxima de l'âge d'une guêpe, car sachez que je la condamne à mort par réclusion perpétuelle ! Tant pis pour mon manuscrit ! Primum vivere, deinde philosophari ! Heureusement qu'il n'y a pas de nourriture dans le bahut ! Sans cela, elle serait capable de s'engraisser à nos dépens ! Ah, nous l'avons échappé belle, mes chéris !

— Père, demanda Éliacin, est-il vrai que les Gentils n'ont pas peur des guêpes ?

— Oui, mon fils, parce qu'ils croient à la vie future, comme ils disent ! Et puis ils s'entendent avec les bêtes, eux ! D'ailleurs, je n'ai point peur de la guêpe maintenant ! Regardez-moi, mes enfants. Je ne te crains point, sache-le, féroce animal ! déclara-t-il à la porte du bahut. O diabolique créature, tes noirs desseins sont déjoués ! ajouta-t-il, les bras croisés, la tête haute.

— Père, dit Lord Isaac, durant votre absence, nous viendrons tous les matins la braver aussi ! Comment te portes-tu, guêpe ? lui dirons-nous avec ironie !

— Très bien, mon trésor. Et maintenant, mes mignons, allez car je dois méditer.

Ses rejetons partis, il baguenauda avec l'os du gigot et en grignota les bribes de viande, tout en réfléchissant à la pétition assez maladroitement rédigée par ce pauvre Saltiel, bien vieilli, décidément. Soudain, son visage s'éclaira de dévouement. Oui, ce serait une bonne action que d'écrire personnellement au Président de la République et d'appuyer de son autorité cette pétition. Aussitôt conçu, aussitôt fait. Torse nu et haut-de-forme de côté, il se mit à écrire, pétillant de vertu. La lettre terminée, il se la lut à haute voix pour savourer l'impression qu'elle ferait sur le destinataire.

« Au Président de la République, Colonne de la Maison de France, sur les épaules de qui repose le destin d'une grande nation, salut !

« En ma qualité d'universitaire, j'appuie avec désintéressement la supplique de décoration pour le sieur Solal des Solal, expédiée ce jour à votre honorée adresse par recommandée, timbres bien collés, donc aucune surtaxe à payer ! J'appuie chaleureusement car ledit Solal, assez naïvement décrit par son oncle et avec beaucoup trop de majuscules pour une lettre officielle, mais je n'ai pas eu le cœur de refuser de signer, mérite cette décoration ! Moi aussi d'ailleurs, entre parenthèses, mais le tact m'empêche d'insister !

« En tout cas, si vous pensez pouvoir jeter un regard compatissant sur ma poitrine vierge de toute décoration et qui pourtant mit au monde tant d'enfants pour la patrie, c'est à votre bonne volonté ! J'ajoute qu'au cas où la République Française aurait quelques procès contre n'importe quel pays, je suis à votre disposition. Honoraires modérés et habileté juridique ! N'importe quelle décoration, rouge ou violette, grande ou petite, serait reçue avec attendrissement ! Révérences amicales sans majuscules de votre passionnément dévoué !

« Pinhas Solal, dit Mangeclous ! Ancien caporal au cent quarante et unième d'infanterie à Marseille ! Présentement Ancien Recteur de l'Université de Céphalonie !

« P. S. Et non Psst ! comme une certaine personne ! Taquinerie amicale adressée à mon cher cousin Saltiel, rédacteur naïf mais charmant de la pétition ! Je vous avouerai, cher Président, que j'ai un peu soif d'honneurs ! Quel mal y a-t-il lorsqu'on les mérite ? Il n'y a que les gueux qui soient modestes, ne croyez-vous pas ? J'ajoute, avec la permission de Votre Altesse Présidentielle, que si au cours d'une garden-party élégante vous rencontriez le roi d'Angleterre avec qui vous êtes sûrement en termes ravissants, vous pourriez lui glisser un mot d'amitié pour une petite décoration anglaise en ma faveur, avec initiales donnant droit à l'appellation Sir ! C'est surtout pour ma chère épouse que je brigue avec espoir conjugal, la femme d'un Sir étant toujours une Lady ! Ce qui ferait donc Lady Rébecca ! Mes sept petits enfants mâles, tous en bas âge, seraient si heureux aussi ! »

Il s'arrêta. En stricte vérité, il n'en avait que trois. Mais quoi, petit mensonge innocent pour attendrir ce bon Président. Même pas un mensonge, en somme. Il avait tenu compte des bambins décédés, voilà tout. Il reprit sa lecture.

« Oui, Excellence, mes adorables sept petits chérubins verseraient de douces larmes d'orgueil et tressailliraient en m'appelant par mon titre nobiliaire ! Sir Pinhas ! Vous rendez-vous compte, cher Président ? Et s'ils oublient de dire le Sir, le fouet ! Donc vous pouvez rassurer Sa Majesté Britannique, tout serait fait selon les règles ! Baronet Héréditaire, ordre de chevalerie créé en 1611 par Jacques Ier, serait encore mieux ! L'habitude étant alors de mettre Bt après le prénom et le nom ! Ce qui ferait Sir Pinhas Solal, Bt !

« Vous pourriez dire à Sa Majesté Britannique, pour attirer sa sympathie, que j'adore les breakfasts anglais avec marmelade Crosse and Blackwell que les soutiers nègres des bateaux anglais faisant escale viennent me vendre en cachette car ils ne l'aiment pas et moi je l'adore ! Biscuits Huntley and Palmers, tellement bons, et poissons fumés délicieux, dénommés kippers, cinq minutes sur le gril suffisent ! Mais tout cela un peu en plaisantant et si vous voyez que le roi est bien disposé ! Cela le fera sourire et le tour sera joué ! Je m'en rapporte à votre psychologie ! En cas de réussite de votre part, mon adresse est donc Pinhas Solal, dit Mangeclous, pour plus de sécurité, Céphalonie, et cela suffit car je vais chercher moi-même mon courrier à la poste ! Donc Baronet si possible, sinon au moins Sir ! Vous pourriez, je le suggère en toute humilité, dire à Sa Majesté que j'ai une vive admiration pour le parti Tory mais aussi, quoique un peu moins, pour le Labour ! Un petit poste de vice-consul honoraire de Grande-Bretagne serait également accepté avec déférence ou un don quelconque ! Enfin, la moindre obole en livres sterling £ serait la bienvenue !

« Avec cette familiarité intérieure que j'ai pour les grands hommes, mais avec distinction et grand respect, je demeure

« Le même !

« Deuxième P. S. Grand respect, viens-je de dire à juste titre car, sans flatterie, l'ongle du petit doigt de votre pied vaut plus que ma tête entière avec son contenu ! J'ajoute que si un heureux hasard vous amenait à Céphalonie, Haute Excellence, je serais avec plaisir votre cicérone gratuit pour vous montrer les beautés de l'île incomparable qui m'a vu naître ! Et si vous êtes gastronome, je pourrai vous confectionner un plat délicieux, rate au vinaigre avec beaucoup d'ail, vous vous en lécheriez vos doigts présidentiels ! Et aussi des aubergines en grande friture, coupées en lamelles fines, croustillantes, saupoudrées d'ail et arrosées d'un peu de vinaigre, mais à peine, juste pour en relever le goût ! Délicieux, cher Président ! Et si à Céphalonie, reçu par le Préfet chrétien, vous faisiez un discours, vous pouvez compter sur mes applaudissements ! D'ailleurs, je passerai par Paris bientôt et viendrai vous rendre visite après Vous avoir téléphoné par éducation ! Espérant que cette petite lettre vous donnera envie de faire ma connaissance, je me ferai un plaisir obséquieux de vous rendre visite, bien savonné et coiffé, et soyez tranquille je vous ferai honneur ! Nous pourrons deviser agréablement ou jouer au loto au cours d'une soirée récréative dans l'amitié et la sympathie et moi je vous raconterai des histoires pleines d'humour et vous verrez comme vous rirez ! Je pourrai également vous chanter, ainsi qu'à Madame, ma voix étant d'une belle qualité de basse, cet air de La Tosca que vous devez adorer ! Il est fini, ce rêve heureux d'amour, Et c'est mon dernier jour, Je meurs désespéré ! Ce sera charmant ! Donc, Cher Grand Ami, peut-être à bientôt et me roulant dans la poussière aux pieds charmants de Madame !

« Encore le même ! »

Il s'arrêta de nouveau. Lui dire cher grand ami, n'était-ce pas un peu téméraire ? Mais après tout, c'était ainsi que le tsar s'était adressé à un autre président de la République. Et puis cette familiarité plairait au président et il le prendrait en sympathie ! C'est un caractère, ce Pinhas, dirait-il en riant ! Il reprit sa lecture.

« Troisième P. S. J'ai oublié de mentionner que je suis homme de mes œuvres, self-made man, comme disent nos amis communs d'Angleterre, n'ayant été à l'école que jusqu'à l'âge de neuf ans et le professeur était un imbécile qui pour la moindre vétille nous frappait de verges sur la plante des pieds ou sur le bout des doigts, ou encore il nous enfermait dans une taie d'oreiller où la tête seule dépassait ! Mais secundo, je suis un intellectuel car j'ai beaucoup lu, tragédies, sciences diverses, romans, philosophies, discours, auteurs classiques, dictionnaires ! Par exemple, tout à l'heure, durant mon lunch, je me suis passionné pour

L'origine des espèces, livre profond que je vous recommande ! D'ailleurs, on ne nomme pas n'importe qui recteur d'Université ! Tertio et par-dessus tout, ardent républicain et sachant combien la France a besoin de votre génie ! Trois raisons bien suffisantes pour une décoration française ou anglaise. Entre nous, je préfère l'anglaise parce qu'elle permet la noble appellation Sir dont alors on vous appelle tout le temps, en ajoutant seulement le prénom. Cher Sir Pinhas, me dira-t-on ! Vous rendez-vous compte de l'effet ? Ces Anglais ont du bon, malgré Trafalgar ! Ils ont le sens de ce qui flatte un homme !

« Hommages à la charmante Présidente ! Si elle apporte à Céphalonie sa ravissante silhouette pour reposer ses membres présidentiels, elle ne sera pas privée de rate au vinaigre ! Et soyez assuré que je serai son chevalier servant et sigisbée et saurai tenir à distance un certain Michaël et ses yeux concupiscents sur la beauté de la vertueuse ! Sans transition, condoléances anticipées pour tous regrettables décès pouvant survenir dans votre honorée famille ! Hélas, cher Président et ami, faites-vous une raison et soyez fort dans l'adversité, l'homme est mortel et pareil à la feuille jaune qui tombe de l'arbre en automne. Excusez la tristesse de ces condoléances, mais par charme mondain j'ai tenu à être le premier à vous assurer de ma profonde sympathie en cas de deuil subit !

« Ami cher, il se peut que je meure bientôt de phtisie ! Donc la décoration est urgente ! Même une petite affreuse sans valeur, faute de mieux, serait un rayon de soleil dans les spasmes de mon agonie dont une déception pourrait avancer la venue ! Il va sans dire que s'il y a quelques petits frais à payer pour la décoration, vous n'avez qu'à m'envoyer la facture, ne vous gênez pas ! Maintenant à voix basse ce qui suit, écoutez bien ! Si une coûteuse friandise hypocrite pour les enfants de quelque ministre compétent en matière de décorations vous paraissait nécessaire, vous n'avez qu'à me chuchoter la chose par écrit ! La friandise sous forme de chèque approvisionné et au porteur, sans indication indiscrète de nom, serait envoyée par retour du courrier ! Mais indiquer le montant désiré de la friandise ! Que faire, c'est humain ! Les ministres ne sont que des hommes, pardonnons à leurs travers ! Me rappelant à votre exquis souvenir et avec un clin d'œil sentimental à Votre Majestueuse Compagne !

« Toujours le même !

« Dernier P. S. mais le plus important ! Faire le bien, faire le bonheur des autres, est le but de l'homme vertueux ! »

Sur le chemin du retour, la lettre ayant été dûment recommandée, il échangea quelques urbanités avec Sarfati, le friturier. Ce dernier l'ayant complimenté sur les mines intelligentes des trois bambins, Mangeclous lui fit subrepticement les cornes pour conjurer le mauvais œil de jalousie involontaire, le jeune fils de Sarfati étant mort récemment. Après quoi, il se servit d'un calmar frit, juste pour en connaître le goût, donna son avis et s'en fut non sans avoir, pour plus de sûreté, fait quelques cornes supplémentaires.

De retour dans sa cuisine, il classa le récépissé de la lettre recommandée dans un dossier qu'il intitula « Tractations secrètes avec la France ». Il se frotta les mains, sûr de la réussite, puis se considéra dans le miroir de l'évier.

— Sir Pinhas, dit-il en se saluant militairement.

L'index pointant soudain son front, il fit un bond de

danseur russe. O inspiration merveilleuse ! Mais oui, bien sûr, une deuxième lettre, avec écriture déguisée ! Après tout, est-ce que Napoléon n'avait pas employé quelques petits trucs dans sa vie ? Le départ clandestin d'Égypte ! Le dix-huit Brumaire ! Et puis quoi, le neveu de Saltiel était déjà décoré et c'était bien suffisant ! Sifflotant et hilare, il se pencha sur une feuille blanche, langue dehors.

« Au Président de la République française, salut ! Réflexion faite, nous, population unanime de Céphalonie, pensons que la chose importante est la décoration à accorder d'urgence au Professeur Recteur Pinhas Solal, dit Mangeclous ! Donc, s'il vous plaît, ne tenez pas compte de toutes autres demandes venant de Céphalonie, elles sont négligeables ! Merci d'avance ! Pour parler en toute rude franchise le neveu de Saltiel n'est qu'un Français de fraîche date et d'ailleurs déjà plein de décorations ! Tandis que le Professeur Pinhas Solal dit Mangeclous étant de la branche cadette est français depuis des siècles, et de plus vierge de tous honneurs et chevaleries ! La branche aînée n'est qu'un ramas de sujets grecs, cher Président ! En conséquence encore merci ! Au nom de la population israélite une et indivisible de Céphalonie ! Son représentant et mandataire agréé ! Suolcegnam ! »

Une heure plus tard, les yeux baissés, n'osant regarder personne, il sortit de la poste où il venait d'envoyer, par exprès, la lettre de la population. Peu après, tenaillé par le remords, il était de retour devant le guichet et réclamait honteusement restitution de la traîtreuse missive. L'ayant déchirée, il reprit le chemin de sa demeure, noble mais affligé, courbé sous le poids de sa douloureuse probité. Arrivé au marché, il s'offrit une demi-livre de nougat au sésame et reprit sa marche, de temps à autre tristement croquant.

Devant l'école de Talmud, il s'arrêta, sentant que sa première lettre au président était vouée à l'échec, sa belle lettre écrite dans l'enthousiasme et l'amitié. Qui était-il pour intéresser un Président de la République ? Il n'était personne et il n'aurait jamais de décoration. Les rois avaient toutes les décorations qu'ils voulaient, sans peine aucune, sans avoir à les demander et sans les mériter ! Un incapable roi, sans bouillonnements de cervelle ni ferveur de cœur, bon tout au plus à lire des discours préparés par un autre, et dont le seul talent était le tricotage, un stupide roi n'ayant jamais eu à lutter et à gagner son pain à la sueur de son intelligence, on lui donnait tout de suite le grand cordon de la Légion d'honneur ! Était-ce juste, Dieu de justice ? Et pourquoi n'était-il pas roi, lui qui le méritait tant ? Pourquoi jamais d'honneurs véritables pour lui qui en avait tant besoin, pourquoi jamais de soldats lui présentant les armes ? O injustice ! Un roi si on devait l'opérer, quatre grands chirurgiens en frac et décorés se réunissaient et pendant quatre heures, la main sous le menton, discutaient comment faire l'opération pour la réussir ! Tandis que lui, pauvre Mangeclous, on le couperait vite et n'importe comment !

Il jeta le nougat à peine entamé. Oui, la pendaison, et pour de bon cette fois ! Donc une bonne corde ! Il en trouverait chez Benrubi, il lui achèterait la plus solide, et il ne regarderait pas à la dépense ! Cette corde serait son legs à sa famille qui en tirerait des bénéfices en la détaillant à des superstitieux. Il alla rapidement, sans plus s'arrêter devant les étalages des traiteurs et des frituriers. Chemin faisant, il fut abordé par Padoa qui lui expliqua que, venant de gagner à la loterie italienne, il était en mesure de lui rendre les cinq napoléons empruntés au temps de la banque. Il prit les pièces d'or sans mot dire et s'en fut vers la corde de sa pendaison.

Le brocanteur Benrubi, dit Petit Consul ou Consulet, dit aussi Protocole, homme aimable et de parfaite éducation, assis sur le seuil de sa boutique et muni d'une grosse pomme d'Adam, passait le temps en mastiquant des fèves bouillies saupoudrées de gros sel gris et dont il expulsait mélancoliquement les peaux avec de menues explosions. Dès qu'il aperçut Mangeclous, il se leva, le salua trois fois, lui souhaita cent ans et bons ainsi que richesse, paix et santé. S'étant ensuite enquis de ses désirs et commandements, il le pria d'agréer en don amical une longue corde de chanvre, dont il garantit la solidité, et il l'invita à s'asseoir au frais, sur le pas de la porte. Grand admirateur du faux avocat, il s'empressa d'apporter une gargoulette d'eau fraîche et des feuilletés aux noix.

— En hommage dû et que l'offrande soit savourée dans le bonheur !

— Remerciements à l'hôte généreux et prospérité sur lui ! répondit Mangeclous.

Et il se mit à déguster machinalement, non sans de mélancoliques regards vers la corde, bien solide en effet. Sur ces entrefaites, Salamanca, dit Bédouin, l'obèse cafetier d'en face, apparut à l'entrée de sa boutique, tenant écarté le rideau de grains multicolores. Benrubi leva deux doigts et Salamanca comprit aussitôt.

— Deux noirs sucrés à l'instant, avec obéissance ! cria-t-il.

Il arriva peu après, avec son visage en poire et trois

petites tasses de café noir, les deux jolies pour les clients et l'ébréchée pour lui-même. Assis sur le seuil du bazar et les jambes étalées sur le trottoir, les trois Céphaloniens, entourés de mouches, savourèrent le breuvage brûlant, ce qui donna l'occasion à Mangeclous de citer son quatrain médical sur le café, à savoir : « Il invite au sommeil ou bien le met en fuite — Guérit maux d'estomac et migraine maudite — D'une urine abondante il provoque le cours — Et du flux menstruel il rapproche les jours. » On discuta ensuite de divers sujets sérieux et le Bey des Menteurs raconta entre autres que par une sorte de téléphonie sans fil appelée Télétactile on pouvait maintenant non seulement entendre et voir, mais encore toucher la personne éloignée avec laquelle on s'entretenait.

— L'invention de la Télétactile est simple, mais il fallait y penser, expliqua-t-il. En effet, dans l'appareil se trouve une masse de caoutchouc coloré qui prend la forme et les dimensions de l'interlocuteur qui se trouve pourtant à des milliers de kilomètres.

— Miracle de l'autre monde ! s'écria Benrubi.

— Ce qui fait, reprit Mangeclous, qu'un mari peut d'Athènes embrasser sa femme se trouvant à New York. Pour le moment, il ne peut pas encore lui faire un enfant, mais cela viendra car les savants d'Amérique y travaillent.

Benrubi s'extasia, pomme d'Adam en grand tumulte. En savaient-ils, ces diables d'Américains ! Cependant, le transpirant Salamanca semblait soucieux, toussotait, regardait ses pieds puis Mangeclous. Pour se donner du courage, il frotta sa tignasse crépue, une pyramide de fils de fer qui contrastait avec un front curieusement étroit. Enfin, il se décida.

— Professeur, dit-il, j'ai un conseil à vous demander, car ma cadette se marie dans trois jours.

— Félicitations extrêmes à la charmante, et le mauvais œil loin d'elle ! souhaita Benrubi.

— Et petits mâles en grand nombre ! ajouta Mangeclous.

— Remerciements pour les manières exquises et de bon ton ! dit Salamanca. Ce mariage est une grande épine ôtée de mon pied car ma fille étant un peu bossue...

— Il n'y a pas de mal, simple coquetterie dans le dos, dit Benrubi, et d'ailleurs elle a de beaux yeux.

— Oui, j'ai eu quelque peine à l'apparier, mais je lui ai donné double dot, dix mille et non cinq mille comme à son aînée qui est droite et bien avantagée, tout de la bonne graisse, pas un gramme de muscle.

— Décision juste et parfaite, dit Benrubi.

— Et maintenant, professeur, pour en revenir au conseil souhaité de votre sagesse, je vous dirai et avouerai que je crains de perdre la face à ce mariage !

— Éloigné soit le malheur ! dit Benrubi.

— Sachez en effet que pour m'acquérir du mérite à la cérémonie, j'ai acheté hier des souliers neufs. Mais je me suis aperçu ce matin que ces maudits, véritables fils de la prostituée, se refusent à craquer. Je suis allé les rendre à l'excommunié qui me les a vendus, lui expliquant que la preuve de la nouveauté des souliers est dans le craquement et que, ces souliers ne craquant pas, personne durant la cérémonie ne s'apercevra qu'ils sont neufs, et je ferai en conséquence noire figure devant les parents du marié qui me mépriseront et me regarderont de haut en présence de ma fille ! Aussi serai-je effondré d'amertume et ma poitrine se rétrécira !

— Exact, dit Benrubi. Car rien n'attire davantage la considération et l'honneur que des souliers qui craquent.

— Or, ce pervers de vendeur, véritable cœur de musulman, n'a pas voulu me les reprendre et m'en donner des craquants, et je me trouve ainsi affligé de souliers silencieux, en conséquence déshonorants à porter ! Que dois-je faire, professeur ? Porter plainte en justice ?

— Non, répondit Mangeclous en bouclant ses deux fourches de barbe par des tortillements d'index. Ce que tu dois faire, mon cher, c'est apporter tes souliers à un craqueur de souliers.

— Craqueur de souliers ? s'écria Salamanca, ses petits yeux écarquillés à la limite de la stupéfaction. O fait étrange et jamais entendu !

— Mais un bon craqueur ! Un craqueur sérieux et de confiance !

— Et qui est ce bon craqueur ?

— Moi, répondit Mangeclous. Recette héritée de mon grand-père bonne âme qui était un sage, et qu'il repose en paix !

— Amen, dit Benrubi.

— Et cela me coûtera cher ? demanda Salamanca.

— Gratis, car j'ai pitié de ton infortune, ô pauvre ! Tu n'as qu'à apporter ce soir chez moi tes souliers en même temps que les ingrédients nécessaires à la confection de la mixture craqueuse.

— Avec soumission et louanges pour votre bienveillance, professeur, dit Salamanca. Et quels sont ces ingrédients de mystère, par bonté ?

— Il me faut d'abord savoir si tu désires que tes souliers craquent aigu ou craquent grave.

— Grave, je crois, professeur, répondit Salamanca qui se retourna pour avoir l'avis de Benrubi.

— Grave est en effet plus approprié à un mariage, approuva ce dernier.

— Quels sont les ingrédients, professeur ? demanda Salamanca.

— Pour craquements tels que tu les souhaites, d'abord et avant tout un cou d'oie farci !

— J'écoute et j'obéis, maître Mangeclous, et vos paroles sont miel sur mes lèvres ! dit Salamanca.

— Miel parfumé de myrrhe ! renchérit Benrubi.

— Un cou d'oie farci, donc, mais gros pour la gravité du craquement ! Plus une livre d'olives de Kalamata, les plus grosses et charnues que tu pourras trouver ! Plus une livre de fromage bien salé et dont la teinte jaune garantisse la maturité ! Plus un kilo de pâte d'amandes bien cuite, donc point trop blanche, plutôt châtain clair ! Apporte-moi le tout ce soir en ma demeure, lorsque la ruelle d'Or enfin tranquillisée sera d'un rose fané par l'effet du soleil allant en sa couche, que les cigales se seront tues, que les vers luisants auront allumé leurs vertes lanternes, que les grillons tinteront en tremblant, que les scorpions commenceront à s'entrebattre et que les rauques grenouilles se lamenteront avec solennité ! Alors, à minuit, de tous ces complexes produits je composerai selon ma formule secrète, par cornues, pressions, écrasements, transmutations et alambics, un puissant extrait à craquementer dont j'enduirai tes souliers tout le long de la nuit, me levant d'heure en heure pour renouveler l'onction ! Viens chercher tes souliers demain matin de bonne heure chez moi et tu verras qu'ils craqueront à ton grand délice et seront plus bruyants que pistolets de Chrétiens le jour de leur Pâques. Et ainsi, craquant fort, tu seras à la limite de la jubilation d'orgueil en cette cérémonie de ta bossue et grandement honoré par les parents du marié !

— Loué soyez-vous, bienfaiteur, car vous avez dilaté ma poitrine ! Je vole chercher les ingrédients !

— Vole, mon fils, dit bénignement Mangeclous. Et toi, fidèle Benrubi, sois remercié de ton hospitalité charmante. Adieu, et crois en mon affection.

Salué avec respect, il s'en fut, joliment agitant sa corde de chanvre et gracieusement souriant à ses connaissances de la rue. Arrivé devant la pharmacie Politis, il entra, sifflotant d'aise, et fit l'emplette, moyennant une drachme, de deux onces d'alun, excellent remède pour souliers silencieux.

De retour dans la rue, une mélancolie l'envahit de nouveau et il alla s'asseoir sur le muret qui surplombait les bains de Nausicaa. Jambes pendantes dans l'air frémissant de chaleur, il admira une fois de plus sa mer Ionienne. Dorés, les rayons du soleil traversaient obliquement la transparente verdeur, atteignaient les galets du fond miraculeusement visibles, si purs. O beauté, odeur première, odeur de la mer. Il fit sauter les cinq pièces d'or dans sa main, sourit de tristesse. Cette beauté, il faudrait la quitter un jour proche. Il n'était qu'un des humains qui se succédaient depuis des milliers d'années, un humain qui mourrait bientôt. Et dans les milliers d'années qui suivraient sa mort, nul ne songerait à lui, nul ne saurait qu'il avait existé et en vérité il n'aurait jamais existé. O inexistence durable dans le futur. L'une après l'autre, il lança les cinq pièces d'or dans la mer.

XVI

Lundi matin, sortis du Crédit Hellénique, l'encaissement du chèque sur leurs graves visages, les Valeureux se dirigèrent vers le port, suivis par une foule grandissante d'amis et de connaissances en vêtements de fête, tous mastiquant pois chiches rôtis et graines de courge salées.

Debout à l'entrée de leurs boutiques, les marchands et les artisans lançaient des baisers et des fleurs aux cinq cousins, leur souhaitant voyage délicieux et paisible dégustation des francs suisses. Penchés à leurs fenêtres, des admirateurs les applaudissaient tandis que d'autres, descendus en hâte, couraient les embrasser ou leur confier des paquets pour des parents en divers pays d'Europe.

En redingote fleurie de jasmin et la toque de côté, l'oncle Saltiel ouvrait la marche, tête baissée, avec l'expression solennelle du conducteur d'hommes. Une de ses poches intérieures était bourrée de nombreux billets de banque, les cousins lui ayant confié la garde de leurs parts, à l'exception de Mangeclous qui avait tenu à conserver la sienne. (« Pour deux raisons, cher Saltiel. La première est que si tu venais par malheur à tomber raide mort dans la rue, il faudrait aussitôt mettre les scellés sur ta redingote et me porter, avec preuves et témoins, créancier de l'hoirie, et Dieu sait quand je pourrais toucher ma part ! La deuxième raison, et la plus importante, est qu'il m'est ravissant de détenir concrètement ma chère part. Sans rancune, cher cousin, et que mon explication soit accueillie avec bienveillance ! »)

L'oncle Saltiel tenait sa main contre son foie pour s'assurer sans cesse que les billets de banque étaient toujours dans la poche intérieure, au surplus bloquée par quatre épingles de sûreté. Dans ses basques, l'astucieux petit vieillard avait placé un portefeuille contenant un billet démonétisé de cent drachmes à remettre de bonne grâce au brigand éventuel, en cas d'agression. Précaution ultime, à la droite du trésor ambulant cheminait Michaël en uniforme d'huissier synagogal, la main sur la crosse d'un pistolet, en prévision de l'agression. Derrière eux, Samson, le fils épileptique du cafetier, portait des valises.

Les trois autres Valeureux avaient revêtu des tenues appropriées. Mattathias, toujours soucieux, était en uniforme de croque-mort, obtenu à bon compte d'un de ses débiteurs, héritier d'un employé des pompes funèbres à son tour décédé. Derrière lui, Salomon arborait un costume à la fois mondain et sportif, à savoir petit melon, veste de smoking, pantalon de blanche flanelle et souliers de tennis. De plus, son visage était protégé par un masque d'escrimeur dont le but sera expliqué en temps opportun. Accompagné de sa longue épouse monodentaire et porteur d'une mallette en faux léopard, il trottait pour n'être pas distancé, ses courtes jambes ne lui permettant que de petits pas. Il transpirait fort car c'était une fatigue de trotter ainsi, alourdi qu'il était par la cotte de mailles qui, sous le smoking, était destinée à le protéger des poignards de la maffia italienne.

Mangeclous venait ensuite. Bénévole et olympien avec son inutile lorgnon à ruban de moire, il s'était ennobli d'un casque colonial, couvre-chef de voyage. De plus, en l'honneur de ce départ, il avait endossé, non point sa redingote habituelle, mais un frac acheté la veille au patron d'un petit cirque en détresse. En outre, à mi-corps, une ceinture de sauvetage, composée de diverses briquettes de liège, devait lui permettre de flotter en cas de naufrage, tandis que ses pieds étaient chaussés de souliers de montagne, déclarés indispensables en Suisse et ferrés de crampons à glace. Enfin, épinglée au frac, une coccinelle en métal, dont il avait maquillé de rouge les taches noires, le faisait quelque peu officier de la Légion d'honneur.

Juché sur les épaules paternelles, Éliacin tenait à deux mains, contre son ventre, un petit coffre-fort à secret dans lequel Mangeclous avait enfermé son passeport et l'équivalent en diverses monnaies de ses douze mille francs suisses. Le cher homme tenait dans ses bras les deux bambins cadets qu'à la grande admiration de la foule il ne cessait d'embrasser à travers les voiles verts dont il sera question plus loin. De temps à autre, il interrompait ses baisers pour demander à Éliacin de s'assurer que le coffre était « toujours bien fermé là-haut ». Fermant la marche, en stridentes robes de cérémonie, Rébecca et ses deux languissantes filles poussaient une voiturette d'enfant chargée des cartons de voyage de leur seigneur et maître qui n'avait d'yeux que pour ses bambins et se mouchait à sec pour étaler sa douleur de les quitter.

Mais ce n'est pas tout, et le principal n'a pas encore été dit. Le matin même, en se levant, ayant aperçu deux guêpes volant de conserve, filles peut-être de l'emprisonnée, Mangeclous avait pronostiqué une « invasion guêpière » et alerté ses cousins. Raisonnables ou téméraires, ceux-ci ne s'étaient point émus, à l'exception cependant de Salomon qui s'était procuré un masque d'escrimeur pour préserver son visage. Mangeclous et les bambins s'étaient munis, eux, de moufles et de longs voiles verts d'apiculteur, Éliacin s'étant même procuré des jambières de cuir pour la sécurité de ses mollets. « A nous deux, guêpes ! criait de temps à autre Mangeclous. — Tu es comique, lui disait Michaël. — Comique peut-être, mais vivant ! rétorquait Mangeclous. Et que les non-comiques se fassent piquer et agonisent ! »

Arrivés au port, les Valeureux écartèrent la foule des fidèles, entrèrent dans les bureaux de la compagnie de navigation, y achetèrent des billets de pont. Quel besoin de cabines et pourquoi engraisser la compagnie ? Ensuite, ce fut la douane, puis la police, et Salomon murmura qu'il tremblait « comme la feuille de l'arbre ». Sûr de lui, par contre, Mangeclous, déchargé de ses trois chéris, ouvrit le petit coffre-fort et en sortit son passeport, déclarant qu'il était citoyen français en mission spéciale. Avec un tel document il était fort, et gare à qui le toucherait, la flotte française n'étant pas loin, expliqua-t-il au policier grec devant lequel Salomon, tout suant d'angoisse, prenait une mine de non-coupable, aggravée par les nausées causées par un remède contre le mal de mer.

La sirène du bateau cria son désespoir de folle et ce fut le moment de la séparation. Debout sur une chaise et son masque d'escrimeur à la main, Salomon baisa maintes fois le front de son épouse tandis que Mangeclous étreignait ses fils, les appelant doux successeurs, passereaux agréables et brioches du cœur. Enfin, faisant le viril maîtrisant sa douleur, dents serrées, il embrassa rapidement Rébecca et ses filles, leur recommanda des nourritures fortifiantes pour les bambins et courut en tragédien, un bras replié devant les yeux, vers l'échelle du bateau.

Soudain me hantent les horreurs allemandes, les millions d'immolés par la nation méchante, ceux de ma famille à Auschwitz, et leurs peurs, mon oncle et son fils arrêtés à Nice, gazés à Auschwitz, jamais je ne pourrai parler à un de la nation enragée, jamais je ne pourrai retourner au pays de la nation enragée et entendre leur langue, la même qu'à Auschwitz, les yeux fixes de ma tante folle de malheur, elle les a attendus à la fenêtre, du matin au soir à la fenêtre, jusqu'à sa mort à la fenêtre, ils sont vivants, ils reviendront, répétait la folle à la fenêtre de la chambre meublée, la chambre qu'elle avait louée en face de la gare de Nice pour les voir arriver, pour les voir plus vite arriver, la folle à sa fenêtre, les peurs des miens aux beaux yeux, la peur de ma mère au temps de sa vie à Marseille, ma mère qui était tendresse et candeur, sa peur des Allemands, son attente chaque jour des coups frappés à la porte, coups de la Gestapo, coups allemands, coups méchants, coups attendus heure après heure, ses yeux en attente, son tremblement, sa sueur de peur, et il faudra ouvrir s'ils frappent, et ils entreront avec leurs vestes de cuir, et ils l'emmèneront, et elle ne me reverra plus, et moi j'ai le vertige, si vivante ma mère morte, j'ai le vertige, et à quoi bon écrire, et comment continuer à raconter les Valeureux, comment sourire ? Mais il faut continuer de vivre et sourire avec eux, continuer le péché de vie en attendant ma mort si proche, ma mort après la mort de ma mère, tous deux ensemble sous la terre, Maman. Oui, sourire et même rire avec les Valeureux, rire avec mes tristesses et cette angoisse toujours présente, angoisse de ma mère, angoisse dans les yeux de ma mère qui attend, la même dans mes yeux encore vivants. Mais dans ces yeux d'angoisse, une joie soudaine, joie de mes frères libres à Jérusalem, libres désormais, joie de mon peuple fier, libre à jamais en Israël. Alléluia.

XVII

Après un dernier baiser lancé à leur île, Saltiel, Mangeclous et Salomon humèrent la bonne odeur de peinture chaude et s'entre-sourirent. Munis de passeports en règle et pourvus de ressources énormes, ils étaient pour de bon en voyage sur mer calme et dans un grand bateau qui tremblait sous eux à coups puissants. La vie était belle.

— Soyons sérieux, dit Saltiel, et allons un peu voir où se trouvent les bouées de sauvetage pour en noter l'emplacement à toutes fins que j'espère inutiles.

— Moi, je suis pourvu, dit Mangeclous en tapotant ses briquettes de liège. Je suis insubmersible et tranquille comme dans la poche de notre maître Moïse.

— Sans vouloir te froisser, dit Saltiel, sache que les Gentils de la première classe se sont moqués de tout ce liège autour de ton ventre. Quand nous sommes passés devant eux, ils se sont retournés et ils ont ri.

— Que les Gentils se moquent et même qu'ils se noient si c'est leur plaisir, répondit Mangeclous. S'ils font tant les hardis, c'est peut-être qu'ils sentent que leur vie est sans importance, et d'ailleurs ils croient en la vie future. Mais ma vie à moi est précieuse, d'abord parce que je suis moi, et ensuite parce que je sais que lorsque je serai mort je ne serai plus vivant. Aussi, non content d'être ceint de liège, sache que j'ai de plus, dans un sac imperméable à l'intérieur de mon casque colonial, des biscuits de marin, un rat-de-cave, et des fusées de signalisation en prévision de naufrage, incendie, collision et autres infortunes de mer. Sache enfin que j'ai passé une partie de la nuit à inscrire sur mon torse nu, et à l'encre indélébile, mon nom et mon adresse ainsi que des instructions expliquant à mes sauveteurs imbéciles comment me ranimer à l'aide de la respiration dite artificielle. Donc, messieurs les Gentils, rira bien qui rira le dernier ! Et maintenant, avant l'inspection des bouées qui me sont inutiles, allons contrôler les chaloupes du salut !

Ils firent la tournée des canots de sauvetage, les inspectèrent et les auscultèrent l'un après l'autre. Le cinquième, peint en bleu, fut jugé le plus neuf et le moins submersible.

— Adopté, décréta Mangeclous. A la première alerte, compères, galopade immédiate vers cette chaloupe bleue, désormais la nôtre !

— Je vais m'y installer tout de suite, dit Salomon. De cette manière, je suis sûr qu'on ne me prendra pas ma place et je serai sauvé le premier !

— Petit peureux, dit Michaël, revenu à l'instant d'une inspection de la première classe.

— Peureux et fier de l'être ! dit Salomon. Car je tiens à vivre et non à être englouti par le fond des mers marines ! Et qu'y a-t-il de plus beau que la vie, je vous le demande ? En conséquence, je vais me mettre dans le canot !

— Inutile, dit Mangeclous. J'ai prévu le cas.

De la poche intérieure de son frac, il sortit une pancarte qui portait cette inscription en majuscules :

« Réservé pour la mission spéciale française ». Après l'avoir fixée au flanc du canot, il croisa ses bras. Voilà l'homme qu'il était !

— Et notez bien, dit Salomon, que du courage j'en ai, et même à en revendre, mais naturellement pas quand il y a du danger. Et quelquefois même quand il y a du danger ! Ainsi, une fois un gendarme grec m'a dit un vilain mot. Eh bien, moi, je lui ai dit merci d'un air ironique. Il fallait voir mon air ironique ! Donc, vous voyez ! Et une autre fois un autre gendarme, plus grand, m'a dit un mot encore plus vilain, vous savez au sujet de notre peuple. Alors, moi, je lui ai dit que je n'étais pas d'accord avec lui !

— Et il ne s'est pas fâché ? demanda le goguenard Michaël.

— Non, parce que j'étais déjà un peu loin. Et vous savez, chers amis, tout à l'heure j'irai à l'avant du bateau pour respirer un air que personne n'a respiré avant moi, ce qui fortifiera ma gorge que j'ai délicate.

— Tu ne te pencheras pas trop, recommanda Saltiel.

— Mais où est Mattathias ? s'inquiéta le petit bonhomme. Il est peut-être tombé à la mer ! Les anges avec lui ! Courons à son secours ! Avisons le capitaine !

— Silence, raccourci, dit Michaël. Mattathias est en train de vendre ses cartes postales aux gens des premières, car il aime gagner.

— Et ne point dépenser, l'imbécile, dit Mangeclous. L'autre jour, il s'est arraché lui-même sa dent cariée avec une tenaille et des cris !

— Ne le jugeons pas, dit Saltiel. C'est l'héritage.

— Que voulez-vous dire, oncle ? Expliquez afin que j'apprenne, demanda Salomon.

— Sache, mon fils, qu'en nos siècles de grands

tourments, vivre était un luxe pour nous, pauvres étrangers sans défense, un luxe qui se payait et l'argent était notre seule protection, notre arme contre les méchants, et en conséquence nous y tenions. Qui faut-il en blâmer, nous ou nos persécuteurs avides qui ne nous laissaient vivre et respirer que moyennant taxes spéciales et pourboires ? Mais quand nous aurons notre État, sois tranquille, nous cracherons sur l'argent, et dans nos villages il n'y aura plus d'argent, tout sera gratuit ! Et ce sera un exemple pour la terre entière et une réponse à nos calomniateurs !

— Et les Gentils, dit Mangeclous, est-ce qu'ils méprisent l'argent ? Si oui, je demande à savoir pourquoi dans les annonces de mariage de leurs demoiselles il est toujours question de situations en rapport et de belles espérances ! Espérances, ce qui veut dire que la charmante espère que son père et son grand-père vont bientôt agoniser ! Moi, l'argent, je crache déjà dessus ! A quoi bon en amasser puisque de toute façon tu dois le donner à un autre ? L'argent roule, il ne reste jamais en place, il est comme un chien qui toujours veut changer de maître ! En conséquence, maintenant que j'en ai, je le dépenserai et jouirai de la vie !

— Ta réflexion n'est pas très claire, dit Saltiel.

— Moi, l'argent, je crache aussi dessus, et qu'il crève ! dit Salomon. Car enfin, l'important, c'est de vivre honnête et avoir des amis. J'expliquerai la chose à Mattathias et je lui raconterai que le grand savant Einstein crache tout le temps sur l'argent, ce qui lui donnera l'idée d'en faire autant ! Voilà ce que je lui expliquerai, moi, bon Juif que je suis ! (Tapoté sur la joue par Saltiel, le petit homme rayonna de sagesse et de vertu, aborda ensuite le sujet ravissant.) Dites, oncle, ce sera délicieux lorsque nous aurons notre État ! Vous rendez-vous compte que nous puissions mettre des visas sur les passeports des Gentils ? Non, monsieur, vous ne pouvez pas entrer comme cela en terre d'Israël !

— Il faut que j'en réfère à mon gouvernement ! compléta Saltiel.

— Pourvu que les Juifs de cet État ne deviennent pas antisémites à force d'être normaux et indépendants ! dit Mangeclous. Et qu'ils ne nous disent pas raca sur vous, ô vilains ! Et pourvu aussi qu'ils ne deviennent pas trop bronzés. Car si tu es bronzé et heureux et blondinet, tu deviens moins intelligent et en quelque sorte hollandais. Néanmoins s'ils me nomment ambassadeur, d'accord pour cet État juif qui aura alors sa raison d'être !

— Honte à toi, blasphémateur ! s'indigna Saltiel. Notre État sera justice et courage, et modèle pour les nations !

— Absolument ! approuva Salomon.

— Et d'ailleurs, lis la Bible ! reprit Saltiel. C'est l'Éternel Lui-même qui a dit qu'Il nous retirera d'entre les nations et qu'Il nous ramènera dans notre pays, le pays qu'Il nous a donné ! Car nous sommes Son peuple, le peuple qu'Il a choisi, et Il s'y connaît, que diable ! Ainsi donc, tu vois ! Et parfaitement, mon cher, nous deviendrons normaux, nous serons comme les autres, nous ne serons plus étrangers et malheureux !

— Et s'il me plaît à moi d'être anormal et étranger ! cria Mangeclous. Et pas comme les autres, et même malheureux ! Non, monsieur, je ne renoncerai jamais à cet honneur ! Anormal je suis, anormal je resterai, et grand profit me fasse ! A ton tour, brave, sors la tienne maintenant !

Mais Saltiel se contenta de hausser les épaules, prisa une pincée de tabac, considéra la mer exquise, sourit à

Israël en sa terre promise. Après un silence, Michaël s'excusa auprès de l'oncle mais il avait fait la connaissance d'une jeune Suédoise de la première classe qui lui avait demandé de secourir sa faiblesse et de venir dans sa cabine pour desserrer l'écrou d'un hublot difficile à ouvrir. Il s'en fut et Saltiel maudit les Suédoises et leurs hublots.

— Pourquoi ces malédictions, oncle ? demanda Salomon.

— Parce que les Suédoises adorent trop se faire desserrer le hublot, expliqua Mangeclous.

— Mais pourquoi les maudire, les pauvrettes, si elles n'ont pas la force ?

— Parce qu'elles s'adressent à la force de l'homme pour le desserrage, dit Mangeclous.

— Il suffit, dit Saltiel. Laisse-le tranquille.

— Je n'y comprends rien, dit Salomon, mais tant pis ! A propos, j'aimerais bien qu'on m'explique l'invention du grand savant Einstein.

— Prix Nobel, dit Saltiel, le poing fièrement sur la hanche.

— C'est bien simple, dit Mangeclous. Cet Einstein est le seul qui comprenne sa théorie et il a dit à tout le monde qu'il la trouve excellente ! Alors, on l'a cru et on l'a décoré !

Saltiel haussa les épaules. Quelle mauvaise langue, ce Pinhas !

— Et le docteur Freud qui est des nôtres aussi, il est grand savant pourquoi ? demanda Salomon.

— Professeur Sigmund Freud, Prix Nobel également, dit Saltiel.

— Il te regarde, expliqua Mangeclous, et il sait que tu as triché à la douane ! Et chez lui, à table avec sa femme et ses enfants, ils sont tous tellement intelligents qu'ils baissent les yeux en mangeant pour ne pas se regarder les uns les autres et deviner réciproquement leurs pensées secrètes ! Ce qui fait que leurs repas sont mélancoliques.

— En vérité, nous avons de bonnes têtes pour penser, nous autres ! dit Salomon.

— Et aussi pour manger, dit Mangeclous. Il est midi passé et j'ai une faim de locomotive ! Chers amis, qu'avez-vous apporté de bon à déguster, afin que j'en partage le plaisir amical avec vous ?

— J'ai décidé de jeûner, dit Saltiel, en hommage à tous ces pauvres gens qui souffrent de la faim en Asie.

— En ce cas, dit Salomon, je jeûnerai aussi, bien que j'aie une grande faim à cause de l'air marin, et il y a des petits bruits dans mon estomac.

— Moi, dit Mangeclous, je mangerai en ayant des sentiments de compassion pour ces Asiatiques affamés, ce qui sera tout aussi méritoire, et d'ailleurs indispensable, car si je meurs de famine comment pourrais-je consacrer des pensées douloureuses à ces malheureux ?

S'étant installé contre un guindeau et ayant ôté ses souliers ferrés pour plus d'aise, il déficela un de ses cartons. Apparurent alors deux pains au sésame, l'énorme cou d'oie farci de Salamanca, des boulettes aux épinards et, sorties d'une boîte en fer-blanc, des aubergines farcies. Ces bonnes choses soigneusement étalées sur un journal, il s'en sustenta, passant de l'une à l'autre, revenant à la précédente pour varier les plaisirs, victorieusement mandibulant, de contentement ses grands orteils remuant et du nez fredonnant. Il termina par des boulettes de fèves aux épices qu'il s'amusa à s'envoyer de loin, d'un adroit coup de pouce, dans la bouche grande ouverte. Incommodé, Saltiel détourna ses regards vers la mer tandis que Salomon contemplait le dévoreur, avalait sa salive, tâchait de penser aux pauvres gens de l'Inde, et de temps à autre picorait modestement une miette de pain égarée.

— Je me suis rempli et garni, dit Mangeclous arrivé au bout de ses travaux. Ah, doux cousins, quel plaisir d'entendre doucement dévaler dans mon boyau contenté et s'installer dans ma chère panse ces adorées pâtures que ma salive a joliment cimentées !

— Grand beau parleur tu es en vérité, dit Salomon.

— Je ne suis pas sans le savoir, répliqua Mangeclous, et j'en rends grâces à noble France qui m'a nourri du lait de son tétin. Cela dit, messieurs, que vais-je m'offrir maintenant comme dessert ? Voyons un peu et méditons car l'affaire est d'importance. Une pastèque ? Réflexion faite, je ne crois pas, car bien que la couleur en soit belle, la pastèque est une nourriture sans consistance et n'est en fin de compte que de l'eau rose à peine solidifiée. Or, je ressens le besoin d'une douceur concrète. J'élirai donc, ô mes amis qui semblez peu intéressés, mais peu importe car je suis, moi, fort intéressé, j'élirai donc comme divertisseur de mon palais un dessert qui se trouve dans ce carton et que j'extrais sous vos yeux, un dessert de mon invention et auquel j'ai donné l'appellation de coucoudi. Ce coucoudi est simple, se composant de grains de froment et de raisins de Corinthe bouillis conjointement, et auxquels, après cuisson, j'ai ajouté vendredi soir, m'occupant fort peu des souliers de Salamanca, beaucoup de sucre, des grains de grenade, des pignons et un soupçon de cannelle. Je vais, chers amis, m'enfourner le coucoudi, n'en déplaise au compère Saltiel qui fait l'écœuré !

— Mangeclous, pourquoi manges-tu tellement ? demanda Salomon.

— Pour trois raisons, mon chéri. Primo, pour faire quelque chose d'utile dans la vie. Secundo, pour oublier ma mort certaine et précédée d'horribles douleurs et maladies ! Tertio, et en grande confidence, pour me consoler de n'être point ambassadeur ni même un ministre plénipotentiaire de rien du tout n'ayant pas droit au titre d'Excellence ! Alors, je mange, pour me jeter hors de pensée ! N'empêche que chaque fois que dans un journal mes yeux tombent sur la réception d'un ambassadeur, je pâlis et manque m'évanouir ! Car enfin je suis aussi capable que lui ! Pourquoi alors est-ce cet imbécile, fils d'un riche imbécile à relations, qui a un uniforme brodé d'or, bien supérieur au frac de l'académicien qui ne comporte que des ramages verts, ce qui fait pauvre, le seul bon côté de l'académicien étant l'épée et le bicorne ! Oui, pourquoi lui et non moi ? Bref, manger est chez moi besoin de l'âme et non du corps, et chaque âme a besoin de bonheur ! Et maintenant, cher coucoudi, viens en moi !

— Tout cela est bel et bon, dit Saltiel, mais il m'est revenu que tu te plais à affamer tes enfants. Explique-toi sur ce point car, si ce renseignement se révélait exact, je romprais immédiatement tous rapports avec toi !

— Calomnie extrême ! J'adore mes bambins ! Je les taquine, il est vrai, mais je finis toujours par les nourrir.

— Pourquoi taquiner ces âmes ingénues ?

— Sache d'abord qu'on se plaît à taquiner ce qu'on aime ! Un petit chien, n'adores-tu pas lui tirer un peu la queue ou l'oreille, s'il est charmant ? Tel sera mon primo ! Quant à mon secundo et pour revenir à mes bambins, apprends que les manifestations de leur appétit me remplissent d'orgueil et c'est pourquoi je provoque ledit appétit ! Tertio, parce que j'aime les exciter à la révolte, signe de vitalité et garantie d'un brillant avenir ! Quarto, parce que la faim excite leur éloquence ! Quinto, pour les habituer à supporter les coups de l'adversité ! Sexto, et je le découvre à l'instant, parce que je suis peut-être un peu égoïste, menu travers propre à Napoléon que tu admires tant ! Et puis quoi, moi j'aime les grandes preuves de tendresse, par exemple mourir sur une barricade en offrant ma poitrine aux balles destinées à mes enfants ! Voilà qui en vaut la peine ! Cela dit, je les adore, et sois tranquille, je finis toujours par leur donner à manger ! Et lorsque Éliacin tomba malade, ne le veillai-je point, nuit après nuit, douloureux comme une mère, lui susurrant des mots délicats ? Et lorsque Lord Isaac eut une lubie de pâte d'amandes en pleine nuit, ne me levai-je point avec joie pour aussitôt la lui confectionner et apporter avec un sourire charmant ? Que te faut-il de plus ? Et maintenant, allons contempler les flots bleus, ce qui facilitera ma digestion.

Et ensuite ? a demandé Celle à qui je dicte. Ensuite, Bien-Aimée, les Valeureux se promenèrent jusqu'au soir sur le pont de la quatrième classe, se tenant par le petit doigt, devisant de tous sujets divins et humains, contemplant le sillage qui s'éloignait en deux diagonales et humant les senteurs de la mer Ionienne, qui est ma mer, et à vous seule, Bien-Aimée, en douceur comparable.

Et après ? m'a-t-elle demandé. Après, lorsque la nuit fut venue, silencieuse aux longs voiles, ils s'assirent en rond, sous les incalculables feux du ciel, et ils se régalèrent des merveilles sorties de deux bourriches et d'une jarre en terre cuite, à savoir des nouilles aux raisins de Corinthe, bien poivrées ; de la morue frite avec beaucoup d'oignons frits ; des pois chiches aux épinards ; des feuilles de vigne farcies ; des beignets au fromage de chèvre ; des rissoles de viande ; du riz aux sept épices auquel, pour son usage personnel, Michaël ajouta plusieurs œufs durs, propices au desserrage des hublots ; et enfin une énorme boutargue, cadeau de Salomon. « Je pose ma candidature pour l'ensemble de cette grosse chérie ! » cria Mangeclous. Salomon ayant décidé qu'elle serait partagée également entre les cinq, Mangeclous renonça à sa part : « J'aime mieux n'en pas manger du tout que d'en manger un peu, la douleur de séparation étant plus grande que le chagrin d'absence ! »

Et après ? Après, ils burent un dernier verre de vin de Corfou, très chargé en tannin, et ils dégustèrent, le petit doigt levé, les desserts remis en don par des amis en pleurs et par des ennemis repentis. Quels desserts ? Eh bien, des triangles au miel, de délicieux feuilletés bourrés de noix et tout suintants de sirop, des cédrats confits, du nougat au sésame et de la pâte d'amandes un peu trop cuite, mais très bonne ! Tout cela !

Et alors ? a demandé la charmante aux grands yeux. Alors, rassasiés et à l'aise, toujours assis en rond sous le ciel surabondant d'étoiles, caressant leurs pieds déchaussés et contemplant la mer qui tremblait d'étincelles dans la nuit, ils bavardèrent en grande dilatation d'amitié. De quoi ? De tout, Bien-Aimée. De Napoléon, d'abord, qu'ils blâmèrent de s'être enfui de l'île d'Elbe pour redevenir empereur. « Après tout, que diable, il était roi et confortable en cette Elbe-là et que lui fallait-il de plus ? Te rends-tu compte, quelle effronterie ! Vaincu, on le fait roi, et il ne s'en contente pas ! Et au lieu de rester tranquillement à régner, bien au chaud, devant la mer, servi par des généraux et mangeant tout ce qu'il y a de plus cher, même un kilo de saumon fumé, voilà qu'il veut retourner en France refaire la guerre ! Et c'était sûr qu'il serait battu, on en avait assez ! Alors où est l'intelligence de ce Napoléon ? Qu'on me fasse un peu roi de l'île d'Elbe, et tu verras si je quitte mon royaume, moi ! Pas du tout, j'y reste à commander toute la vie, et aimé de tous parce que je suis bon avec mes sujets ! »

Ensuite, il y eut des controverses et des disputes sur le point de savoir qui, d'un pape ou d'un empereur, était le plus important, Mangeclous tenant pour l'empereur et Saltiel se faisant le champion de Sa Sainteté.

— Mais comprends-tu, d'une manière générale, ce qu'est le pape, ô Mangeclous ? Le pape est le plus grand commandant religieux du monde, mon cher, et on ne plaisante pas avec une encyclique ! Quand il te parle avec sa voix douce, tu es à genoux et tu frissonnes ! Un noble vieillard, tout vêtu de blanc, d'une bonté et d'une sagesse effrayantes, voilà ce qu'est un pape ! Et même les rois lui baisent le pied ! Que dis-tu de celle-là ? D'ailleurs, il commande même au général des Jésuites ! Et Canossa, qu'en fais-tu, ignorant ? Ne sais-tu pas que l'empereur d'Allemagne en chemise, dans la neige, a supplié le seigneur pape de lui laisser baiser ses pieds, et il fallait voir comme il grelottait ! Non, mon cher, lui a dit le pape, pas pour le moment, on verra cela plus tard, si tu te conduis convenablement ! Et comme punition, Sa Sainteté lui a ordonné de faire briller sa tiare de voyage, et quand l'Empereur la lui a rapportée humblement, le pape l'a grondé. Pas assez brillante, cette tiare ! a crié le Saint-

Père, allons, recommence, vaurien ! Et il lui a donné un grand coup de pied ! Voilà, mon ami, voilà ce qu'est un pape !

— Le pape s'occupe moins de toi que tu ne t'occupes de lui, dit Mattathias.

— N'empêche que Napoléon a ordonné au pape de venir en France le couronner et le pape a dû obéir ! ricana Mangeclous.

— A la force brutale ! glapit Saltiel. Mais où est l'empire de Napoléon maintenant ? Tandis que le seigneur pape est toujours assis sur son trône, avec sa triple couronne de majesté ! Car sache qu'en plus de pape, il est évêque de Rome, primat d'Italie, patriarche d'Occident, pontife suprême et souverain véritable ! Voilà ce qu'est un pape, mon cher !

— C'est évidemment une belle situation, dit Mattathias.

— Vous en savez des choses, oncle ! dit Salomon.

— Et apprends encore, ô Mangeclous, que lorsque le pape veut se promener, il est porté par des princes sur un trône mouvant entouré de grands éventails, et il bénit l'univers avec un bon sourire qui t'arrache des larmes ! Moi je braverais la mort pour défendre Sa Sainteté !

— Dis-moi, cher Saltiel, demanda doucereusement Mangeclous, serais-tu devenu catholique par hasard ?

— Non, monsieur, bon Juif je suis, bon Juif je reste, mais je respecte ce qui est respectable ! dit Saltiel, noblement frémissant, les poings fermés. Et d'ailleurs, sois tranquille, tu verras comme le seigneur pape nous défendra si Hitler devient pire ! Il sortira du Vatican et il ira en Allemagne maudire ce méchant, c'est moi qui te le dis !

— Sûrement, dit Salomon.

— Nous verrons, dit Mangeclous.

La dispute dura longtemps et les deux adversaires jurèrent de ne plus jamais se parler. Toutefois, suppliés par Salomon, ils consentirent à se réconcilier froidement.

— De plus, reprit le tenace Saltiel pour parfaire sa victoire, le Vatican a neuf cent nonante-neuf fenêtres !

— Peuh, fit Mangeclous, humilié. Moi, je peux imaginer un palais de nonante-neuf mille fenêtres. Donc neuf cent nonante-neuf, ce n'est pas tellement !

— Et sais-tu que le seigneur pape a le droit de nommer cardinal n'importe qui, et même quelqu'un qui n'est pas prêtre !

— Alors, je suis pour le pape ! s'écria Mangeclous soudain enthousiasmé. Vous rendez-vous compte, mes amis, moi entrant à la synagogue en longue robe rouge de cardinal et prince de l'Église ? Avec la chape et suivi de mon caudataire qui tiendrait ma traîne ! La tête que ferait notre grand rabbin qui ne serait rien à côté de moi ! Moi, avec le grade d'Éminence ! Tous les Juifs riches de la synagogue viendraient m'inviter à déjeuner pour pouvoir dire qu'ils connaissent un cardinal !

— Es-tu devenu fou, ô Mangeclous, et la rate te serait-elle montée au cerveau ? Tu sais bien qu'un Juif ne peut pas être nommé cardinal !

— Et le premier des papes, rétorqua Mangeclous, le plus important de tous, l'apôtre Pierre, n'était-il pas un Juif comme toi et moi ? Donc ! Et étant cardinal, mon cher, j'aurai le pas sur les princes du sang ! Bref, l'égal de Richelieu et de Mazarin ! La pourpre romaine, mon ami ! Et je serai bien plus qu'un ambassadeur qui après tout n'est que le facteur du ministre et le porteur de ses lettres, un agent d'exécution, rien de plus ! Les grands problèmes se règlent en dehors des ambassadeurs qui ne sont pas ceux qui décident, des rien du tout, en somme ! Et puis ils sont tous plus ou moins compromis dans des trafics de morphine ! Te rends-tu compte, ami, les autres cardinaux mes collègues me disant éminentissime et révérendissime seigneur, et moi signant mes lettres Pinhas Cardinal Solal, mais à mes amis du Sacré Collège signant simplement Pinhas Cardinal Mangeclous, par intimité ! Et peut-être que Sa Chère Sainteté me permettrait de signer une de ses encycliques ! Par ordre et par procuration, signé Cardinal Mangeclous ! Oui, mes amis, cardinal avec barrette rouge, intrépide jusqu'à l'effusion de sang, c'est la vie qu'il me faut ! Et puis un milieu me convenant, un milieu agréable et bien élevé, moi allant bénignement dans les couloirs de la Curie, suivi par mon valet de chambre anglais portant monocle, salué avec respect par mes subordonnés les évêques, et en remerciement leur envoyant de gracieux baisers avec mes doigts, bref plus content et frétillant que chien courant dans la neige nouvelle ! Et à la synagogue, ils s'agenouilleront devant Mon Éminence pour baiser l'anneau cardinalice ! Le grand rabbin lui-même devra s'agenouiller ! Bien fait ! Et partout où je serai invité, moi arrivant en carrosse, entouré de mes gardes suisses à rouges plumets pareils à des jets de feu, et toujours reçu en bas de l'escalier par le richissime maître de maison et deux valets portant des torches allumées ! Cardinal, messieurs, toujours avec bas rouges, le rouge étant ma couleur cardinalice chérie ! Et mes armes de prince de l'Église étant l'étoile israélite des deux saints triangles en tant que patriote et cardinal ! Cardinal, messieurs, comme le duc de Vendôme, grand prieur de France !

Enthousiasmé, il se leva, se promena avec onction,

en grand prélat, saluant paternellement des deux mains levées, puis bénissant.

— Infâme ! cria Saltiel. Ainsi tu te convertirais ?

— Ah non, jamais ! Moi trahir notre Dieu et manger du porc ? Mais pour qui me prends-tu ? J'avais seulement oublié la formalité de conversion, c'est tout. D'ailleurs je dois dire que je préférerais être Speaker de la Chambre des Communes, avec perruque et longue traîne !

— Moi, dit Salomon, j'aimerais être écuyer, celui qui est sur le premier cheval du carrosse, avec perruque aussi !

— Speaker ! s'indigna Saltiel. Mais que cuides-tu et où as-tu la tête ?

— En bonne place, mon cher, dit Mangeclous.

— Speaker, avec tes incongruités venteuses !

— Cher cousin, en réponse à ta diatribe, je te prierai qu'il te plaise de ne pas t'occuper de ma vie privée, et d'un ! Comme si le Speaker ne ventait pas, et de deux ! Tous les importants ventent qui font tellement les orgueilleux ! Les ministres, les rois, les reines ! En conséquence, je fais tout comme les rois et les reines, mais eux se cachent, dissimulent leurs vents ou les exhalent incognito ! Moi, je suis franc, un point c'est tout ! Et je ne rougis point de mes vents qui sont vapeurs aimables et non délétères ! Oui, messieurs, les rois ventent dans la solitude ! Et s'il y a du monde, ils ventent hypocritement, avec atténuations, en glissant et en mineur ! C'est toute la différence entre les rois et moi ! Et de plus, sachez que les princesses délicieuses en robes de cérémonie avec diadèmes et diamants vont au cabinet plusieurs fois par jour, s'y asseyant comme tout le monde !

— Pas vrai ! cria Salomon.

— D'accord, disons qu'elles font cela debout et n'en parlons plus, dit Mangeclous. Et pour te faire plaisir, ô Salomon, j'ajouterai que les reines font des enfants après avoir respiré une fleur.

— Assez d'indécences, homme vulgaire ! ordonna Saltiel. Un peu de respect, s'il te plaît !

— C'est être vulgaire que dire la vérité ! ricana douloureusement Mangeclous.

Après un silence et pour passer à un sujet moins scabreux, on parla de milliardaires et on en vint bientôt aux importances respectives de Rockefeller et de Basil Zaharoff, Mangeclous plaidant la supériorité de ce dernier. « D'abord, il est Sir ! Et puis, ne sais-tu pas qu'il est le seul homme à pouvoir voyager sans argent et que toutes les banques du monde ont reçu l'ordre de lui verser sur simple demande et sans reçu toutes sommes qu'il lui plaira ! Il entre dans la banque et avec ses deux doigts il siffle le directeur ! Eh là, bâtard fils de bâtard et progéniture de l'âne, lui dit-il, apporte-moi un peu deux millions de dollars et dépêche-toi, incapable ! »

On passa ensuite au voyage de noces d'un jeune couple royal. Ce qui conduisit à un discours de Mangeclous sur la relativité de la vertu féminine. « Je vous dis, moi soussigné, que cette reine qui adore tellement son roi, eh bien, si elle est naufragée dans une île déserte avec un jeune matelot sans instruction, et si un navire ne vient pas la sortir de son île déserte, je vous donne ma parole d'honneur qu'au bout de six mois elle se laissera aller à sa nature et fera sa chose habituelle avec le matelot, à l'ombre d'un cocotier ! » Cette réflexion, approuvée par Michaël, suscita l'indignation de Saltiel et de Salomon, indignation qui fut à son comble lorsque Mangeclous, en veine d'originalité, déclara que tout compte fait l'âme n'existait pas et Dieu non plus ! Sur quoi, il prit une pose profonde.

— Franc-maçon ! cria Salomon. Quelles choses il ose dire, ce malfaisant ! Avez-vous jamais entendu vilenies pareilles ? Pas de Dieu, en vérité ! Lis les prophètes, ô noir, et tu verras comme Dieu existe ! Et l'âme aussi existe ! Elle est derrière les yeux, et on peut la voir ! Et elle est comme une aile ! Écoute, dis que ce n'est pas vrai, ce que tu as dit !

Mangeclous ne répondit pas, tourna gracieusement sur lui-même, claqua des doigts à l'espagnole. Alors, l'oncle Saltiel intervint.

— Pinhas Solal, fit-il, ce que tu as dit de Dieu, était-ce sérieux ? Car si tel est le cas, tout est fini entre nous !

— Je retire, dit Mangeclous. D'autant qu'aller à la synagogue et croire en Dieu n'est pas sans charme. Mais que veux-tu, j'adore être athée en public !

— Allons, embrassez-vous, s'il vous plaît ! cria Salomon.

L'harmonie revenue, on aborda le sujet de prédilection, à savoir les merveilles de l'État d'Israël lorsqu'il serait rétabli grâce au bras puissant de l'Éternel qui avait promis le retour à Son peuple. « Mais pas de république, c'est vulgaire ! dit Mangeclous. Il me faut un royaume, car je suis pour la monarchie, les titres de noblesse, la distinction ! » Salomon s'inquiéta. Que feraient les fils d'Israël si les Arabes se fâchaient avec de longs couteaux ? « Sois tranquille, mon cher, nous leur soufflerons dessus, dit Mangeclous. — Je m'y oppose, dit l'oncle Saltiel, car je suis pour la justice et la bonté ! Tel est mon avis, et Dieu le partage ! En conséquence, lorsque nous aurons notre république, car je suis pour la démocratie, ne t'en déplaise, ô Mangeclous, nous donnerons aux pays arabes de bons conseils pour bien conduire leurs affaires, et ils prospéreront à la limite de la prospérité, et même ils nous embrasseront, c'est moi qui vous le dis ! »

Ensuite les Valeureux discutèrent de ce qu'ils feraient s'ils devenaient soudain milliardaires en devises fortes. Chacun dit la sienne et Mangeclous déclara que son yacht privé serait toujours entouré de six cuirassés « et ainsi en cas de tempête, si mon yacht est abattu, il y aura toujours un cuirassé pour venir me sauver ».

Et ensuite ? a demandé la charmante aux grands yeux, fleur d'Israël, ô son visage venu d'un ancien Chanaan. Ensuite, ô précieuse, le sieur Pinhas ayant procédé à une nouvelle pétarade athée, Salomon indigné le traita d'Allemand. « Appelle-moi cannibale, monstre, et même béhémot et léviathan si tu y tiens, et j'accepterai avec plaisir ! dit Mangeclous. Mais Allemand, je t'en prie, non, l'insulte est trop grave ! — Juste, concéda le petit homme, et en conséquence je retire l'offense qui est en effet cruelle, et je te prie qu'il te plaise me pardonner, ô ami ! » Sur quoi, Mangeclous ouvrit ses bras et ils s'embrassèrent fort. Les effusions terminées, Salomon eut un frisson soudain à la pensée de l'étrange peuple allemand. « Comprends-tu, cher Mangeclous, tout un peuple méchant, avec des dents terribles, très pointues ! Des millions et des millions de méchants, comment est-ce possible ? Et tous fiers de leur Hitler parce qu'il crie tout le temps et qu'il est tout le temps méchant, encore plus méchant qu'eux, alors ils l'admirent, ils l'acclament en levant le bras, le chérissant de crier fort et de faire du mal à nos pauvres frères ! Mais les autres nations qui pourtant aiment beaucoup leurs prochains, pourquoi ne font-elles rien pour sauver nos pauvres frères d'Allemagne avant qu'il ne soit trop tard ? Vraiment, je ne comprends pas ! — Moi, je comprends, ricana Mangeclous. Sache en effet que leur amour du prochain est un idéal, ce qui leur suffit ! Sache en outre que leurs grands maréchaux et amiraux sont fort pieux, ce qui ne les dérange nullement de faire tuer un grand nombre de prochains ! » Non, pensait cependant Saltiel, non, il y avait sûrement de bons Allemands, des Allemands charmants qui pleuraient de voir maltraiter les fils d'Israël, beaucoup d'aimables Allemands, et il les aimait, de loin leur souriait, et soudain, avec un fracas de foudre en son âme, il s'aperçut qu'il aimait aussi, aimait de pitié les méchants Allemands qui faisaient tant souffrir ses frères juifs et qui ne savaient pas que c'était mal, pauvres méchants, qui étaient peut-être les bons fils de leurs mères, et qui croyaient que c'était bien de frapper et torturer, qui ne savaient pas qu'ils étaient méchants, pareils aux petits enfants, gentils petits enfants, qui arrachaient les ailes des mouches et riaient et ne savaient pas que c'était mal. Mais non, pensa-t-il, ne rien en dire aux cousins, ils ne comprendraient pas, et ils se fâcheraient. Ainsi pensait l'oncle Saltiel. « Mon idée, dit soudain Mangeclous, serait que nous allions faire un tour en Allemagne avec quelques chiens enragés achetés à bon compte à l'Institut Pasteur, sous feintise d'expériences, et dissimulés dans une grande malle avec tuyau d'aération ! Aussitôt débarquées à Berlin, nous les lâcherions et ils mordraient les Allemands qui aussitôt se mordraient les uns les autres et deviendraient tous enragés, et grand bien leur ferait ! — Je m'oppose de nouveau, dit Saltiel, car nous ne sommes pas des Allemands mais fils des Dix Commandements! — Et d'ailleurs, les Allemands sont déjà enragés, alors à quoi bon? dit Mattathias. — Je reprends mon discours regrettablement interrompu, dit Saltiel. Voici, messieurs. Afin de remplir le temps d'attente jusqu'au premier de juin béni, je propose que nous fassions achat d'une roulotte et allions de contrée en contrée porter la bonne parole! Dans chaque village nous leur expliquerons combien il est préférable, durant ce court temps de notre vie, d'être aimables et de cœur doux, et honte à la méchanceté! Nous leur ferons des discours émouvants et même nous jeûnerons pour les convaincre! — Absolument! glapit Salomon qui d'enthousiasme se leva et se mit à tourbillonner, les bras écartés. Oui, que tout le monde soit gentil! Et savez-vous, ô mes amis, notre roulotte sera tirée par un joli petit âne, et je la pousserai pour qu'il ne se fatigue pas! Et je le brosserai bien et je ferai briller ses sabots! Avec du cirage noir je les ferai briller, du cirage anglais qui est le meilleur! Et même je lui mettrai des fleurs sur la tête pour qu'il soit content! — En toute déférence due et méritée, respectable Saltiel, jeûne dans l'œil de ta sœur! s'écria Mangeclous. Car en vérité je n'ai nulle envie de m'éteindre d'inanition en la fleur de mes ans! Aussi, pour ma part, je mets aux voix un voyage d'agrément au Tibet où l'on prépare d'excellentes boulettes aux épices fortes qui te font t'évanouir de bonheur et où des sages barbus et maigres enseignent certains mouvements philosophiques des quatre extrémités, lesquels mouvements augmentent la puissance de l'esprit, à telles enseignes que chétif Salomon lui-même deviendra intelligent! — A ta proposition, dit Saltiel, je répondrai comme suit. Premièrement, sache que j'interdis toute moquerie sur notre Salomon car sur son visage il porte gentil témoignage de son âme gentille et dedans son œil bénin toute bénignité est inscrite ! (De confusion, Salomon cramoisi eut un hoquet.) En conséquence, ce cousin sans cautèle trouvera toujours en moi défenseur vaillant, et que nul ici ne l'ignore ! Deuxièmement, je suis contre le Tibet qui est trop élevé en élévation, et nous risquerions de tomber, et d'ailleurs il m'est revenu que les routes y sont encombrées de vaches sanguinaires ! — En ce cas, allons au Spitzberg ! dit Mangeclous. On y trouve à foison des sprats, petits poissons charmants et fumés que tu peux manger tout entiers, si tendre est leur épine dorsale ! » Assez. On ne peut pas tout raconter, on n'en finirait plus.

A une heure du matin, les Valeureux dégustèrent des figues de Barbarie, ouvertes par Michaël, insensible aux piquants. La gorge rafraîchie, ils se levèrent, se couvrirent de la calotte rituelle et récitèrent la prière d'avant le coucher, Mangeclous n'étant pas le moins fervent. « Sois loué, Éternel, notre Dieu, qui verse le sommeil sur nos yeux et l'assoupissement sur nos paupières. Aide-nous à faire le bien et à fuir le péché. Que notre sommeil ne soit pas troublé par des rêves effrayants et que notre repos soit celui de l'innocence. Le temps du sommeil passé, rends la lumière à nos yeux et ne nous laisse pas dormir du sommeil de la mort. Écoute, Israël, l'Éternel est notre Dieu, l'Éternel est Un ! »

Après des embrassades et des souhaits de bonne nuit, fort cousins et s'aimant, ils s'étendirent autour du grand mât pointant les petits feux du ciel et ils s'endormirent les uns auprès des autres, bercés par le battement des machines. La main de Salomon était dans la main de Mangeclous qui, rêvant à haute voix, suppliait ses bambins de manger toute la moussaka. Et voilà, c'est fini, ils dorment tous maintenant. Allons dormir aussi. Bonne nuit, mon aimée.

XVIII

Salomon frémit lorsque le haut-parleur convoqua les passagers de Swissair à destination de Rome. Quelle folie de voyager dans de l'air, sur un engin qui n'était posé nulle part ! Il fourra dans sa poche son testament et se leva à la suite de ses cousins. A la porte indiquée, une hôtesse les accueillit avec un sourire qui lui sembla de condoléances, les conduisit jusqu'au bimoteur, et il se demanda comment cette pesante masse pourrait se tenir dans les airs, soutenue par du vide. Le cœur lui manquant, il décida de prendre ce qu'il appelait la poudre d'escopette, mais Michaël le rattrapa par le fond de son pantalon. « Ne crains rien, mon fils, lui dit Saltiel, blanc de peur. Ce vaisseau aérien est d'une compagnie universellement connue, très bien construit, fabrication suisse, très solide, tout en métal. » Sur quoi, Salomon pensa que depuis que le monde était monde le sort d'un métal se trouvant en l'air avait toujours été de tomber. Néanmoins, poussé par Michaël, il se dirigea vers la mort, sa carte d'embarquement à la main. « Mon secours viendra de l'Éternel qui a créé les cieux et la terre », murmura-t-il en entrant dans l'avion.

Mattathias s'assit tout seul près de l'entrée, à côté

des bagages et pour les surveiller, derrière un couple muni d'un bébé hurleur d'utilité contestable et mis au monde dans un but incompréhensible. Salomon et Mangeclous s'installèrent tout à l'avant. Derrière eux prirent place Saltiel et Michaël, ce dernier se penchant aussitôt pour murmurer à l'oreille du petit éberlué qu'ils étaient enfermés dans un grand cercueil de luxe. Mangeclous bâilla, chantonna l'hymne caraïbe, fit craquer les jointures de ses mains, signala à Salomon un jeune homme élégant qui venait d'entrer. « Un fils de lord probablement, vu sa nuque propre, dit-il, mais israélite, vu son air intelligent. J'irai lui proposer tout à l'heure ma Trésorine, et s'il refuse, par suite du manque de dot, je prendrai une position de repli et lui offrirai Allégrine, la fille de Romano, boutonneuse mais vingt mille écus bien comptés. » Salomon ne répondit pas. Que lui importaient les mariages en cette heure de mort imminente ?

Le haut-parleur de l'avion ordonna d'attacher les ceintures et Salomon obéit avec des nausées, se demandant comment il ferait, ainsi ligoté, pour s'échapper lors de l'écrasement au sol. Dans le bruit malveillant des moteurs, l'avion décolla, et Salomon, projeté en avant et l'épi frontal dressé, attesta l'unité de Dieu afin de périr en bon Israélite. Mais il survécut.

Peu après, la même voix annonça qu'on était à mille mètres et que les ceintures pouvaient être détachées. Salomon libéré soupira. Seigneur Éternel, qu'était-il venu faire à mille mètres de hauteur et dans des nuages ? Haïssant les progrès de la science, il maudit l'inventeur des chars volants. L'infâme n'aurait-il pas pu inventer plutôt un remède contre le rhume de cerveau ? Dans ses oreilles retentirent soudain des craquements funestes. Était-ce son cerveau qui commençait à sauter ? Et cette porte de secours fonctionnerait-elle lors de la chute ? Aller vérifier ? Mais si elle s'ouvrait et s'il tombait dans les nuages ? Michaël lui signala les sacs de papier et lui en expliqua l'usage, ce qui augmenta les nausées du pauvre petit.

« Nous survolons en ce moment Céphalonie », annonça le haut-parleur et Salomon retint un sanglot, ses petites mains contre sa poitrine. Céphalonie était là, en bas, solide et immobile, sentant si bon le jasmin, et lui insensé voyageur dans le vide ! Mangeclous s'étant levé et découvert pour honorer au passage son île natale, une chute brusque de l'avion dans un trou d'air le fit chanceler et bousculer Salomon qui ferma les yeux, roseau dans la tourmente, mais eut cependant la force, pour faire parachute, d'ouvrir son parapluie, que Saltiel lui ordonna aussitôt de refermer.

L'avion prit de l'altitude et ce fut la fin des trous d'air. Salomon eut un sourire de convalescent et Mangeclous proclama qu'il était conquis par l'aviation. Oui, à Genève, il prendrait des « leçons d'aéroplane » afin d'aller lancer quelques bombes incendiaires sur le nez d'Hitler ! Avec un charmant sourire, la belle hôtesse offrit des bonbons à Salomon qui, après avoir soulevé son petit melon, en prit poliment un. Mangeclous, lui, se servit à deux mains, genre bulldozer. « Merci, gracieuse, dit-il. J'en ai pris quelques-uns de plus à l'intention des bambins qui en seront reconnaissants à mon retour. Je me présente. Vicomte Pinhas, mais prochainement comte ! Earl en anglais ! Et votre prénom, chère amie, pour faire connaissance ? » Elle répondit qu'elle s'appelait Ilse et s'en fut pouffer dans le poste de pilotage, Saltiel pâlissant aussitôt de la voir plaisanter avec le commandant. Lorsqu'elle revint, chargée de plateaux, il s'arma de courage : « Psst, demoiselle ! Excusez, mais ce n'est pas prudent de parler au commandant, il peut avoir une distraction ! » Elle sourit.

Mangeclous fredonna un air de synagogue devant le plateau du lunch déposé devant lui, aiguisa son couteau au couteau de Salomon et se déclara confortable dans les airs. Que de bonnes choses ! Des hors-d'œuvre variés ! Du poulet ! Des pommes de terre frites et nombreuses ! Et même du jambon ! « Comment, tu manges du porc ? souffla Salomon épouvanté. — Le jambon est la partie juive du porc, dit Mangeclous. Tais-toi, et si tu me dénonces à Saltiel je t'écrase le pied. » Le plateau nettoyé, il claqua des doigts, souleva son casque colonial. « Colombe, dit-il à l'hôtesse, je répète ! Un petit supplément, non porcin si possible à cause de l'imbécile qui est près de moi. J'adore les pommes de terre enflées d'air, à l'européenne, en avez-vous, charmante serviable ? Peu importe, Ilse chère, apportez ce qui vous reste, rien ne sera méprisé ! » Amusée, la haute fille revint avec plusieurs tranches de rosbif. « Ne te conduis pas ainsi devant la Moabite, tu nous couvres de honte ! chuchota Saltiel. — Ai-je payé mon billet, oui ou non ? répliqua Mangeclous. »

Repu, il se leva et alla faire sa cajoleuse proposition de mariage au jeune Anglais qui ne répondit pas et détourna la tête. « Sans rancune, milord, l'Angleterre étant un grand pays », dit le marieur qui revint s'asseoir, nullement troublé et se savonnant affablement les mains. Le reste du voyage se passa sans incident, l'avion se comportant bien et semblant en effet devoir rester en l'air. Enfin, les ceintures furent attachées de nouveau et le bimoteur toucha le sol, rebondit, retomba, roula, stoppa. Rome Fiumicino, annonça l'hôtesse. Salomon s'étira, incontestablement en vie. Gloire à l'Éternel !

« Messieurs, dit Saltiel, je crois indispensable un conciliabule immédiat dans cette salle d'attente, heureusement vide. Je dis heureusement car la demoiselle du carrosse volant s'est retenue de rire tout le temps, et les deux capitaines sont sortis l'un après l'autre pour nous observer. Savez-vous pourquoi, messieurs ? A cause de vos vêtements ! — En ce qui concerne le mien, dit Mangeclous, je le trouve approprié, un frac étant toujours respectable ! — Avec un casque colonial ? demanda Saltiel, maîtrisant son indignation. — Mon cher, regarde les photographies des gouverneurs des colonies anglaises, ils ont tous le casque colonial avec leur frac blanc ! répliqua Mangeclous. Critiquerais-tu un gouverneur anglais, par hasard ? — Inutile de discuter, fit Saltiel, je sais ce que je dis. On vous trouve comiques, tous les quatre ! — Conclusion ? demanda Mangeclous. — Conclusion, vous devez endosser honnête et raisonnable vêture et non faire de Céphalonie la risée de l'Europe ! » Mangeclous et Mattathias protestèrent, mais Saltiel fut inébranlable. S'il n'était pas obéi, il les quitterait et il irait seul à Genève ! Enfin, une solution de compromis fut proposée par Mangeclous. « Achetons des imperméables dissimulateurs, puisque ces imbéciles conformistes nous trouvent curieux, mais à une condition, Saltiel, c'est que tu paieras les imperméables et que tu en revêtiras un pour l'harmonie ! »

Les valises, la mallette en faux léopard, les cartons et le petit coffre-fort ayant été entreposés chez un épicier du nom de Meshullam, et par conséquent de confiance, cinq longs imperméables circulèrent une heure plus tard dans la basilique de Saint-Pierre. Fier du bon goût des papes, Saltiel s'extasiait devant les splendeurs tandis que Mattathias auscultait avec son crochet les piliers d'albâtre et que Michaël restait rêveur devant une belle sainte, transpercée d'amour divin. Soudain, Salomon poussa un petit cri de joie en apercevant, tout là-haut, près du dôme, des caractères hébraïques en lettres d'or. Ses cousins levèrent la tête et lurent à haute voix les paroles sacrées, enorgueillis et soudain chez eux.

Devant la statue de saint Pierre, impressionnés par le pied de bronze que les baisers des fidèles avaient usé, ils considérèrent longuement le prince des apôtres, lui trouvant une ressemblance étonnante avec Mardochée Halfon, le chantre de la synagogue. « En somme, on est en visite chez un parent, dit Mangeclous. — Chut, un peu de tenue, chuchota Saltiel. » Avant de sortir, les Valeureux déposèrent poliment leur obole dans un tronc près de la *Pietà* de Michel-Ange. « Allons, Mattathias, courage, mets aussi ta piécette. »

Dehors, ils clignèrent des yeux, décontenancés par tant de somptuosités. « N'empêche, dit Saltiel. Si notre synagogue est petite, notre Dieu est grand. — N'empêche aussi, dit Mangeclous, que c'est un des nôtres qui est supérieur même au pape ! — Et maintenant, dit Saltiel, prenons un fiacre et faisons-nous conduire au Forum car j'ai un certain projet. Inutile de me questionner, le projet ne sera révélé qu'en son temps. » Dans la voiture, Saltiel et Mangeclous prirent les places d'honneur, en face de Mattathias et de Michaël. Quant à Salomon, il se hissa sur la banquette, près du cocher qui lui laissa tenir les rênes dans les rues tranquilles. Durant tout le trajet et afin de susciter l'admiration des Romains, Mangeclous laissa pendre un bras hors de la voiture, avec les airs pensifs et las du grand seigneur désabusé.

Arrivé à destination, devant l'Arc de Titus, Saltiel se campa, croisa les bras et harangua l'empereur romain : « O Titus, destructeur de Jérusalem, j'ai tenu à venir te dire deux mots et à t'informer que tes vaincus se portent bien ! A propos, ô vainqueur des Juifs, qu'est donc devenu ton puissant empire ? » Les Valeureux applaudirent, à l'exception de Mangeclous, dépité de n'avoir pas eu l'initiative de cette scène historique. Aussi changea-t-il de sujet pour empêcher Saltiel de continuer. « Amis, dit-il, je m'ennuie en cette Rome où il n'y a que des vieilleries. J'articule en conséquence ma proposition qui est d'aller faire un petit tour à Paris, capitale dont je me languis. » Salomon leva le doigt. « Sors ton amendement, dit Mangeclous. — Je propose, dit Salomon, qu'on aille à Paris en personnes humaines, par voie de terre, et non par dans de l'air, voilà ! Et si vous êtes d'accord, nous pourrions aller prendre tout de suite les billets du train à l'agence Coucou. — Ma proposition ainsi amendée est adoptée, dit Mangeclous, avec cette précision toutefois que les billets seront pris à l'agence Cook et non Coucou, comme vient de dire une personne inculte. Allons, messieurs, en route pour la France, mère des arts et berceau de la civilisation ! »

Moyennant des sourires câlins, Mangeclous avait obtenu du contrôleur de s'installer gratuitement dans un compartiment vide de première classe. N'ayant personne à qui parler, il s'ennuyait dans sa splendeur, mais il tenait bon, pour le plaisir, à chaque arrêt du train, de se pencher à la fenêtre afin d'être admiré par les populations et, s'il y avait un train sur la voie d'en face, pour la volupté suprême de regarder les miséreux des troisièmes avec l'indifférence de l'aristocrate en pose pensive, le pouce sous le menton et deux doigts contre la tempe.

Au wagon-restaurant, où il retrouva avec plaisir ses cousins, il rafla toutes les asperges lorsque le plat lui fut présenté. Le garçon lui ayant dit que les autres voyageurs aimaient aussi les asperges, il répondit : « Pas autant que moi, mon cher ! » Toutefois, bienveillant et compréhensif, il en restitua la moitié, non sans faire remarquer à haute voix qu'en sa qualité d'ambassadeur américain et en vertu de son exterritorialité il aurait pu tout garder. Sous le regard foudroyant de Saltiel, il ricana, satisfait des asperges récoltées et de ses immunités diplomatiques. « Eh, que diable, souffla-t-il, laisse qu'on nous admire un peu par ici ! »

Après le repas, il invita Salomon à venir goûter les beautés de la première classe. Il lui fit aimablement les honneurs du propriétaire, lui signala les conforts du compartiment, le pria de tâter la douceur des sièges, puis lui fit visiter les toilettes, lui en expliquant les charmes et jusqu'au fonctionnement du moulin à savon. De retour dans les velours, il croisa les jambes en habitué. « Par discrétion, mon cher, je n'ai pas dit aux autres que, la veille de notre départ, j'ai reçu de l'Université d'Oxford un télégramme urgent m'offrant une chaire que j'ai d'ailleurs l'intention de refuser. — Mais non, Mangeclous, il faut accepter, c'est une occasion ! — Non, mon cher, je ne serai pas traître à l'amitié ! J'ai promis de voyager avec vous et je tiendrai parole ! D'ailleurs, Oxford est trop au nord, c'est plein d'ours polaires à chaque coin de rue. — Je l'ignorais, dit Salomon. Écoute, je vais rejoindre les autres parce que n'ayant qu'un billet de troisième je risque la prison en restant ici. » Mangeclous décida de l'accompagner car il était las de la grandeur dans la solitude. De plus, il faisait nuit maintenant et, s'il se mettait à la fenêtre, qui le verrait ?

De retour dans le compartiment des Valeureux, la félicité de Salomon fut à son comble. On était tous les cinq ensemble de nouveau ! Pour la troisième fois en peu de jours, il entra en transe de discours. « Sachez, mes chers amis, que l'autre jour à Céphalonie, ayant appris de l'oncle que Dieu aime même les mouches, j'ai voulu en faire autant et j'ai laissé les mouches se promener sur ma joue, sans les déranger ! Vous ne pouvez pas savoir comme elles me chatouillaient ! Quelquefois il me prenait de ces colères ! J'avais une envie de les écraser ! Alors je courais pour m'en débarrasser, mais elles me suivaient et, dès que je m'arrêtais voilà qu'elles se remettaient sur ma joue ! Je vous garantis que ce n'est pas commode d'aimer les mouches ! J'ai encore une autre chose à vous dire, écoutez ! J'aurais tellement aimé être médecin ! Si mon seigneur père avait été riche, au lieu de me mettre à l'eau d'abricot il m'aurait mis aux études des livres ! Et j'aurais appris, et maintenant je serais médecin ! C'est beau d'être médecin ! Tu entres, tout le monde s'incline et te respecte, tu prends le poignet du malade en regardant ta montre en or et tu le sauves ! Et après tu t'en vas lentement et on t'ouvre la porte ! Merci, monsieur le docteur ! Mais tant pis, je suis vivant ! O mes amis, vous ne pouvez savoir combien j'aime vivre ! A tel point, amis chéris, que j'accepterais d'être en prison toujours à condition que je reste en vie toujours ! Oui, en prison toujours mais en vie toujours !

Avec toutefois les visites de mon épouse et de mes chers amis au moins une fois par semaine ! Qu'en dites-vous ? — Cela suffit maintenant, dit Saltiel. Tu as assez parlé. — Juste une chose encore, oncle. Si nous écrivions une lettre de reproches à Hitler ? Une lettre très courte et très sèche. Lui dire simplement qu'à sa place nous aurions honte ! Qu'en dites-vous, oncle ? — On en reparlera demain, dit Saltiel. Il faut dormir maintenant. »

Dix heures du matin. Alangui, le train glissa puis s'arrêta avec un dernier heurt de retour, rendit les derniers soupirs de vapeur. Pour honorer Paris, Mangeclous remplaça le casque colonial par un panama. Chargé de ses deux cartons et de son coffre-fort portatif, il sauta le premier hors du wagon. « Paris, messieurs ! annonça-t-il. La Ville Lumière, capitale du monde civilisé ! » Un cercle de curieux se forma autour de l'étrange personnage dont l'imperméable laissait dépasser les souliers ferrés. Soudain agenouillé, il couvrit de baisers passionnés le quai malpropre, tout en murmurant assez haut pour être entendu : « O France ! O patrie retrouvée ! » Saltiel lui ordonna de cesser cette comédie et assez de ces impudeurs ! Debout, immédiatement ! Satisfait par la poignée de main patriotique dont un colonel aux blanches moustaches venait de l'honorer, le phtisique obéit et les Valeureux sortirent de la gare sans autre incident. Saltiel décida qu'une fois les bagages en sécurité dans un hôtel, leur premier devoir serait d'aller déposer quelques fleurs sur la tombe du Soldat Inconnu, mais sans manifestations déplacées, dans un recueillement distingué. « A l'hôtel, proposa Mangeclous, je me déguiserai en Alsacienne avec un grand chapeau à ailes et cocarde tricolore ! Et c'est moi qui déposerai le bouquet en pleurant ! »

Saltiel ne daigna même pas répondre et fit signe à un taxi. Lorsque les bagages furent chargés, il ordonna au chauffeur de s'arrêter devant un hôtel modeste et ensuite devant un fleuriste raisonnable. Ainsi fut fait et Salomon demanda l'honneur de fournir les fleurs à ses frais, ce qui fut accordé. Rougissant et fier, il sortit du magasin avec cinq bouquets de violettes, un pour chaque cousin. « Et maintenant, automobiliste, vers le glorieux Inconnu ! » enjoignit Saltiel, ce qui nécessita un complément de précisions.

Arc de Triomphe. « Délégation », expliqua l'ancien recteur au gardien du tombeau. Les bouquets furent déposés par Salomon qui ajouta discrètement une rose séchée de Céphalonie. Rigides, les porteurs d'imperméables observèrent une minute de silence, chapeau bas. Après s'être mouché, l'oncle Saltiel ordonna la fin du recueillement. Mattathias, qui craignait d'avoir à participer aux frais du taxi, dit qu'il lui fallait rendre visite à son correspondant de la rue Cadet qui ne lui avait pas encore réglé le dernier envoi de boutargues. Michaël prit à son tour congé car il lui tardait, dit-il, de revoir un vieil ami, cabaliste fort érudit. Il ajouta qu'il serait de retour à l'hôtel aux environs de minuit, le cabaliste aimant les entretiens approfondis. Saltiel toussota et regarda Mangeclous qui recommanda à Michaël de ne point trop se surmener. « Cocher, dit Saltiel au chauffeur, aux Invalides ! — Dernière demeure du fils de Lætitia ! ajouta Mangeclous. » Devant le tombeau de Napoléon, ils se découvrirent et Saltiel ordonna trois minutes de méditation silencieuse. En sortant, Salomon dit qu'il aimait mieux être tiède vendeur d'eau d'abricot et bougeant cireur de souliers plutôt qu'empereur immobile et froid.

De retour à l'Hôtel Moderne et des Tropiques où deux chambres pour cinq avaient été retenues, ils se débarbouillèrent rapidement, puis décidèrent de sortir afin de voir et d'être vus. Dans la rue, Salomon avait envie de serrer la main des passants puisque tous étaient ses compatriotes, mais il n'osait pas et se contentait de sourire à ces messieurs. Un adjudant trouva déplaisant le sourire qui lui fut adressé. « Qu'est-ce que j'ai de drôle, espèce d'idiot ? » Salomon en conclut qu'il ne fallait sourire qu'aux enfants. Vraiment, toutes ses bonnes intentions étaient mal interprétées. Tout à l'heure, en sortant de l'hôtel, il avait cru devoir avertir un monsieur de faire attention à la marche, et le monsieur lui avait demandé de quoi il se mêlait !

Chemin faisant, ils achetèrent un journal. Ils s'arrêtèrent pour le parcourir et soudain frémirent. Des cas de typhoïde à Paris ! Et ils avaient bu de l'eau du robinet à l'hôtel ! Aller chez un médecin se faire examiner ? « Non, il y a la période d'incubation, dit Mangeclous, nous ne serons au clair que dans dix jours. » Ils s'assirent sur un banc, au square du Bon Marché, devant les statues de mesdames Boucicaut et de Hirsch, emmitouflées dans leurs riches fourrures et s'apitoyant, penchées et aimantes, sur de chers pauvres en guenilles. A voix basse, ils comparèrent leurs symptômes. Lourdeur de tête et frissons, c'était le début de l'incubation, évidemment. Vitamine C ! cria soudain Mangeclous. Saltiel et Salomon se levèrent aussitôt. Ils avaient compris.

Sortis de la pharmacie, les trois imperméables coururent vers la Brasserie Lutétia, y commandèrent de l'eau d'Évian bactériologiquement impeccable, ingurgitèrent triple dose de vitamine C et sortirent de la brasserie, guillerets. Pour fêter leur guérison, ils décidèrent de déjeuner dans un restaurant qui leur parut de luxe. Lorsque l'impressionnant maître d'hôtel arriva, son bloc-notes à la main, Salomon se leva et s'inclina. Inutile de développer. Je vais bientôt mourir et il reste peu de temps. Bref, ils mangèrent fort bien.

Bien qu'alourdis par le somptueux repas, ils décidèrent d'aller à la Chambre des Députés pour se remettre un peu au courant de la politique française. Chemin faisant, Salomon demanda à l'oncle ce qu'il valait mieux être, conservateur ou révolutionnaire ? « A vrai dire, répondit Saltiel, je ne sais trop que te conseiller, le conservateur désirant conserver de vieilles injustices, et le révolutionnaire en voulant de nouvelles. » Au Palais-Bourbon, démunis de cartes d'entrée, ils furent refoulés. Mangeclous proposa alors une visite au président de la République pour se plaindre de ce manque d'éducation. « Après tout, nous le connaissons puisque nous lui avons écrit ! — Mais est-ce qu'il nous recevra ? demanda Salomon. — La France est une démocratie, dit Mangeclous. D'ailleurs, je ferai passer ma carte. — Je ferai dire que je suis l'oncle de Sol, ajouta Saltiel. — De plus, je glisserai une pièce au concierge, conclut Mangeclous. Affaire sûre, nous serons reçus ! En avant vers un carrosse à puissance de pétrole et horloge des francs ! »

Descendus de taxi devant le palais où vivait en chair et en os le chef de la France, ils se concertèrent et décidèrent que Mangeclous ferait les travaux d'approche. Lorgnon sans verres sur le nez et panama gracieusement à la main, il traversa la chaussée, aborda tendrement le garde républicain qui lui intima de circuler. Mangeclous lui ayant fait remarquer qu'il était en correspondance avec Son Excellence et que, de plus, le roi saint Louis était accessible à tous ses sujets sous un chêne, le garde battit le sol de sa lourde semelle et Mangeclous s'en fut, dégoûté de ces manières. Quelle idée aussi de mettre un garde antisémite à la porte de l'Élysée ! Saltiel et Salomon décidèrent de rentrer à l'hôtel pour une sieste réparatrice, mais Mangeclous préféra se promener, le repos de l'après-midi lui causant des humeurs noires.

Deux heures plus tard, attablé dans un petit restaurant juif de la rue de Provence que lui avait recommandé un coreligionnaire repéré place de l'Opéra et qui se trouvait être un parent de Belleli, il mangeait distraitement des feuilletés au fromage tout en expliquant à son voisin qu'il était citoyen anglais et candidat tory aux prochaines élections. Mais l'imbécile ne comprenant pas l'importance de cette information et étant au surplus de souche polonaise, il décida de l'ignorer et d'écrire aux siens.

« Chère Rébecca, Céphalonie !

« Je me porte bien. Aujourd'hui vol-au-vent contenant diverses petites choses inconnues mais délicieuses, puis poulet à la broche avec pommes de terre gonflées d'air, puis omelette norvégienne ! Supplémentairement et par mélancolie, dans ce restaurant israélite et mal tenu d'où je vous écris, des barquettes au fromage que je réussis beaucoup mieux ! Ci-joint veuillez trouver avec émerveillement un billet de mille francs de France que vous changerez pour suralimenter mes trois chéris. Compliments empressés ! Salutations aux filles !

« Bambins adorés !

« Si quelquefois je vous refuse un peu de nourriture, c'est pour le plaisir de vous voir protester, ainsi que je l'expliquais avant-hier par mer démontée ! Je vous ai envoyé de Rome, avant de prendre le train, un paquet recommandé contenant une livre de nougat torrone, un kilo de fromage fumé dit Provolone et des pâtes italiennes de diverses couleurs qui vous amuseront ! Le tout à partager un peu avec vos maigres sœurs !

« Rien de spécial à signaler concernant Rome sauf magnifique basilique de Saint-Pierre et pollo in padella, ce qui signifie morceaux de poulet cuits avec sel, poivre, ail, marjolaine, vin et tomates, lesdits morceaux entourés d'artichauts très petits et tendres frits à grande friture, le tout dégusté dans la solitude à cinq heures de l'après-midi au buffet de la gare Roma Termini en attendant le départ du train pour Paris et pour passer le temps tout en lisant un livre sur le cosmos, avec accompagnement d'une bouteille de Frascati expédiée en un rien de temps sous les regards admiratifs de mes chers cousins ! Et pour finir, deux petites escalopes de veau sautées au beurre, ce qui est contraire à notre sainte religion mais excellent, et recouvertes d'une feuille de sauge maintenue par une brochette en bois !

« L'omelette norvégienne de tout à l'heure fut vraiment délicieuse, fondée sur la cohabitation de deux principes opposés, savoir le froid et le chaud ! Écoutez l'omelette norvégienne ! Au centre, glaces de divers arômes charmants avec, en leur intérieur, surprises gracieuses, des bouts de meringue et des fruits confits, le tout recouvert de crème au chocolat brûlante ! Et par-dessus, des blancs d'œufs battus en neige, dorés au four et flambés au cognac ! Ah ! si vous aviez été là, chers bambins ! Mais enfin, l'omelette est restée dans la famille ! A propos de la basilique de Saint-Pierre, tout ce qu'on y prêche et chante est de notre invention d'il y a deux mille ans ! Mais aucune reconnaissance !

« Nous n'avons pu voir hélas le Président de la République, à cause d'un gendarme dépourvu de culture. J'envisage en représailles un départ pour l'Angleterre, patrie de Disraeli plus tard Lord Beaconsfield ayant donné l'empire des Indes à la reine Victoria qui l'aimait beaucoup, hum, hum ! Enfin, n'insistons pas ! Je voyagerai peut-être en première classe avec billet réel et payé ! Dans un grand élan ma pensée bondit vers vous ! Soyez toujours dignes de moi !

« Votre Père jusqu'à la Mort ! »

La lettre expédiée au bureau de poste de la rue de Provence, Mangeclous éprouva le besoin d'un contact immédiat avec ses chéris. Renseignements pris au guichet, un télégramme leur parviendrait dans deux heures. Cela en valait la peine ! Ainsi, dans deux heures, il pourrait se représenter Éliacin lisant, les joues baignées de larmes. Debout devant un rebord de fenêtre, son panama repoussé contre sa nuque et souriant à ses enfants, il rédigea le télégramme.

« Bambins de Mangeclous, Céphalonie, Grèce, adresse suffisante, tout le monde les connaissant ! Mes chéris, lettre affectueuse suit racontant omelette norvégienne et annonçant paquet mangeries ! Attention qu'on ne vous le chipe pas à la poste ! Pour me réconforter de votre absence je m'en vais chers enfants m'asseoir dans un Café de Luxe et me sustenter de diverses tasses de chocolat au lait ! Car quoi de plus consolant que des croissants bien gras trempés à fond dans du chocolat bien chaud bien mousseux et bien crémeux ! Le tout en souriant à mes trois oisillons ! Étreintes et amour paternel insensé ! Votre Père Adoré ! »

« Messieurs, nous sommes aujourd'hui le cinquième d'avril, dit Saltiel à ses cousins le lendemain matin. Or, notre rendez-vous avec mon neveu n'est hélas que pour le premier de juin. Que faire et où aller en attendant ? Je suis prêt à examiner vos propositions. — Je demande la parole, dit Mangeclous, et je la prends. Je propose que nous retournions à Rome ! Là, nous demanderons au pape de nous recevoir ! J'en ai entendu dire du bien et je serais heureux de faire sa connaissance. Une fois les gracieusetés protocolaires échangées, vous voudrez bien me laisser seul avec le souverain pontife que j'essaierai alors de convertir à notre religion par des paroles émouvantes. Si, comme je l'espère, j'y parviens, je suggérerai à Sa Sainteté d'ordonner à ses millions de fidèles de se convertir aussi ! Comme il parlera alors du haut de sa chaire, en tant que chef infaillible de l'Église universelle, ses ouailles ne pourront que lui obéir et du coup il y aura des centaines de millions d'Israélites et nous deviendrons la religion la plus importante du monde, avec Saint-Pierre de Rome comme synagogue centrale !

— Billevesées, dit Saltiel. J'oppose mon veto.

— Dommage de manquer un tel coup de maître, dit Mangeclous. Mais n'étant pas homme de contradiction, je retire ma proposition papale et je propose une tournée au Danemark, patrie des harengs fumés qui sont délicieux arrosés d'huile d'olive ! Mettons l'affaire en délibéré !

— Non, dit Saltiel. Nous ne sommes qu'au mois d'avril et Dieu sait quelle neige tombe en ce pays garni de phoques. Je propose Marseille. Il y fait chaud et nous pourrons y conforter nos membres au soleil. De plus, la synagogue y est belle, de rite noble et non polonais.

— Et puis il y a notre mer, la même qu'à Céphalonie, dit Salomon.

— D'accord ! cria Mangeclous. En avant vers l'antique Phocée, douce patrie de l'anchoïade ! En avant, et en grande joie embrassons-nous, cousins bien-aimés, chéris de mon grand cœur, embrassons-nous, car rien n'est meilleur que d'aimer ! De toute âme embrassons-nous avant ce départ délicieux vers la mer retentissante ! Oui, amis fieffés jusqu'à la fin des jours, avec grands baisers claquants embrassons-nous et réjouissons-nous d'être vivants et aimants et non encore sous terre, affreusement indifférents et refroidis ! A toi la première accolade, bon Saltiel ! s'écria-t-il, les larmes aux yeux et les bras grands ouverts.

De la neige, aujourd'hui. Tout à l'heure, avant qu'elle ne sorte, je lui ai recommandé de marcher prudemment, à cause du verglas. Par la fenêtre, de mon septième étage, je l'ai vue s'appliquant consciencieusement à m'obéir, attendrissante d'aller très lentement pour ne pas glisser, posant lourdement un pied après l'autre, précautionneusement allant comme une vieille, elle si jeune encore, marchant comme elle marchera dans trente ans.

Ainsi sera-t-elle dans trente ans, une vieille, ai-je pensé à ma fenêtre, la regardant et lui faisant signe lorsqu'elle se retournait, une vieille, ai-je pensé, et je l'ai chérie, douloureusement chérie de marcher aujourd'hui comme elle marchera dans trente ans. La gorge serrée, j'ai chéri cette soudaine vieille qui allait avec la pesanteur de l'âge, chéri cette vieille de trente ans plus tard que je ne verrai pas, car je ne serai plus là, car elle est jeune et je ne suis pas jeune.

Ce flot d'amour qui est monté avec les larmes, c'est parce que j'ai vu, lentement allant sur la route de neige, vu celle que je ne verrai pas, vu celle qui m'est interdite, vu ma vieille bien-aimée de plus tard, maladroitement allant, sur quelle route inconnue, en quelle ville ? Ce flot d'amour avec les larmes, c'est parce que j'ai su que je ne serai pas là pour aider celle qui sera vieille alors, pas là pour l'aider à marcher et lui prendre le bras afin qu'elle ne tombe pas, pas là pour être son soutien, dernier bonheur qui m'est interdit.

Que fera-t-elle alors sans moi, seule et vieille, ma bien-aimée, sans moi pour lui recommander de ne pas glisser sur le verglas, sans moi à la fenêtre pour la regarder partir et de la main la saluer et la chérir, sans moi pour la protéger ? Qui la protégera ? Que Dieu te protège, mon amour, ai-je murmuré, sans y croire.

XIX

« Kahn's and Bloch's Family Kosher Windsor and Tel Aviv Hotel for Jewish Ladies and Gentlemen, 7 Commercial Street, Londres, rue triste et sombre sans le moindre rayon de soleil et sans l'odeur charmante des jasmins qui est sucre parfumé ! Non, mon enfant, rien que de la fumée ! Quelle différence avec Céphalonie où les amandiers sont en fleur en février déjà ! Quatorzième jour du mois de Nissan de l'année 5695 de la Création du Monde ! Et quatorzième jour également du mois d'avril de l'année civile 1935 ! Correspondance et rencontre des quantièmes étant de bon augure ! Du moins espérons-le !

« Saltiel des Solal à son honoré neveu Solal des Solal, Chef censément en second seulement de la Société des Nations mais y commandant tout en réalité ! Actuellement en l'Hôtel Supérieur de Grand Luxe Plaza-Athénée, Paris, Ville Lumière, qu'elle croisse en Importance et Prospérité, Amen !

« Cher enfant et trésor des yeux !

« C'est avec une extrême Dilatation du Cœur que je reçus à Bruxelles ta lettre tendre et adressée de Paris par retour du courrier à la Poste Restante de Bruxelles ainsi que je t'en priais dans ma lettre envoyée de Paris à

Genève d'où tu me dis qu'étant absent on te l'expédia aussitôt à Paris ! Dire que tu étais à Paris alors que j'y étais aussi ! Et je ne le savais pas ! Louange à toi de m'avoir répondu si vite à Bruxelles où d'avance à Paris déjà je savais que nous irions car j'avais mon Plan Secret d'Examen des usages et habitudes belges ! Mais d'abord nous sommes allés à Marseille où nous ne sommes restés que quelques heures par suite d'un grand Vent Mistral Glacé, véritable Père des Pneumonies qui nous terrorisa ! Et en avant tous les cinq pour Bruxelles où nous ne sommes pas restés longtemps non plus ! Cette ville n'étant pas très intéressante ! Quelle idée de mettre la statue d'un Enfant Incirconcis accomplissant sans arrêt un Besoin dont il ne convient pas de parler ! Et d'ailleurs selon notre grand sage Maïmonide béni soit-il, certaines nécessités naturelles doivent être satisfaites avec honte et en grand secret ! Ah, mon fils, lorsque à Bruxelles j'appris soudain par la lecture de ta ravissante lettre que tu étais à Paris si près de moi j'eus une terrible envie de venir te considérer et contempler ! Mais ensuite par appréhension de te déranger je me raisonnai longuement par divers arguments, discutant fort avec moi-même et concluant par le renoncement et la patience ! Il a dit premier de juin pour la réunion des cœurs, eh bien premier de juin que ce soit et non avant ! Ainsi m'écriai-je en ma sagesse revenue !

« Notre meilleur souvenir de Bruxelles est une représentation voyageuse de la Comédie-Française où nous sommes allés Mangeclous, Salomon et moi en souliers vernis et fracs de cérémonie loués au beau-frère en secondes noces du charmant Bedeau de la synagogue de Bruxelles pour faire honneur au Premier Théâtre National de France appelé aussi Maison de

Molière ! Théâtre fondé par Louis XIV, te rends-tu compte ? Mais enfin tu le savais déjà sûrement ! Malheureusement il ne restait plus de places que tout en haut avec la plèbe ! Ce qui fait que tous ces stupides nous regardaient ! Mais peu importe, nous avons fait notre devoir de citoyens français ! Mattathias n'a pas voulu venir par Économie ! Quant à Michaël, tu le connais ! Il était occupé ailleurs, comme il dit ! La pièce était nommée Horace, de Corneille le père de la Tragédie française, né à Rouen ! Pièce sublime naturellement, langage choisi ! Mais ce que je ne digère pas c'est que lorsqu'on demande au vieux père Que vouliez-vous qu'il fît contre trois ? ce tigre véritable répond tout tranquillement Qu'il mourût ! Honte à toi, homme sans entrailles ! Te rends-tu compte quelles gens, ces Romains ? Jamais un père en Israël ne dirait pareille abomination ! Au contraire, il dirait Bravo ! Mon chéri a bien fait de filer ! L'important c'est qu'il vive cent ans et bons ! J'ai par contre beaucoup aimé les imprécations de la Camille ! Elle leur en a dit aux Romains ! Je l'ai beaucoup applaudie ! Imagine-toi que nous avons retrouvé la Comédie-Française à Londres ! Nous sommes allés voir jouer une pièce de Racine ! Phèdre ! Une dévergondée ! Honte à toi, vilaine !

« Comme tu vois, nous sommes maintenant en Angleterre pour nous divertir et augmenter nos Connaissances par l'Observation des mœurs et coutumes de la patrie de Lord Beaconsfield ! A sa place j'aurais préféré demander fièrement qu'on me dise Lord Disraeli, quel plus beau titre ! Coupable penchant de certains de nos coreligionnaires de renoncer à leurs beaux noms israélites ! Avoir honte d'appartenir au peuple élu et s'en cacher, te rends-tu compte ? Quels insensés ! Il m'est revenu qu'un Levi écrivain à Paris a fait changer son superbe nom très ancien en Ivel ! Qu'il crève ! Merci de l'affectueux Tchèque de 100 000 (cent mille en toutes lettres) francs belges, mais quel besoin mon fils de nous envoyer cette richesse supplémentaire ? Avec ce que tu nous envoyas à Céphalonie, c'était bien suffisant ! Je n'ai donc pas encaissé l'aimable Tchèque et je te le rendrai lors du revoir délicieux, qu'il vienne bientôt et en bonne santé pour tous Amen ! Mais tu ne m'expliques pas la raison de ton séjour à Paris et pourquoi quitter Genève, noble ville de Suisse, qu'elle croisse également comme ci-dessus indiqué pour Paris ! Je pense que c'est pour des Conversations Politiques de Grande Portée ! Enfin tu me raconteras lors dudit revoir ! Je me suis renseigné aussitôt sur l'importance de l'Hôtel Plaza-Athénée dans un des magasins de Lord Cook and Co et un employé d'une blondeur étonnante mais parlant français m'a affirmé que c'est un hôtel excellent mais très cher, l'imbécile croyant que c'était pour moi ! Tant mieux que ce soit un hôtel très cher, tu le mérites ! Dépense et divertis-toi, mon enfant, car la vie n'a qu'un temps mais pas de nourriture à base de Porc s'il te plaît ! Remerciements anticipés ! Quand je retournerai à Paris, je me posterai longtemps devant l'Hôtel Plaza-Athénée afin de m'en adoucir les yeux et m'en rengorger la gorge !

« Cher enfant, le jour de Nissan avec la date de notre année a été indiqué pour la beauté de la chose et te rappeler que nous sommes un peuple d'antique noblesse ! Mais nous n'oublions certes pas, les cousins et moi, que nous sommes citoyens français depuis des siècles, Dieu merci, en tant qu'appartenant à la branche cadette des Solal, qui devrait en réalité être la branche aînée, mais ne remuons pas ce problème !

Bref, aussi fiers d'être français que d'être fils d'Israël !
Tu aurais dû voir avec quelle largeur de poitrine,
l'année dernière à Céphalonie, nous avons fêté la
sublime date du Quatorze Juillet ! Jour béni où nous
nous emparâmes de l'Odieuse Bastille et ouvrîmes la
porte à la Liberté, à l'Égalité et à la Fraternité ! Te
rends-tu compte de la beauté de cette devise et quelle
autre nation aurait été capable de l'inventer ? Aucune,
crois-moi ! La Bastille donc, d'accord qu'on la prenne
et qu'on libère les pauvres innocents emprisonnés !
Mais ensuite les révolutionnaires ont tout de même
trop guillotiné ! Et là, je ne suis plus d'accord avec
eux ! Qu'en dis-tu ? Toutes ces Charmantes Aristocrates guillotinées, mon cœur saigne ! Et le pauvre
Louis XVI si pacifique, un peu gros, d'accord, mais
quel besoin de lui couper la tête ? Il n'aurait pas fait de
mal à une mouche ! Tout ce qu'il voulait, c'était
s'amuser à faire de la serrurerie ! Moi je lui aurais dit :
Écoutez, mon cher Louis XVI, nous regrettons beaucoup, mais la monarchie, c'est fini ! On va vous acheter
un beau château, avec un grand atelier de serrurerie
dans la cave et vous aurez une rente mensuelle de 350
(trois cent cinquante) louis ! Et voilà, occupez-vous de
vos serrures, vivez dans la tranquillité avec votre chère
famille et on vous dira toujours Majesté pour ne pas
vous humilier ! Mais attention, maintenant c'est la
République et restez un peu tranquille, et pas d'intri-
gues avec Mirabeau ! Voilà la Révolution que j'aurais
faite, moi ! Pauvre Marie-Antoinette debout dans la
charrette et voyant de loin le couteau brillant de la
guillotine et pensant à son pauvre enfant le charmant
Dauphin, orphelin abandonné dans sa prison ! Ce n'est
pas permis, ces méchancetés ! Enfin, c'est passé, n'y
pensons plus !

« Moi, même Hitler je ne le guillotinerais pas ! En prison, oui, pour qu'il ne fasse plus le mal, et comme punition qu'il apprenne chaque jour par cœur une page de la Bible, un jour l'Ancien Testament et un jour le Nouveau Testament ! Par cœur ! Et si tu n'as pas bien appris et si tu récites mal, on te supprime le dîner ! Une page entière de la Bible, c'est peut-être trop parce que c'est imprimé très petit, disons trente lignes chaque jour ! L'infâme Goebbels aussi ! Et même cinquante lignes par jour parce qu'il est plus intelligent, le maudit !

« Cher enfant, ainsi donc venus d'Amsterdam par voie des nuages nous débarquâmes sains et saufs en Angleterre, grâce aux sommes énormes qui ont coulé de ta paume ! Description de Londres tout à l'heure mais d'abord une chose plus importante ! Si tu as besoin de quoi que ce soit, conseils ou présence en mes propres corps et visage, sache que tu n'as qu'à me télégraphier Saltiel Solal co, expression anglaise signifiant chez un tel, mais tu dois être au courant, co bedeau Synagogue Séphardite Londres, capitale anglaise ! Le télégramme au bedeau, avec qui j'ai lié amitié et qui est de caractère honorable, c'est afin que tu n'aies pas à dépenser pour l'adresse de mon hôtel qui te prendrait les trois quarts du télégramme, et à quoi bon ?

« Autre chose importante ! Si tu es dans un endroit chaud en hiver, garde-toi comme de la lèpre, mon fils, de sortir immédiatement dans le froid car c'est ainsi que s'attrapent les Rhumes pouvant se transformer en Bronchites ou même Pneumonies dont Dieu garde ! Non, l'homme sage et prudent, après s'être bien couvert, reste un instant dans un endroit tempéré, ni chaud ni froid, par exemple un couloir de maison, la

Porte de la Rue étant bien Fermée ! Au bout de cinq minutes, montre en main, tu sors ! Mais alors, en sortant, tu respires par le Nez contre lequel tu as appliqué une écharpe en laine douce pour que l'air passe à travers les fibres de la laine ! Donc tu respires par le Nez et non par la Bouche, l'air se réchauffant à travers le conduit nasal, température 37 (trente-sept) degrés alors que dehors il peut te faire de ces terribles degrés sous le zéro, l'air ainsi réchauffé par ledit conduit apportant une douce tiédeur sans danger dans tes poumons que Dieu les protège, Amen !

« Maintenant si tu ne crains pas le gaspillage de ta fortune par l'immensité de l'adresse tu peux aussi si tu préfères me télégraphier au Kahn's and Bloch's Family Kosher Windsor and Tel Aviv Hotel for Jewish Ladies and Gentlemen qui nous a été recommandé imagine-toi sur le bateau par un triste coreligionnaire roux qui se trouve être un parent de Colonimos ! Dieu est grand mais la terre est petite et les fils d'Israël sont plus nombreux que les sables du désert, mais il est bon qu'ils soient Dispersés car ils sont le sel de la terre ! Un peu de sel est délicieux, mais trop de sel emporte la langue !

« Description de Londres maintenant ! Après un débarbouillage rapide à notre arrivée, nous nous promenâmes et trouvâmes à notre goût cette immense capitale ! Mais imagine-toi que les véhicules appelés autobus ont la couleur de la viande saignante, abomination aimée des païens, et si tu te maries comme mon cœur le désire, recommande à ta délicieuse épouse de bien saler la viande et même de la laver avant de la cuire afin d'en ôter le sang qui pourrait y rester ! Ledit mariage étant bien entendu avec une des nôtres car avec elle tu peux parler de tout en confiance ! Elle est ta femme mais elle est aussi ta sœur et cela est de la plus grande importance ! N'oublie pas mes paroles et loge-les dans un coin choisi de ton cerveau, mon chéri, car étant d'âge tardif et ayant été à l'école de la vie, j'ai mordu profondément au tronc de l'arbre de la sagesse et de la connaissance ! Rouges aussi sont les boîtes de la poste et les manteaux des jeunes infirmières charmantes que Michaël regarde trop ! En général, les portes des maisons sont blanches avec des cuivres qu'ils frottent tous les jours pour les rendre brillants, perte de temps à mon avis ! Il y a beaucoup de couleurs dans ce pays, c'est peut-être pour remplacer le soleil. Par exemple, les gardiens des parcs ont des redingotes rouges, les jeunes filles ont des turbans de toutes les couleurs, les gâteaux sont jaunes et verts et fort mauvais. De plus, les vieilles femmes vont à bicyclette et en turbans de mille couleurs et toutes la cigarette à la bouche, imagine-toi ! Mais peu importe ! L'important, c'est que tu ne fumes pas trop et après tout je ne peux pas me préoccuper de la santé de toutes ces vieilles sorcières. Que Dieu les garde, moi je ne peux pas ! A propos, mon chéri, as-tu lu le Sermon sur la Montagne ? Très beau, très juste ! Mais notre Dieu est Un et Il n'a pas son pareil !

« En somme, la plus grande partie de notre séjour à Londres a été consacrée à la visite par l'extérieur des Clubs Conservateurs ! Devant chacun de ces Clubs Aristocratiques, nous nous sommes arrêtés longtemps dans la rue, désireux que nous étions de voir et observer les hommes politiques anglais bien vêtus, entrant et sortant, bref d'en faire quelque peu la connaissance ! A vrai dire, ces Aristocrates avaient l'air de n'importe qui, sauf qu'ils avaient chacun un parapluie malgré le beau temps et les dents en avant.

Ainsi donc pendant plusieurs jours nous avons circulé à pied du matin au soir à la recherche de ces clubs conservateurs dont Mangeclous s'était procuré les adresses, demandant notre chemin à d'aimables géants de la police, évitant toutefois le square Trafalgar qui nous rappelle un épisode douloureux à notre cœur français !

« J'oubliais de te dire que grâce à un subterfuge trop long à expliquer de ce démon de Mangeclous nous avons assisté à une séance de la Chambre des Communes, en longs imperméables et accompagnés par le bedeau séphardite qui connaît bien l'anglais et qui nous a traduit les débats moitié en français et moitié en espagnol et en hébreu qu'il prononce assez correctement. C'était la séance appelée Temps des Questions. Tous ces députés sont très polis. Par exemple, il y en a eu un blond pâle qui a demandé au Premier Ministre : Est-ce que le Très Honorable Gentleman se rend compte que sa politique nous conduit au désastre ? Et le Premier Ministre a répondu simplement : Non, pas à ma connaissance. Tout cela avec des sourires ! Ensuite le même blondinet a demandé : Le Très Honorable Gentleman pourrait-il nous expliquer les raisons de sa catastrophique décision ? Et le Premier Ministre avec fleur à la boutonnière a répondu avec courtoisie : Je n'en vois pas la nécessité. Et toujours les sourires ! Autre chose que nos disputes de la Ruelle d'Or ! Une chose qui m'a étonné, vu la bonne éducation de tous ces grands hommes politiques anglais, c'est que Son Excellence le Premier Ministre a allongé ses pieds sur une table, d'autant plus étonné que sur cette table il y avait une sorte de grand sceptre représentant le roi ! Mais enfin tant pis, le Premier Ministre devait être sans doute très fatigué, ce qui est bien compréhensible avec tous les soucis qu'il a. Ce qui m'a beaucoup plu par contre c'est que chaque fois qu'un député entrait ou sortait, eh bien imagine-toi qu'au moment de franchir le seuil il s'inclinait devant l'imposant Speaker en robe et perruque, à chaque entrée et à chaque sortie ! Après cela, qu'on ose me dire du mal de l'Angleterre ! Que veux-tu, moi j'adore le respect, les belles manières ! Les députés français devraient imiter les députés anglais et s'incliner aussi, à chaque entrée et sortie, devant le Président de la Chambre des Députés ! C'est ce que j'ai suggéré à ce dernier par lettre recommandée, mais je n'ai pas encore reçu sa réponse. Mais peut-être que ces courbettes chaque fois feraient rire les députés français. Quoi te dire d'autre ? Rien, sauf que tous les députés anglais bégayent. C'est peut-être la règle à la Chambre des Communes. Le Speaker m'a beaucoup plu par sa parfaite correction ! On sent l'homme bien élevé et de toute confiance ! Voilà, je t'ai dit mes impressions sur Londres.

« Comme nous commençons à nous ennuyer, nous avons décidé d'aller faire un petit tour en Écosse pour voir s'il est exact que les hommes de cette contrée s'habillent en femmes. Le pauvre Mangeclous ne pourra pas nous accompagner car il a une Sciatique Soudaine et Terrible et il fait des Grimaces, lançant Mille Reproches à l'Éternel ! Un vrai franc-maçon ! Nous lui avons déclaré que nous renoncerions volontiers à l'Écosse pour rester auprès de lui, le Soigner et l'Apaiser par des Discours Consolants ! Mais il nous a suppliés de ne point nous sacrifier et même il a fait serment de répudier sa Rébecca si nous renonçons à notre Expédition Écossaise ! Que veux-tu, nous ne pouvons pas prendre la responsabilité de faire de la pauvre Rébecca une Divorcée Honteuse ! Bref, nous nous sommes inclinés et nous allons partir dans une heure, ce qui t'expliquera la brièveté de cette lettre et le manque de tournures élégantes. Mais je t'enverrai mes Observations sur l'Écosse et la question des Vêtements Féminins des Hommes. Naturellement nous voyagerons en 3e classe, car quel besoin de wagon-lit ? Assis et souriants, nous deviserons agréablement ! Pauvre reine Marie d'Écosse, mise à mort par l'infâme reine Élisabeth, une vraie mégère jalouse de la beauté de sa Cousine qui parlait le français à la Perfection ! Aussitôt arrivés en Écosse, je demanderai le lieu de la sépulture de la charmante Marie pour déposer l'hommage de quelques violettes parfumées. Pas un homme n'a voulu épouser la mégère Élisabeth ! Bien fait ! Et qu'elle crève !

« Avec les bénédictions d'usage et salutations de bon ton, je suis, mon cher enfant, ton oncle maternel et dévoué jusqu'à l'heure de ma mort, le plus tard possible, s'il plaît à Celui qui donna longue vie aux Patriarches !

« Saltiel des Solal !

« Psst ! N'oublie pas la recommandation de respirer par le Nez et aussi de regarder des deux côtés de la rue avant de traverser ! Et s'ils t'apportent du Porc, refuse et qu'ils aillent au diable ! Qui paie commande ! Du Poulet ou du Veau à la place, enfin une nourriture humaine ! Une pensée vient de traverser mon cerveau comme l'éclair dans la nature sereine ! Est-ce que la Sciatique de Mangeclous serait fausse et contrefaite ? Il grimace Un Peu Trop ! Ce diable préparerait-il Quelque Plan Secret et voudrait-il nous éloigner pour Quelque Combinaison dont il retirerait Profits et Honneurs Exclusifs ? Quand j'aurai fini cette lettre je l'Observerai d'un Œil Aigu ! Enfin, je te tiendrai au courant ! Bien se couvrir mais en cas de Transpiration changer immédiatement de Linge ! Quel monstre, ce Hitler ! Je lui ai écrit plusieurs fois pour le raisonner, lui expliquer qu'il mourra bientôt ! Comme nous tous ! Alors pourquoi toute cette méchanceté ? N'est-il pas mieux d'être aimable et souriant ?

« Ledit !

« Un autre Psst ! J'ai oublié de te dire le Principal ! Sache que demain quinzième jour de Nissan sera le premier soir de notre chère Pâque ! En commémoration de notre Sortie du pays d'Égypte où nous fûmes esclaves de Pharaon ! Mais l'Éternel notre Dieu nous en délivra par Sa main puissante et Son bras étendu ! En conséquence je te conjure, mon fils, de célébrer pieusement notre Antique Fête par le pain sans levain, les herbes amères et les cantiques d'allégresse ! Et ainsi tu te sentiras remué jusqu'au plus profond de ton cœur ! Les Rothschild de Paris se feraient certainement un plaisir de t'inviter à la sainte cérémonie ! Cette année esclaves en terre étrangère, l'an prochain peuple libre à Jérusalem ! Ainsi nous écrierons-nous tous, comme il est prescrit ! De plus, il m'est revenu que la fille cadette des Rothschild, âgé de vingt et un ans et non encore mariée, est un bijou de charme et de vertu ! Il n'est pas bon que l'homme soit seul, a dit l'Éternel dans le chapitre deuxième de la Genèse, et c'est pourquoi Il a créé la femme pour donner à l'homme une aide semblable à l'homme ! Alors en voyant arriver Ève toute timide et agréable Adam s'est écrié Voici cette fois celle qui est os de mes os et chair de ma chair ! Enfin, que Dieu t'inspire ! Quant à nous, dès notre arrivée à Glasgow demain matin nous irons présenter nos respects au Grand Rabbin et lorsqu'il apprendra que je suis ton oncle il s'empressera de nous convier à sa table pour le soir même, auguste premier soir de notre Pâque ! Affaire sûre !

« Passons à un autre sujet ! Hier entre deux clubs conservateurs, nous sommes allés voir le Dr Weizmann, chef du Sionisme, et il nous a reçus ! Nous lui avons baisé la manche ! Dommage qu'il prononce l'hébreu à la manière des Juifs polonais ! Ensuite il est parti pour l'Amérique ramasser quelques dollars. Tu verras quand nous aurons notre État Juif, quelle beauté ce sera ! Rien que de la justice ! Et quel enthousiasme, quel dévouement, quel courage ! A propos, imagine-toi que l'autre jour Mangeclous m'a dit en se tenant la barbe d'un air de compétence que dans cet État Juif il n'y aurait bientôt plus de Juifs à force d'être heureux et normaux ! Car d'après lui le bonheur rend stupide et sans génie de cœur ! A quoi je lui ai répliqué que le destin de notre peuple étant d'avoir des Tribulations, Traverses et Malencontres de génération en génération, nous en aurons sûrement aussi dans notre État Juif, et par conséquent tout ira bien, sans danger de bonheur ni péril de sécurité, et ne te fais pas de soucis, cher Mangeclous, nous resterons Juifs même en terre d'Israël, et sache que si l'Éternel nous favorise de désagréments et d'ennemis deux ou trois fois par siècle, c'est justement pour nous maintenir en bonne forme israélite ! Ainsi lui ai-je dit ! Qu'en penses-tu, mon fils ? Mais où ai-je la tête ? J'oubliais de te dire que nous sommes allés dans un théâtre voir une pièce de Shakespeare, célèbre écrivain anglais, Prince des Auteurs Dramatiques de tous les temps ! La pièce était nommée Hamlet, et l'acteur te ressemblait, ce qui m'a fait verser quelques larmes, mais il était moins beau naturellement ! En te souhaitant la paix de l'âme, je suis, cher enfant et prunelle des yeux,

« Derechef, Ledit !

« Un dernier Psst ! Que veux-tu, mon chéri, quand je suis avec toi je ne peux pas te quitter et je ne résiste pas au charme d'une douce conversation avec le neveu de mon cœur, n'ayant pas eu le privilège de paternité légale car fidèle au souvenir de la tendre fiancée qui me fut hélas enlevée par une cruelle maladie à l'Age Poétique de Dix-Huit Ans j'ai fermé les yeux devant toutes propositions matrimoniales qui me furent faites en assez grand nombre, car je n'étais pas désagréable d'apparence en mon jeune âge ! Mais quels fous, les vieux qui épousent des jeunettes et qui s'en croient aimés ! Crois-tu qu'une jeune dame pourrait tomber amoureuse de moi tel que je suis maintenant, avec la tête que j'ai et les jambes que j'ai ? Non, elle pousserait un cri d'horreur et grande raison elle aurait !

« Une chose qui me plaît en Louis XIV, surnommé le Roi-Soleil, quoique je sois assez républicain, c'est qu'il ôtait son chapeau à plumes lorsqu'il passait devant une servante ! Quant à Napoléon, à vrai dire je ne sais trop qu'en penser ! Qu'en penses-tu, toi ? D'un côté, il me plaît, mais d'un autre côté, il a fait mourir beaucoup trop d'hommes ! La retraite de Russie ! Et puis complètement privé de bon sens ! Il est vaincu en 1814, et on a la gentillesse de le faire roi de l'Ile d'Elbe ! Roi, te rends-tu compte, avec une couronne ! Au lieu de rester bien tranquille dans son royaume, car enfin c'est tout de même quelque chose d'être roi et qu'on t'appelle Votre Majesté ! Mais non, cela ne suffit pas à monsieur ! Monsieur veut être Empereur de nouveau et il retourne en France ! Alors Waterloo naturellement ! Alors les Anglais en ont eu assez et je ne puis leur donner tort ! Ah ! tu n'as pas voulu être roi ? Très bien, prisonnier à Sainte-Hélène maintenant ! Je te garantis, mon cher, que si à moi on me proposait d'être roi de l'Ile d'Elbe je me tiendrais bien tranquille, assis sur mon trône avec mon sceptre et toutes les génuflexions des ministres, et je n'en demanderais pas plus, et je ne ferais pas l'imprudence de vouloir être Empereur ! Mais à la vérité, aucun chef de peuples n'arrive à la cheville de notre maître Moïse, loué soit-Il jusqu'à la fin des temps ! Que dis-je, à sa cheville, même pas à la partie inférieure de son talon ! Est-ce que Napoléon a inventé les Dix Commandements ? Est-ce que Louis XIV a vu Dieu face à face ? Donc !

« A propos du Nez et de sa chaleur intime dont je devisais au début de la Présente, te rends-tu compte de la sollicitude de l'Éternel, Créateur du Ciel et de la Terre ? Comme c'est beau qu'Il ait pensé à arranger en Sa bonté que nous ayons juste cette douce chaleur de 37 (trente-sept) degrés dans notre Organisme ! Jamais plus, jamais moins ! Et il y a des inconsidérés qui nient Son existence ! Donc, mon chéri, ma demande courtoise est que de temps en temps tu ailles un peu à la synagogue ! Ils ont mis un peu trop de lumières électriques dans cette synagogue de Genève, je sais, mais peu importe, c'est la Maison de l'Éternel ! A la synagogue séphardite de Londres ils ont mis encore bien plus de lumières électriques féroces, j'en ai eu le cœur serré, on dirait un de ces magasins de luxe où l'on sert des boissons modernes et glacées à base de lait. Quel dommage, et combien j'aime les chandelles et la lampe à huile d'olive de notre chère synagogue de Céphalonie où l'Éternel est tellement près de nous dans les ombres !

« Mon cher enfant, Dieu, quelle merveille ! Weatah

marom lé'olam Adonaï! J'ai écrit cette phrase en caractères profanes au cas où tu aurais un peu oublié ton hébreu, la signification étant et Toi, Seigneur, Tu es éternellement sublime! Ce qui est bien vrai! Quelquefois je m'arrête dans la rue et je frémis et je tape fort du talon parce que je me rends compte tout à coup combien Il est sublime! De joie et de vérité je tape du talon comme un âne sauvage! Que veux-tu, si j'étais grand Écrivain ou grand Musicien je composerais un hymne à notre Dieu, mais n'étant que le pauvre Saltiel je tape du talon! Pour Lui dire mon enthousiasme de Sa Grandeur et de Sa Bonté! Maintenant, si tu n'as pas le temps d'aller à la synagogue, au moins une petite pensée vers notre Dieu le soir avant de te coucher! Sache que c'est le plus grand cadeau que tu puisses me faire! Pour t'y engager je t'ai acheté à Amsterdam, ville où tous les habitants sont gras, une Bible hébraïque de grande ancienneté que je te remettrai à ma prochaine bénédiction en os et en chair tremblante par l'âge! Outre que les Hollandais sont tous gras, ils parlent un langage terrible qui est comme une suite d'arêtes de poisson entrées dans la gorge et vite ils doivent les cracher avec d'horribles bruits afin d'en débarrasser le tuyau de respiration! Mais la langue française, quelle beauté! J'en suis fier et j'en ai le droit, les Solal Cadets étant français depuis des siècles, comme indiqué plus haut, tandis que les Solal Aînés, sans t'offenser, cher enfant, sont grecs de père en fils, sauf toi que la France a, Dieu soit loué, reçu en son sein généreux!

« A propos de Dieu, te rends-tu compte quelle puissance de bonté Il a d'aimer chaque homme en particulier, plus qu'un père, plus même qu'un oncle, un amour énorme pour chacun, même pour l'homme de rien Saltiel, ce qui est vraiment méritoire ! L'autre matin, me promenant dans un parc de Londres appelé Regent, je me suis arrêté pour écouter un petit oiseau sur une branche qui chantait de tout son cœur, un peu fou, tu sais, comme un artiste ! Ensuite il s'est arrêté pour lisser ses petites plumes d'un air de propriétaire, une plume après l'autre, et comme s'il faisait des petits points de couture ! Et alors, imagine-toi que tout à coup j'ai compris que Dieu aimait aussi en particulier ce petit brimborion, et tous les autres oiseaux du monde aussi, chacun en particulier, et chaque mouche en particulier, chaque insecte en particulier, chaque reptile en particulier ! Alors, enthousiasmé par cette grandeur de Dieu, j'ai tapé terriblement du talon, plus fort que jamais et longtemps ! Il fallait me voir ! Un âne en fureur ! Des dames se sont retournées pour m'observer ! Alors j'ai eu honte et je me suis arrêté de taper, en sifflant tout bas pour me donner une contenance ! Enfin, gloire à Dieu !

« Une honte moyenne me saisit tout à coup à la pensée que j'écris cette lettre un samedi, jour du saint Sabbat consacré au délassement et à la joie ! Mais avant de la commencer je me suis permis de rappeler à l'Éternel qu'il n'y a pas plus grand délassement ni plus éminente joie pour un Père Spirituel que d'écrire au fils de l'âme ! Je suis donc couvert ! Par contre, j'ai exigé des cousins de ne partir pour l'Écosse que par le train du soir, le Sabbat étant alors terminé dès l'apparition des trois premières étoiles dans le ciel et tout déplacement en conséquence permis ! Bref, en règle de tous les côtés ! Tout à l'heure Salomon m'a demandé de te dire ses respects et qu'il est ton serviteur passionné ! Textuel ! Un ange véritable, notre Salomon, obéissant, toujours content et me suivant partout ! Imagine-toi que chaque matin il embrasse son nouveau réveil acheté à Bruxelles, tellement il l'aime ! Et le soir, toutes ces bonnes nuits qu'il va crier plusieurs fois de suite à chacun de nous à travers la porte ! Bonne nuit, oncle Saltiel, dormez bien, faites de bons rêves, bonne nuit, dormez bien ! Et comme il est content si on va lui redire bonne nuit dans sa chambre quand il est couché dans son lit ! Et dire que s'il était en Allemagne, les méchants battraient un tel ange ! A propos de Bruxelles, j'ai harangué en pleine nuit sous un réverbère une jeune femme de mauvaises mœurs pour qu'elle change de vie, lui donnant sur le trottoir plusieurs arguments ! Hélas, tous mes efforts furent vains et même elle manqua de courtoisie à mon égard ! Mais je ne lui en ai pas voulu, les humains étant de pauvres enfants devenus grands qui doivent se tirer d'affaire dans le terrible combat pour la vie !

« Donc une prière même courte chaque soir, et merci d'avance ! De plus, tu devrais faire fixer le tube sacré des Dix Commandements à la porte de ton superbe appartement de l'Hôtel Ritz, ainsi que l'Éternel l'a prescrit ! Deutéronome, chapitre sixième, verset neuvième ! D'autre part, ne pourrais-tu pas être nommé à un grade un peu supérieur, car vois-tu, mon chéri, ce sous devant secrétaire général de la Société des Nations m'est une épine dans le foie ! Surtout depuis que j'ai vu le portrait de ton prétendu chef, cet Anglais au visage peu éveillé, excuse l'expression ! A propos l'adresse de MM. de Rothschild frères est 21 rue Laffitte ! Paris !

« Je m'arrête, cher enfant, car m'étant penché à la fenêtre qui est comme une guillotine, j'ai aperçu Salomon, Mattathias et Michaël qui m'attendent sur les piquants de l'impatience avec leurs bagages ficelés et passeports à la main devant l'automobile de location avec horloge des shillings qui doit nous conduire à la gare d'où nous nous embarquerons pour l'Écosse ! Le conducteur de cette automobile est aussi un coreligionnaire intègre et droit avec qui nous fîmes agréable conversation ce matin à la synagogue et chez qui nous mangeâmes ensuite une carpe farcie affreuse et froide ! Mais sa conversation est instructive, grand connaisseur du Talmud et même du Zohar quoique prononçant lui aussi l'hébreu à la manière défectueuse dont Dieu préserve ! de tous ces Juifs polonais de la froidure et des brouillards ! Quelle idée d'être Juif polonais alors qu'à Céphalonie il fait si bon sous les oliviers, tu entends le chant des cigales et la mer est devant toi toute calme et agréable, et tu dégustes gratis une orange qui te tombe de l'arbre et les raisins gros comme des prunes et le soleil qui sent la résine ! Mais que veux-tu, c'est tout de même un coreligionnaire et autant l'aider à gagner sa vie et de plus il nous a promis une réduction sur le prix de la course qui sera marqué à l'horloge comptante, mais va t'y reconnaître dans ces shillings ! Je prends ma valise et je cours car les cousins crient d'impatience et me maudissent par mes nom et prénom ! Éloigné soit le Malin ! A Dieu seul la louange et la gloire ! En toute hâte et la valise à la main, une dernière effusion !

« Du Même ! »

XX

Sur le trottoir, tout boitant et contorsionné, Mangeclous prit congé de ses chers cousins, les serra une dernière fois contre sa poitrine, leur souhaita bon voyage d'une voix rauque entrecoupée de sanglots. Ah, quel dommage, cette maudite sciatique qui le privait du bonheur de partir avec eux ! Ah, sort injuste ! Ah, qu'avait-il fait à Dieu pour être ainsi puni ? Mordant sa lèvre pour maîtriser sa douleur, il tamponna ses larmes avec un pan de sa redingote, puis ôta son haut-de-forme et salua largement les quatre Valeureux en partance qui, têtes penchées aux deux portières, agitèrent des mouchoirs roses et verts.

Lorsque le taxi eut disparu au tournant, le Bey des Menteurs ricana d'aise dans sa barbe fourchue et, toute sciatique disparue, exécuta une petite gigue en pleine rue. Il était enfin seul et libre de mettre à exécution son grand dessein, sans crainte des copieurs et des concurrents ! Tout en gravissant l'escalier du Windsor and Tel Aviv, il salua son indépendance en s'allégeant allégrement de quelques vents tenus en réserve. Oui, débarrassé des gêneurs et des envieux, libre de déployer son génie dans la solitude propice, il allait faire un bond vertigineux dans l'échelle sociale ! Tout en bas aujourd'hui, tout en haut demain ! Demain, intime de la famille royale ! Demain, l'égal des plus grands !

— A nous deux, messieurs de l'importance !

Mais avant de rédiger la lettre qui allait changer son destin, il décida d'accroître son pouvoir de cervelle par un dîner rapide et pratique. A cet effet, après avoir fermé à clef la porte de sa chambre, il coupa dans le sens de la longueur un pain d'un kilo. Dans l'interminable sandwich ainsi obtenu il introduisit un repas complet : à l'extrémité de droite, des filets de hareng, deux œufs durs et des olives dénoyautées ; au milieu, des boulettes aux tomates et à l'ail confectionnées en secret le matin sur un réchaud à pétrole emprunté avec des galanteries à sa voisine d'étage, une vieille dame Israelowich ; à la suite des boulettes, du fromage grec, dit cascaval, découvert chez un épicier de Soho ; enfin, à l'extrémité de gauche, de la confiture de roses et du nougat au sésame.

Cela fait, confortablement étendu dans son lit, il attaqua à longues dents ce sandwich universel. Le tenant des deux mains, à la manière d'une clarinette, il commença par les hors-d'œuvre, continua par le plat de résistance, poursuivit par le fromage et termina par le dessert, le tout dégusté avec remuements d'orteils et fredonnements joyeux. Restauré, il éructa, puis médita, puis se leva. Installé devant une petite table, il disposa ses achats clandestins, à savoir un flacon d'encre rouge, trois porte-plume et trente-six feuilles doubles, de format ministre.

— A nous deux, mon destin ! s'écria-t-il en s'armant d'un des porte-plume.

Oui, le monde allait enfin voir qui était un certain Mangeclous et de quoi il était capable ! Le tout était de savoir saisir l'occasion. Eh bien, elle était là maintenant et il n'en lâcherait pas la chevelure. L'heure était venue de donner sa mesure !

— Mon dix-huit Brumaire, murmura-t-il.

Après s'être coiffé d'un béret écossais à pompon et rubans, acheté à Petticoat Lane, il humecta de salive la plume neuve, la trempa dans l'encre distinguée qui ferait bon effet sur Sa Majesté, et commença la lettre qui allait enfin faire de lui l'homme qu'il méritait d'être.

« Samedi, le quatorzième d'avril de l'an mil neuf cent trente-cinq, par temps aigre et maussade, mais que faire ? A Sa Majesté la Reine d'Angleterre assise en son Magnifique Palais de Buckingham, Londres ! Strictement personnel, et intime en quelque sorte, mais en tout bien tout honneur !

« Chère et Ravissante Majesté, Reine d'Angleterre, Duchesse de Cornouailles, je crois, et bref tout ce que Vous êtes en plus au point de vue Titres et Honneurs, pour ne pas Vous froisser, c'est un humble ver céphalonien mais de nationalité française qui, rampant doucement, ose dresser sa tête vers Votre Élévation Étoilée ! »

Il s'arrêta, eut un fin sourire de coin. Pas mal, ce petit début, Sa Majesté serait charmée. Il lâcha un vent de louange à lui-même, cracha dans ses mains, se les frotta et continua son chef-d'œuvre.

XXI

Le lendemain dimanche, à trois heures de l'après-midi, la lettre enfin terminée après toute une nuit passée à l'écrire, Mangeclous ôta son béret écossais et se gratta le sillon crânien. Sur quoi, rencontrant une petite protubérance, il pâlit, transpira.

— Début d'un cancer du cerveau ? murmura-t-il.

Demander immédiatement à Kahn, à Bloch et au bedeau de la synagogue quel était le plus grand professeur de Londres, le plus cher, le plus spécialiste du cerveau ! Si les trois avis concordaient, consulter le professeur cette nuit même, à tout prix, lui proposer doubles honoraires payés comptant, et commencer le traitement aux rayons X ! Ne pas perdre une minute, arrêter la prolifération ! Non, tout de même, une radiographie d'abord ! Ou bien un encéphalogramme ? Non, une biopsie, c'était plus sûr ! O le tourment de l'attente du résultat ! Et les cousins qui étaient partis, ces égoïstes ! Seul dans l'immense Londres ! Personne pour le réconforter ! Le cabinet du spécialiste devait se trouver à Harley Street, la rue des médecins célèbres, des coûteux ! Lui téléphoner tout de suite, le réveiller et y courir sans tarder ! Lui expliquer qu'il s'agissait de la vie d'un homme ! Triples honoraires ! Une biopsie immédiatement ! Et le résultat dans la journée ! Il paierait les suppléments qu'il faudrait pour avoir priorité ! Une biopsie express ! Vite, une biopsie, car il n'y avait pas de vie future, pas d'au-delà ! Attendrir le professeur ! Lui parler des bambins ! S'agenouiller devant lui, les mains jointes et les joues sillonnées de larmes ! Mais s'il était absent de Londres, ce spécialiste ? Ces sans-cœur partaient tout le temps en vacances ! En ce cas, consulter son adjoint ! Mais non, l'adjoint était un ignorant, trop jeune, pas assez d'expérience ! Télégraphier au professeur, le faire revenir en avion à Londres ! Mais à quoi bon ? De toute façon, il était perdu ! Le traitement aux rayons n'était qu'un palliatif et la prolifération recommençait après un temps d'arrêt ! O les maudits imbéciles qui n'avaient pas encore trouvé le remède spécifique ! Faire lui-même des études sur le cancer ? Non, il n'aurait pas le temps et la mort le prendrait de vitesse !

— Du calme, tout n'est pas perdu, murmura-t-il, mouillé des pieds à la tête. Courage, tâchons de voir l'apparence de la tumeur. Il y en a qui ne sont pas malignes.

Devant le miroir emprunté à Salomon depuis une dizaine d'années, muni d'une loupe et les mains tremblantes, il osa examiner sa tumeur. Quelques secondes plus tard, il sourit jusqu'aux oreilles, leva des paumes de gratitude vers l'Éternel. Enthousiasmé de continuer à vivre, il se traita de trésor chéri, baisa ses grandes mains veineuses et poilues. Ce n'était qu'un furoncle, un amical furoncle, avec une chère petite pointe jaune, un mignon furoncle, témoignage d'échanges vitaux et de trop-plein d'intelligence ! Eh oui, les ardeurs du cerveau avaient un peu transpercé, et rien de plus ! Il pressa, aima la matière blanche qui sortit du tourbillon.

— O pus bien-aimé, ô vie revenue !

Pour fêter son retour à la santé, il disposa deux oreillers sur le vieux fauteuil de rotin, s'installa en milliardaire et se prépara à déguster sa lettre. Jambes croisées et pieds nus délicieusement à l'air, son gibus coquinement de côté, tout coquet et réjoui, caressant de temps à autre le reste de son furoncle, il déclama son chef-d'œuvre en grand acteur, avec des grâces de cour et des œillades à la reine, s'admirant à intervalles dans le miroir disposé à cet effet sur la table, non sans émettre de temps à autre, aux passages particulièrement réussis, de gracieux vents d'appréciation.

XXII

« Samedi, le quatorzième d'avril de l'an mil neuf cent trente-cinq, par temps aigre et maussade, mais que faire ? A Sa Majesté la Reine d'Angleterre assise en son Magnifique Palais de Buckingham, Londres ! Strictement personnel, et intime en quelque sorte, mais en tout bien tout honneur !

« Chère et Ravissante Majesté, Reine d'Angleterre, Duchesse de Cornouailles, je crois, et bref tout ce que Vous êtes en plus au point de vue Titres et Honneurs, pour ne pas Vous froisser, c'est un humble ver céphalonien mais de nationalité française qui, rampant doucement, ose dresser sa tête vers Votre Élévation Étoilée !

« A la vérité, j'aurais ou même j'eusse préféré obtenir immédiatement par téléphone l'autorisation d'accourir pour un entretien verbal entre quatre yeux, les deux qui m'appartiennent étant immédiatement charmés ! C'est pourquoi, enfermé hier dans une de ces grandes boîtes rouges et vitrées d'où l'on téléphone dans les rues moyennant petites monnaies introduites, j'ai eu l'honneur de composer le numéro de Votre Luxueux Palais ! Passez-moi Sa Majesté la Reine si je ne La dérange pas trop, ai-je demandé courtoisement, ajoutant même les mots S'il vous plaît ! Mais Votre employé m'a répondu en anglais, alors qu'il voyait bien que je lui parlais en français ! Quelle éducation ! Enfin, passons ! Pendant plusieurs minutes nous avons donc délibéré en langues différentes ! Je dois Vous avouer, Charmante, que je me suis un peu fâché et je crois même que dans un moment d'égarement, je l'ai traité d'imbécile ! Mais que voulez-Vous, ignorer la langue française, tout de même ! La langue française, Majesté, la langue diplomatique, allons, voyons ! Néanmoins, veuillez présenter mes excuses modérées à Votre employé, surtout s'il est Sir ou Lord !

« Mon téléphone était donc pour Vous demander une Petite Audience de quelques secondes pour traiter d'un Sujet de nature à Vous intéresser ! N'ayant pas réussi par le téléphone, je suis allé aussitôt après devant Votre Respectable Palais, vêtu comme il convient dans des circonstances mondaines, et à l'insu de mes cousins qui auraient naturellement voulu m'accompagner ! Si Vous les connaissiez, Vous me comprendriez ! Ils ne sont pas faciles à gouverner, allez, Majesté ! Votre Cher Époux a l'Angleterre, mais moi, j'ai mes quatre cousins, et de nous deux je crois bien que c'est moi qui ai la tâche la plus dure ! Soit dit sans Vous froisser et par manière de badinage ! Mais un de ces grands soldats immobiles et à ceinture blanche qui montent la garde devant Votre Résidence Majestueuse avec un drôle de Bonnet en Fourrure enfoncé jusqu'aux yeux a été fort peu aimable et je n'ai même pas pu lui parler et lui dire que je désirais Entrer et Vous Rendre Visite ! Imaginez-Vous, Chère Madame, que dès que je me suis approché il a relevé son menton muni d'une bride que nous autres Français appelons jugulaire et pour me chasser il a fait retentir le sol d'un bruit formidable avec ses énormes souliers comme s'il avait voulu écraser un Boa Venimeux !

« Ne sachant plus que faire, désespéré mais espérant, je Vous écris donc en mon humble chambrette et je confierai la présente à la poste et non à Votre sentinelle car vraiment je ne veux plus avoir de rapports avec Vos soldats, hauts de taille mais peu causeurs ! D'ailleurs, je suis antimilitariste, n'ayant été que caporal !

« J'espère que Votre Majesté ne m'en voudra pas de Lui écrire un quatorzième d'avril, jour où Louis XVI fut enfermé à la prison du Temple et accusé de trahison, date néfaste pour la monarchie française ! Entre rois on se soutient ! Mais soyez tranquille, Majesté, la monarchie anglaise peut dormir sur son oreille préférée ! On ne lui fera jamais de révolution car elle est très bien élevée, toilettes pas tapageuses, vie de famille, enfin très convenable, tandis que, que voulez-Vous, Louis XV et ses favorites, les dépenses de Marie-Antoinette, le Trianon, la Princesse de Lamballe ! Évidemment, chez Vous il y a bien eu Charles Premier qui a eu un mauvais moment à passer mais je crois qu'au fond Votre Cher Mari n'est pas de la même famille, il y a eu par là un Cobourg et un Hanovre, si je ne fais erreur, enfin des Allemands ! Sans rancune, d'ailleurs ! A propos, si Vous avez un vieil exemplaire du Debrett, manuel de l'aristocratie comme Vous n'êtes pas sans le savoir, manuel dont Vous n'auriez plus l'usage, c'est avec gratitude que je l'accepterais ! Il enchanterait mes soirées solitaires d'hiver et ferait le bonheur de Bambin Aîné qui s'intéresse aussi beaucoup à ces questions de bon goût ! Pour en revenir au Cobourg et au Hanovre qui sont venus s'introduire quelque part dans la monarchie anglaise, je serais charmé, au cours d'un premier entretien de prise de contact, d'avoir quelques détails sur Votre Noble Hérédité ! Qui mieux que Votre Majesté pourrait me renseigner ? Ces généalogies aristocratiques m'intéressent vivement d'un point de vue philosophique ! Les jambes croisées, nous pourrons en discuter mondainement autour d'une tasse de thé puisque tel est l'usage en Angleterre quoique pour tout dire et excusez mon aveu ! je préfère un verre de vin résiné accompagné d'un cou d'oie farci sentant bon l'oignon frit, ou encore de quelques tranches de Langue Fumée, surtout la partie épaisse qui est bien grasse ! Chacun ses goûts, Majesté, et naturellement Vous me traiterez comme il Vous plaira ! Trop heureux d'être reçu par Votre Majesté, je me contenterai de n'importe quel mets !

« Par cette transition dont l'habileté n'aura pas échappé à Votre Regard Malicieux, j'en viens, Chère Majesté, au but réel de cette lettre qui est de Vous dire avec tact mes méditations sur un sujet délicat, à savoir la cuisine anglaise ! J'avais pensé d'abord à écrire à Votre Compagnon Chéri, par la grâce de Dieu, Roi du Royaume-Uni de Grande-Bretagne et d'Irlande et ainsi de suite, mais je me suis dit qu'il était plus indiqué de m'adresser à Sa Charmante Compagne car la cuisine est de l'accorte compétence d'une Personne du Sexe Opposé ! Eh bien, Majesté, en un mot comme en cent, la cuisine anglaise est Horrible et Propre à Semer la Terreur ! Sauf Votre respect ! Au point que depuis quelques jours j'ai décidé de me cuisiner mes repas moi-même, grâce au prêt obligeant primo d'un réchaud par ma voisine à l'hôtel, une dame Israelowich dont les prénoms sont Patricia Iris, drôle d'idée vraiment, excusons-la, c'est dans l'espoir d'atténuer son nom de famille, laide comme un pou d'ailleurs, mais je l'ai un peu séduite par quelques batifolages, Vous savez comment est Votre Sexe ! et secundo de plusieurs casseroles par messieurs Kahn et Bloch, très gentils quoique s'intéressant au football ! Quel intérêt intellectuel, le football ? Lancer une balle, courir, les singes en font autant ! L'homme est fait pour dire des subtilités, discuter, réfuter avec gestes appropriés ! Qu'en pensez-Vous, Majesté ?

« Mais d'abord commençons par les compliments ! J'apprécie Certains Aspects de la Cuisine Anglaise ! Quoi de plus ravissant qu'un Breakfast Anglais, poissons fumés de diverses sortes, soit les jaunes bouillis avec du beurre fondu par-dessus, soit les bronzés tout plats et entrouverts qu'on fait griller et qui sentent si bon ! Et puis voici qu'arrivent les Chers Œufs Frits avec Délicieux Bacon savouré en cachette de mes cousins rétrogrades ! Je Vous assure que si Moïse avait goûté de Vos Œufs au Bacon il aurait changé d'avis sur le Porc ! Je me fie à Votre Discrétion d'Honneur, car il ne faudrait tout de même pas qu'à Céphalonie on apprenne mes innocentes transgressions ! Donc le passage ci-dessus sur le Bacon est Strictement Confidentiel et pour Votre Information Personnelle ! Compliments aussi sur Votre Marmelade d'Oranges, Vos Biscuits Huntley and Palmers, surtout ceux au Gingembre !

« Ces hommages rendus sincèrement quoique avec un Brin de Diplomatie, je ne crains pas de dire courageusement et avec grimace appropriée que, sauf les exceptions susnommées, la cuisine anglaise est indigne de la patrie de Shakespeare ! Cartes sur table, Madame, le pays qui fait de si bons breakfasts se déshonore par le reste de sa cuisine !

« Pour l'amour du ciel, Majesté ! Dans Vos restaurants, j'ai assisté à des épisodes effrayants ! Par exemple, le jour de mon arrivée, on m'a servi un poisson frit, je répète frit, avec comme accompagnement des choux bouillis, je répète bouillis ! Trop bouillis d'ailleurs et sinistres au coin de l'assiette d'où coulait leur eau déshonorante dans laquelle trempait le pauvre poisson profané, perdant de ce fait le croustillant qui fait le charme de la friture ! Avale cela, mon ami, et débrouille-toi ! D'ailleurs le bedeau de la synagogue séphardite, qui partage mes sentiments, m'a dit qu'en Angleterre les légumes n'ont pas de noms particuliers et que Vos compatriotes les appellent simplement des verts ! Le mot en Votre langue étant greens ! Des verts ! La couleur leur suffit ! Le goût leur importe peu ! Alors voilà, ils commandent de la viande et des verts, du poisson et des verts ! Et des verts toujours bouillis !

« Et ce n'est pas tout ! Autre exemple, écoutez ! L'autre jour, au restaurant appelé Lyons, mon voisin, un homme à l'air honnête pourtant, mangeait des spaghettis sur toast ! tandis qu'à côté de lui une jeune fille aux grands yeux bleus se délectait de flageolets sur toast ! Dans les deux cas, farineux sur farineux ! Démence ! En ce cas, pourquoi pas un toast sur toast alors, je Vous le demande en toute franchise, Majesté ? Et comme boisson, l'homme à la tête honnête but avec ses spaghettis une limonade gazeuse ! Parole d'honneur, Madame, et que je perde mes yeux si je mens !

« Et comme dessert, Madame, on m'apporta un petit cercueil de papier contenant une substance tremblante colorée en rouge, celle de mes voisins étant jaune, laquelle substance devait être de la gelée de pied de veau ou de la colle de poisson, bref de l'eau solide et tiède, surmontée d'une rondelle de banane, et comme goût, la saveur d'une potion contre la toux ! Et c'est ce que Vous appelez un dessert, Majesté ? Allons, voyons !

« Je ne suis que depuis peu de jours à Londres mais que n'ai-je pas vu ! Des pommes de terre bouillies et à peine écrasées avec un peu d'eau, dépourvues de beurre et de lait, et ils osent appeler cette infamie du doux nom de purée ! Pardon, Majesté, mais l'indignation m'étouffe, et je parlerai la tête sur l'échafaud ! Et Vos omelettes sèches, se refusant à baver, Vous rendez-Vous compte, Chère Madame ? Et le mouton, ils le font bouillir, m'a assuré mon informateur de la synagogue en prêtant serment sur la tombe de sa mère ! Alors que le mouton au four ou à la broche avec son extérieur joliment croustillant, d'un brun foncé, est une merveille ! Et les salades anglaises, Madame ! Sans huile, sans vinaigre, assaisonnées à l'eau ! Ils mangent des feuilles, comme les lapins ! Et Votre bière tiède ! Et Votre pain avec une croûte molle et une mie sans trous ! Un pavé de coton pressé ! Une honte pour un grand pays ! Une gifle, cette cuisine, à la Chambre des Lords et à la glorieuse flotte anglaise qui nous sauva du pogrome ! Ah, si Vous les aviez vus, les antisémites de Céphalonie, comme ils se sont tenus modestes lorsque Vos fusiliers ont débarqué avec, en tête, de jeunes lieutenants avec une nuque rouge tellement bien lavée, tous fils de lords ! J'ajoute encore que j'ai appris, mes cheveux se soulevant autour de mon sillon, que Vous ne disposez en Angleterre que de deux sortes de soupes, l'une appelée épaisse et l'autre appelée claire ! Un point c'est tout ! Sans commentaires !

« Et Vos gâteaux qui font semblant d'être des gâteaux ! J'en ai acheté un par curiosité scientifique ! Sous une couche blanche qui n'est pas de la crème et qui n'est pas sucrée, peut-être est-ce de la bougie fondue ou du plâtre ou du bismuth secourable aux diarrhées, sous cette couche dure la dent étonnée du voyageur hardi rencontre du pain, du vrai pain dont je reconnais qu'il est humide et pourrait être doux !

« De guerre lasse, je cuisine donc mes repas moi-même grâce aux casseroles prêtées par mes aimables coreligionnaires, bien que le prix de la chambre soit trop élevé, messieurs Kahn et Bloch ! Ce dernier, courtier en mariages aussi, mais il n'y entend rien ! Manque de flair psychologique ! Une jeune fille lui ayant dit qu'elle ne voulait pas se marier, imaginez-Vous qu'il l'a crue !

« Maintenant, pour Vous faire venir un peu l'eau à la bouche je vais Vous décrire un de mes repas, non celui de ce soir qui fut expéditif, si grande était ma hâte de m'entretenir avec Votre Majesté, mais celui de midi ! Avec de la viande hachée, achetée de bon matin, j'ai confectionné des boulettes par l'adjonction de pain azyme finement pilé, d'œufs battus, de persil, de sel et d'une grande quantité de poivre ! D'autre part, j'ai composé une délicieuse sauce en faisant mijoter des piments forts, des oignons et des tomates ! Mais le triple secret est d'employer de l'huile d'olive, de faire mijoter au moins cinq heures à petit feu, et d'ajouter un peu de sucre ! Excellente recette que Vous pourriez essayer ! Sa Majesté le Roi s'en lécherait les doigts ! Naturellement, n'oubliez pas de saler et mettez aussi un peu d'origan !

« A propos, en achetant hier soir mes tomates à l'épicerie, j'ai constaté qu'une de Vos sujettes en pantalon masculin a demandé, avec sa cigarette allumée toujours à la bouche, une boite de spaghettis en conserve ! Textuel ! Des spaghettis tout cuits dans une boîte, ayant baigné dans leur jus depuis des années, en conséquence mous et antipathiques à la dent ! Comme s'il était difficile d'en faire cuire ! Quelle race vraiment ! Et dire que malgré tout elle a su fonder un empire !

« En conclusion, le mieux serait que je passe Vous voir en Votre Immense Palais, cent chambres au moins, je suppose ! Quelles complications pour l'entretien d'une pareille étendue ! Et entre nous et à voix basse quelles possibilités de coulage de la part du personnel subalterne ! Donc ouvrez l'œil, Majesté ! A vrai dire, pour bien surveiller, il Vous faudrait un Homme à l'œil de feu, au regard sévère et perçant, avec le titre de Chambellan ! Je connais Quelqu'un qui pourrait faire l'affaire. Rien ne lui échappe ! Nous en reparlerons !

« Je reprends mon exposé, la centaine de chambres m'en ayant fait perdre le câble ! Je disais donc que je serais heureux de passer Vous voir, Chère Madame, pour causer à cœur ouvert et voir ensemble les réformes en matière de cuisine anglaise ! et j'en profiterai, l'idée m'en vient à l'instant ! pour Vous entretenir d'une petite question dont Son Excellence le Président de la République Française a peut-être déjà parlé à Sa Majesté Votre Cher Mari, une petite décoration pour une Personne qui la mérite et désireuse d'être Sir dans les dernières années d'une vie qui fut féconde ! Certes, la recommandation du Président de la République est une bonne chose, mais une Haute et Gracieuse Intervention Féminine, avec sa Douceur Conjugale, ne serait pas à dédaigner ! Surtout le soir lorsque les Époux Royaux sont couchés ensemble dans leur Lit Historique ! A ce moment-là, une Épouse Avisée et Coquette obtient tout ce qu'Elle veut ! Nous pourrons aussi discuter de la nomination du Chambellan à l'œil de Lynx qui pourrait défendre Vos intérêts et je Vous prie de croire que Vos domestiques se tiendraient dorénavant tranquilles, et fini leur petit jeu!

« Il y a un autre problème dont j'aimerais Vous entretenir poliment! Majesté, Vous avez dans Votre pays une prononciation dont Dieu garde! Vous ne prononcez jamais les lettres comme elles sont écrites, le a Vous le prononcez o, le o Vous le prononcez a, et ainsi de suite, et tout le temps c'est ainsi et va t'y reconnaître! Allons, Majesté, un peu de bon sens! Alors autant employer des caractères chinois, ce serait plus franc! Excusez ma catilinaire!

« Donc, j'attends Votre Chère Convocation! L'adresse étant Recteur Pinhas Solal, dit aussi Mangeclous! Donc au Kahn's and Bloch's Family Kosher Windsor and Tel Aviv Hotel for Jewish Ladies and Gentlemen, excellente maison que je puis recommander! Je ne bougerai pas de l'hôtel, ce qui fait qu'une Convocation Téléphonique par Votre Aimable Voix, ou celle d'un employé même subalterne mais parlant le français, me trouverait prêt à m'élancer vers Votre Trône en costume de cérémonie!

« Soyez tranquille, Majesté, je viendrai très bien habillé, gants aux mains et souliers aux pieds! Maintenant, si Vous préférez et si cela peut faciliter les choses, je pourrai venir en culottes de cour avec bas de soie, souliers à boucle d'argent et chapeau claque sous le bras, mais en ce cas indiquez-moi dans Votre Réponse l'adresse d'une Maison Spécialisée où je pourrai louer ces bagatelles mondaines à de bonnes conditions car pour cinq ou six visites seulement à Buckingham Palace cela ne vaudrait pas la peine d'acheter! J'ai dit cinq ou six visites parce que, sincèrement et sans compliment, j'espère bien que nos Rapports ne seront pas éphémères mais au contraire un peu Intimes et Prolongés par suite de Sympathie Réciproque ! J'ai d'autre part ajouté le mot seulement parce que, désireux de revoir mes trois oisillons vers lesquels mon cœur brame, je ne pourrai hélas rester longtemps à Londres, ce qui rend Notre Rencontre d'autant plus urgente ! J'ajoute que je viendrai seul Vous voir, mes chers cousins étant en Écosse ! Je me suis un peu débarrassé d'eux parce que je les connais ! et s'ils se trouvaient à Londres lorsque Votre Majestueuse Convocation arrivera, ils voudraient venir aussi pour en retirer de l'honneur ! Je leur ai donc dit avec sincérité beaucoup de bien de l'Écosse pour qu'ils y aillent et qu'ils ne nous ennuient pas, Vous et moi, avec leurs bavardages innombrables tandis que moi je sais me taire et écouter patiemment les Gazouillis d'une Dame ! Mais ils ont du bon tout de même, ce qui va être expliqué au paragraphe suivant afin d'aérer ma lettre !

« Imaginez-Vous qu'ayant lu les miracles accomplis en Palestine par nos vaillants coreligionnaires, je dis *nos* en pensant à mes cousins et à moi, pas à Vous naturellement, Majesté, nous avons décidé de remettre la moitié de nos avoirs à un Comité d'aide au Sionisme, le président étant Lord Rothschild qui doit Vous voir souvent à des raouts, telle étant la Force de l'Argent hélas ! Comme si je n'étais pas aussi digne que lui d'être reçu par des Monarques, fécond que je suis en Reparties ! Passons en soupirant ! Bref, moi aussi j'ai donné la moitié de mon modeste avoir ! Mais le plus beau, c'est que Mattathias, le Capitaine des Avares, versait des Torrents de Larmes en écoutant les merveilles de nos frères sionistes ! Et soudain il se lève, donc Mattathias, et il dit Moi je donnerai les quatre cinquièmes de mes liquidités domiciliées en Angleterre ! Et il l'a fait ! Ayant un compte à la Westminster Bank, excellente firme que je puis également Vous recommander, coffres-forts très épais et jeunes huissiers musclés, il a écrit sur-le-champ un chèque d'une Somme Formidable même pour Vous, Majesté ! Insondable mystère de l'âme humaine ! Alors, piqués au vif, mes autres cousins ont aussi donné les quatre cinquièmes de leurs avoirs ! Voyant une telle Somme tomber sur la tête crépue de Lord Rothschild, qui prononce l'hébreu d'une manière affreuse, je me suis empressé de reprendre mon don en ricanant, mais que voulez-Vous, mes bambins d'abord !

« Après quelque réflexion, je reprends la plume pour retirer l'expression injuste tête crépue, dans le genre fil de fer ondulé, car après tout Lord Rothschild est de mon peuple et il est Bienfaisant bien que cela ne le prive d'aucun Caviar ! mais que voulez-Vous, Chère Madame et Amie, je suis ainsi fait que quelquefois pour plaire et briller je ne puis résister à une saillie pittoresque, à un trait d'esprit imprévu ! Enflammé soudain d'amour et de respect pour l'héroïsme de nos pionniers en terre d'Israël, je viens de décider de restituer mon don au Comité de ce Rothschild injustement favorisé par le sort ! Ainsi donc, Vous voyez, Majesté, que je ne manque pas de générosité quoique râlant souvent de misère ! A propos, je me demande quel sera le montant des Appointements du Chambellan Surveilleur suggéré ! Suffisants, j'espère ! car il aura des frais de représentation pour garder son Rang et faire Bonne Figure !

« Si j'ai le plaisir de voir Votre Noble Extérieur, je pourrai Vous indiquer quelques recettes juives de Céphalonie ! Vous verrez la différence avec ce qu'on

Vous donne à Votre Palais ! Par exemple, un dessert délicieux, écoutez ! Vous mélangez la semoule de maïs, mais de la grosse, avec énormément de raisins de Corinthe ! Ensuite Vous mettez de l'eau chaude pour faire une pâte plutôt liquide ! Au fond d'un plat à four Vous versez la pâte et par-dessus un grand verre d'huile d'olive ! Vous couvrez la pâte avec beaucoup de grains de sésame ! Et allez, au four, et comporte-toi bien ! Au bout d'une demi-heure, Vous retirez du four, Vous saupoudrez de sucre et de cannelle en poudre et Vous mangez en me bénissant ! Mais attention, énormément de raisins de Corinthe, de manière qu'on voie seulement un peu du jaune du maïs et beaucoup du noir des raisins ! Bref, que Vous ayez l'impression de manger un plat de mouches cuites ! Vous verrez comme c'est bon !

« Maintenant, si Vous n'aimez pas les douceurs, Vous pouvez Vous préparer des pâtes à l'ail ! C'est un plat de mon invention que j'ai intitulé Délices du Roi Salomon ! Très simple, ouvrez Vos petites oreilles, bien ourlées sûrement ! Vous égouttez Vos gros macaronis cuits mais encore bien fermes à la dent, Vous les faites recuire à grand feu et en quelque sorte frire pendant trois minutes dans de l'huile d'olive ! Attention que l'huile bouillante ne Vous gicle pas dessus ! Cela fait, Vous saupoudrez Vos macaronis de mie de pain rassis que préalablement Vous aurez râpée et à laquelle Vous aurez incorporé une vingtaine de gousses d'ail pilées. Délicieux ! Faites-en goûter à Votre Cher Époux, Vous verrez comme il aimera !

« Maintenant il y a encore un plat exquis que nous faisons souvent à Céphalonie ! Écoutez, Majesté ! Vous achetez trois seins de vache, appelés également pis, des mamelles donc, sauf Votre Respect ! Demandez-les bien gros ! Une fois rentrée à Buckingham Palace, Vous faites griller Vos seins sur un bon feu de braise jusqu'à ce qu'ils prennent une couleur brune un peu foncée et qu'ils envoient à Vos narines charmées une délicate odeur de fromage cuit ! Alors, mangez Vos seins ou Vos pis tout de suite, bien chauds ! En avant ! De remplissage satisfait quand Vous aurez fini de les manger, Vous Vous mettrez les deux mains à plat contre Votre aristocratique estomac tellement Vous aurez trouvé bon ! Et Vous Vous exclamerez que c'était idéal !

« Naturellement, je peux soumettre d'autres recettes à Votre Enchanteresse Attention, certaines Vous faisant saliver d'avance ! Mais sans vouloir m'imposer, et seulement au cas où Vous voudriez Vous régaler de quelque chose de Vraiment Bon ! Le soussigné étant même prêt à confectionner les plats sous Votre Auguste Regard Intéressé !

« Naturellement, par bonne éducation et ne voulant pas me mêler de ce qui ne me regarde pas, je m'abstiendrai de tout commentaire sur la tenue à table de Vos sujets, tenue constatée par moi au restaurant ! Je ne dirai donc rien de cette manie contre nature de fermer la bouche en mangeant car alors comment peux-tu savourer et surtout comment parler et quel est le plaisir de manger sans parler ? ni de cette autre coutume de boire le potage sans nul petit bruit aimable, ce qui est funèbre, Vous avouerez ! Et jamais un coude sur la table pour mettre un peu d'amitié dans la conversation ! De vraies momies ! Mais enfin, chaque nation a ses mœurs !

« La Personne désireuse de la Petite Décoration faisant Sir accepterait la naturalisation anglaise si absolument nécessaire à condition de rester française

en même temps, ayant été caporal comme Napoléon !
Simple plaisanterie ! D'ailleurs sa famille est française
depuis le dix-huitième siècle ! En passant, Majesté, mettez donc un peu plus de policiers dans le parc dénommé
Hyde car j'ai constaté que la nuit il s'y passe des actes
sans vertu entre demoiselles et étudiants sous le
prétexte d'échanges de langues, sans allusion incorrecte, Majesté ! Jamais je ne me permettrais, Vous me
connaissez, Elizabeth ! Oh, pardon ! Excusez cet épanchement étourdi, révélateur de sentiments dissimulés !

« Avec néanmoins un clin d'œil malicieux et plaisant, et espérant recevoir une réponse immédiate à
mon honorée de ce jour, je termine en me proclamant,
Madame, de Votre Majesté le Serviteur Passionné se
roulant à terre pour baiser la trace de Vos Souliers
pointus dans la poussière !

« Pinhas Solal, dit Mangeclous !

« Post-scriptum et non Psst ! comme un certain
ignorant ! ainsi que je le fis remarquer récemment dans
ma lettre au Président de la République ! Par sympathie pour Votre Pays Natal j'écris la Présente en Béret
Écossais avec pompon au milieu et rubans tombant sur
la nuque ! Petite attention ! Je ne bougerai pas de
l'hôtel dans l'attente de Votre Chère Réponse ! Comme
je Vous l'ai dit, je suis seul sans mes cousins adroitement expédiés en Écosse, Votre Charmante Patrie où,
bambine aux adorables fossettes, Vous vîtes le jour,
Votre Important Père étant Comte ou Duc de quelque
chose, mais j'ai oublié le nom, excusez ! En tout cas, je
crois qu'il y a du Lion là-dedans et en conséquence
Nulle Mésalliance ! Votre Union n'ayant pas été Morganatique quoique Vous ne soyez que de Sang Ducal !
Si néanmoins Vous êtes de Sang Royal, veuillez m'en
informer ! Pour revenir à mes chers cousins, j'ai eu

recours à un Innocent Subterfuge ! une sciatique un peu simulée m'empêchant de bouger, la raison véritable étant mon Projet de Faire Connaissance avec Votre Majesté ! Que voulez-Vous, un peu de Diplomatie est parfois nécessaire dans la Lutte pour la Vie ! Right or wrong, my interest ! Car s'ils avaient été au courant de mon projet de Tea for Two en Votre Compagnie il n'y aurait rien eu à faire, ils auraient voulu à toute force m'accompagner lors de la Convocation car, quoique très affectueux, ils sont un peu envieux, et si on me fait un honneur, ils veulent leur part du gâteau ! Nature humaine, ton nom est faiblesse !

« Un petit supplément de bavardage ! Avant-hier soir nous sommes allés voir la pièce Phèdre ! Autre démangée du sexe, cette Phèdre ! Pire que l'enragée Karénine ! A son âge, cette vieille échauffée par le feu sous sa jupe, vouloir faire l'affaire habituelle de la femme et de l'homme avec le fils de son mari ! Ce n'est pas Vous, Aimable Créature, qui Vous amouracheriez de Votre beau-fils ! Ce Thésée, roi d'Athènes, Vous rendez-Vous compte quel imbécile d'avoir cru aux calomnies de la nourrice ! Manque de flair ! Vraiment il y a des rois qui ne sont pas forts de cervelle et ils ne méritent pas leur chance ! Moi, j'aurais deviné tout de suite, et divorce immédiat d'avec cette ordure de Phèdre ! Et pas de pension alimentaire ! Qu'elle crève ! A la fin du spectacle on a joué God Save the King et l'assistance s'est levée ! Moi très ému et j'ai beaucoup pensé à Votre Majesté, me forgeant mille espoirs ! Il fallait me voir au garde-à-vous, me sentant terriblement Anglais, les bras croisés et surveillant si tous étaient debout et lançant partout des regards sévères et de feu ! Avec un spasme d'indignation sur mes lèvres, j'ai fait sauter le chapeau de Mattathias qui ne se découvrait pas assez vite !

« L'autre jour, nous avons pu par l'effet de la Combinaison Ingénieuse de l'un de nous (devinez qui ?) pénétrer dans la Chambre des Communes, Mère des Parlements ! Excellente impression ! Dites-le de ma part au Premier Ministre, cela lui fera plaisir ! Hélas, nous n'avons pu rester jusqu'à la fin car un gardien plein de taches de rousseur s'est aperçu de la Combinaison ! Le soussigné ne bénéficiant pas encore d'une Certaine Charmante Protection, nous avons été un peu expulsés ! Peu importe ! Nous sommes héréditairement habitués ! A propos, à l'occasion, si cela ne dérange pas Votre Majesté, j'espère que Vous expliquerez à Votre Premier Ministre qui après tout n'est que Votre employé ! que le Foyer National Juif c'est une bêtise qui ne veut rien dire du tout ! Ce qu'il nous faut, chère Amie, c'est un État Complet, un État comme tout le monde, avec cuirassés, police, timbres-poste et passeports à fioritures compliquées, sans oublier les billets de banque ! A propos de billets de banque, imaginez-Vous qu'à ma sortie du régiment à Marseille, je fus engagé comme apprenti caissier dans une banque ! Étrange et douloureux métier consistant à toucher des billets de banque en grande quantité, sans jamais que tu puisses en profiter !

« Tant pis, je décide de jouer d'audace et faire feu des quatre pieds ! En un mot, cartes sur table ! La Personne friande d'une décoration anglaise, c'est le soussigné, Votre Chevalier Servant ! Sans plus tergiverser, je Vous en fais part humblement d'avance pour gagner du temps ! Ainsi Vous pourrez aller plus vite en besogne et j'espère que lorsque nous nous verrons Vous pourrez m'annoncer la bonne nouvelle de la Décoration qui par l'effet des initiales derrière mon nom me transformera en Sir Pinhas et ma grosse chérie en Lady Rebecca grâce à la Gracieuse Intervention Féminine dans le Lit à Baldaquin ! Saluez le Premier Ministre de ma part et dites-lui que j'ai beaucoup aimé son discours ! Entre nous, innocente flatterie pour qu'il pousse un peu la barque de ma Décoration auprès de Votre Époux bien-aimé ! Mais je compte surtout sur Vos Rapports Conjugaux ! Affaire réglée !

« Maintenant je brûle mes vaisseaux et, traversant à pied le Rubicon, je Vous confie aussi et dans le plus grand secret que la demande d'État israélite, c'est également pour des raisons personnelles ! Un patriotisme subjectif en quelque sorte ! Car voyez-Vous, chère, j'ai soif d'être Ministre ! Mais comment l'être sans État ? Il me faut donc un État ! Et Vous verrez les discours que je ferai ! Aussi bien que Votre Churchill je les ferai, mais sans défauts de prononciation ! Petite plaisanterie innocente ! Ou au moins être ambassadeur, quoique ce soit quelque peu subordonné car entre nous que fait un ambassadeur ? Il répète comme un perroquet ce que son ministre lui a dit de dire ! Et puis on en nomme un peu trop depuis quelque temps ! Si au moins on les nommait seulement ministres plénipotentiaires, ce qui d'ailleurs serait beaucoup trop pour eux, mais non ils veulent tous être ambassadeurs, ces petits prétentieux ! Ce qui dévalorise la fonction ! Trop d'ambassadeurs de petits États de rien du tout nouvellement créés ! Estonie, Lituanie, Lettonie, et que sais-je ! Tous sans éducation ni hérédités mondaines, anciens journalistes mal rasés ou vendeurs illettrés de bas de soie à la sauvette ou maigres représentants de commerce, ils se regardent dans la glace et ils n'en reviennent pas d'être appelés Excellence, mot dont ils ne savent même pas l'orthographe ! Et ils font les bien élevés et les charmants, eux qui se mettaient sans arrêt l'index chercheur dans le nez! Et naturellement, les ambassadeurs des vrais États sont à juste titre furieux de la concurrence déloyale de tous ces parvenus sans désinvolture, sans traditions élégantes!

« D'ailleurs, entre nous, s'il y a un État israélite, j'ai bien peur que tous ces Sionistes, nés dans des pays de froidure et ayant une prononciation épouvantable en hébreu! kosher au lieu de kasher et taliss au lieu de taleth, Vous rendez-Vous compte, Majesté! j'ai bien peur qu'ils ne me négligent car je suis des contrées du soleil et de la mer tiède, ô Méditerranée adorée! descendant des fiers Israélites d'Espagne, épée au côté, rose à la bouche et fines manières, et ils nommeront à ma place des Juifs russes ou polonais avec des nez dont Vous n'avez pas idée! Je retire, Madame, car je suis allé un peu fort en ce qui concerne les nez! Il est vrai que si par hasard j'étais nommé Sir cela les ferait enrager! Et de plus étant Sir Pinhas j'aurais alors un prestige tel qu'ils n'oseraient pas ne pas me nommer Ministre des Affaires Étrangères! Enfin nous en reparlerons!

« Réflexion faite après une heure de méditation avec promenade de long en large, le front lourd de pensées et pesant le pour et le contre, j'aime mieux être ambassadeur d'Israël plutôt que Ministre des Affaires Étrangères pour Diverses Raisons! Premièrement à cause du bicorne et j'espère qu'il y aura une épée! Mais je n'en suis pas sûr, ces Juifs russes et polonais étant hélas si démocratiques! Presque tous des socialistes, chère Amie! Deuxièmement, valise diplomatique, CD au derrière de mon automobile et respect des douaniers! Troisièmement, valet de chambre anglais portant monocle! C'est mon rêve depuis longtemps! Quatrièmement, présentation de mes lettres de créance, moi très simple et naturel lorsque je descendrai du carrosse et que les soldats me présenteront les armes aux sons de Hatikwah, notre cher hymne national, hélas un peu mélancolique ! Mais il y a de quoi ! Vous rendez-Vous compte, moi saluant avec des airs lassés, un peu dédaigneux ! Cinquièmement, chapeau gris perle aux courses de chevaux ! Sixièmement, à ma mort j'aurai droit aux honneurs militaires et au drapeau israélite bleu et blanc entourant mon cercueil ! Septièmement, dans la capitale étrangère je serai le premier des Juifs, tandis que Ministre des Affaires Étrangères à Tel Aviv je serai moins que le Premier Ministre qui ne me vaudra sûrement pas, soyez tranquille ! Huitièmement, parce qu'un ambassadeur fréquente des milieux mondains, recherché pour les grands dîners, toujours à la droite de la maîtresse de maison avec batifolages élégants, en un mot l'égal d'un cardinal, profession que j'ai toujours souhaité d'avoir ! Neuvièmement, à cause du titre d'Excellence ! Dixièmement, parce qu'une ville comme Paris ou Londres, c'est tout de même plus agréable que Tel Aviv, entre nous soit dit ! Onzièmement, le Ministre est obligé de discuter avec les députés du Parlement, mal habillés et sans éducation, tandis que l'Ambassadeur, rien que des marquises, des marivaudages, des remarques subtiles, du tact, des silences éloquents ! Bref, c'est peut-être moins puissant que ministre mais beaucoup plus distingué ! Je compte donc sur Votre Majesté pour la proclamation rapide de l'État israélite qui me permettra de papillonner en ambassadeur ! Et c'est pourquoi je suis furieux de cette prolifération d'ambassadeurs qui risque d'enlever du lustre à mes futures fonctions ! Je suis aussi fortement préoccupé par ces contacts directs toujours plus fréquents entre ministres des

Affaires étrangères ou entre chefs d'État ! Alors que me restera-t-il à faire ?

« La raison capitale de mon pressant besoin d'ambassade étant que je ne sais que trop, hélas, que dans ce bas monde tu es mesuré non à ta valeur de cœur et d'esprit mais à ta position sociale et à tes décorations, surtout si elles se portent au cou ! Sois un génie sans fonctions officielles et sans décorations et tu ne seras rien, mon cher, abandonné au coin de la vie ! Mais sois un imbécile comme n'importe quel ambassadeur et tu seras admiré, cajolé et plein d'amis !

« Naturellement, avertissez-moi à l'avance du jour où l'État israélite sera créé pour que je puisse immédiatement poser de bon matin ma Candidature parce que je les connais, ils voudront tous être ambassadeurs ! Il est donc indispensable que je sois le premier à réclamer le poste qui m'est dû ! Je Vous en supplie, Chère et Grande Amie, occupez-Vous vite de mon cas par la création de l'État israélite ! N'importe quelle grandeur de territoire me suffira, même seulement un village, pourvu qu'il puisse avoir des ambassadeurs ! Cent mètres carrés s'il le faut ! Vous voyez que je ne suis pas difficile !

« Amie précieuse, Vous ne pouvez pas Vous imaginer la Tristesse qui s'Empare de moi le soir avant de me coucher, plus Mélancolique qu'un Prostatique non encore opéré de son Adénome, lorsque je pense que je ne suis pas ambassadeur ! N'être rien qu'un homme de grande valeur est terrible ! Ah, être enfin entouré de flatteries, déclarer aux journalistes que les points de vue des deux pays se sont rapprochés au cours d'une entrevue cordiale et constructive ou encore leur dire flegmatiquement, à l'anglaise, que je n'ai rien à dire, please do not disturb, ajouterai-je dans Votre noble langue et avec grand mépris mondain, et puis quel plus grand bonheur que d'assister à des enterrements royaux en marchant très lentement, soixante-cinq pas à la minute, aux sons de la marche funèbre et avec un tas de Sirs, l'âme remplie d'une douce gaieté, et puis de temps en temps aller à la synagogue pour me faire admirer par une contenance bienveillante avec une pointe de morgue, mais surtout briller dans des Réceptions chez des Chrétiens de la plus haute Distinction et avides de m'inviter, moi très enjoué à la droite de l'osseuse maîtresse de maison, et tout le monde se taisant pour M'écouter ! Car mes goûts sont de droite bien que mon idéal soit de gauche ! Bref, être un Lion Mondain dont les traits d'esprit ont du succès dans la société la plus choisie ! Car, ayant doubles nerfs d'intelligence, je suis plein de Reparties ! Mais elles s'évaporent dans la solitude, ignorées de tous ! Plus d'une fleur éclôt que le regard ignore ! Dans l'air indifférent son parfum s'évapore ! Ce sont les deux premiers vers d'un poème où Votre Serviteur se compare à la violette et que je Vous lirai en entier à notre premier rendez-vous !

« Chère, ayez pitié ! Dans les journaux illustrés je suis traqué par les réceptions des ambassades, traqué par les ambassadeurs qui vont tout le temps, les maudits, présenter leurs lettres de créance après être descendus de leur voiture sans même avoir pris la peine d'en ouvrir la portière, traqué par la garde républicaine qui les salue, traqué par les tours d'horizon funestes à mon cœur sensible, ah cela me fait trop mal, Madame, et je tourne vite la page du journal pour ne pas voir les photographies ! Mais quelquefois, tel le mendiant arrêté devant une pâtisserie, je ne peux m'empêcher de jeter un coup d'œil sur ces splendeurs interdites, et ma barbe ruisselle de désespoir ! Surtout si l'imbécile qui vient d'être nommé ambassadeur est né vingt ans après moi, d'après sa biographie dans le journal ! Comment, il est maintenant une Excellence et moi rien, moi qui étais un adulte brillant des mille feux de l'esprit alors que cet imbécile ne savait que bestialement mouiller ses langes ! Et pour tout Vous dire, si je mange beaucoup, c'est par mélancolie de n'être pas ambassadeur ! Donc un bon mouvement, Chère, et vite un État juif pour que je sois enfin Quelque Chose, ce qui est plus agréable que d'être Quelqu'un, et plus malin !

« Vous rendez-Vous compte que moi qui suis fait pour porter bicorne à plumes et rouler tous ministres généralement quelconques, je suis obligé d'essuyer la vaisselle à la maison ! Ce qui fait que parfois j'ai de ces regards tristes lorsque je suis seul et que les autres dorment, et alors je verse des torrents de larmes sur les assiettes, ce qui m'oblige à les essuyer une deuxième fois ! Donc un État israélite, s'il Vous plaît, et vite car j'ai dépassé la soixantième année de mon âge ! Il ne s'agit pas de lanterner et barguigner ! Le matin, chère Reine, je souris à mes trois bambinets, mais c'est par héroïque amour, car en dedans de moi il n'y a qu'amertume intestine au point que chaque soir, à mon macabre coucher, la tentation surgit, m'appâtant et m'affriandant de me tuer personnellement ! Oui, chère, de me tuer, moi qui suis mon préféré ! Et alors j'inonde mon oreiller de mes larmes et à grand bruit je sanglote, me bâillonnant aussitôt pour ne pas réveiller mes petits adorés ! Donc Vous voyez l'urgence d'une ambassade !

« Ah ! quel ambassadeur bien élevé et charmeur je ferais, ayant tout pour moi, manières, prestance, ruses fines, et pouvant bégayer à l'anglaise pour faire aristocratique ! Ah, comme je saurais monter avec morgue dans le superbe carrosse aux armes de ma chère nation, n'importe laquelle, pourvu que j'en sois l'ambassadeur ! Ah, le chagrin miaule dans mon cœur et de mélancolie mes boyaux s'entrecroisent lorsque je vois dans les journaux illustrés toute cette bande d'imbéciles ambassadeurs avec plastrons empesés et épouses maigres et décolletées montrant leurs os ! Et moi méritant tellement d'être comme eux et ne l'étant pas par manque d'État !

« Une fois de plus, je Vous le crie du fond de mon abîme, j'ai soif de galanteries, de finesses, de réponses subtiles et énigmatiques, soif de soldats me présentant les armes lorsque je descends de ma longue automobile avec mes lettres de créance, et à mon tour je ne prends pas la peine d'ouvrir la portière, c'est le chauffeur distingué et chrétien qui l'ouvre en se découvrant, soif enfin que mes anciens amis me voient dans ma splendeur et qu'ils en crèvent un peu ! A la rigueur, et comme ligne de repli, j'accepterais avec amertume de n'être que Ministre plénipotentiaire, poste humiliant puisque ne donnant pas droit à l'Excellence ! Mais à Dieu vat !

« Un dernier argument ! Je mourrai probablement dans dix ans, c'est-à-dire dans 3 650 jours, ce qui est peu, car pensez comme on dépense vite 3 650 francs français avec toutes ces dévaluations ! La nuit, dans le lit, de penser que la mort m'attend, je me couvre la tête avec les couvertures ! Moi que je chéris plus que tout au monde, me disparaître à moi-même, me séparer à jamais de ce cher Mangeclous que j'ai tant aimé, c'est affreux ! Et ce qui augmente encore mon chagrin, c'est la certitude que dans cent mille ans personne ne pensera plus à moi et je n'aurai en quelque sorte jamais existé! Terrible perspective! Eh bien, si au moins j'étais diplomate avec bicorne cela m'embrouillerait les idées, je penserais moins à ma disparition éternelle, étant très occupé!

« Maintenant, s'il est vraiment impossible de créer un État israélite en vue de mon usage personnel, j'accepterais un poste élevé dans la hiérarchie anglaise! Pour la naturalisation je payerai tous les frais naturellement! Une fois naturalisé, je Vous garantis que j'apprends l'anglais en trois mois! Mais par sécurité il me faut d'avance et préalablement à la naturalisation un contrat d'engagement ferme en qualité de haut fonctionnaire, contrat dûment enregistré et sans nulle condition résolutoire ou suspensive! Car Vous pensez bien que je ne vais pas me mettre à apprendre l'anglais sans être absolument sûr du Poste Élevé! Mais alors Vous verrez le haut fonctionnaire que je serai! Si par exemple je suis nommé Premier Assistant Principal du Chancelier des Échecs, vous verrez comme je fais monter la Livre Sterling! Ou alors Chambellan Surveilleur avec titre de Lord si possible, l'avantage étant qu'on me dirait Votre Seigneurie dans les magasins où j'irais faire les achats pour le Palais! Et quelles ristournes! De plus, tout Lord et Pair du Royaume condamné à mort a le droit d'être pendu avec une corde de soie! Donc titre de Lord s'il Vous plaît! Et si possible promesse d'une Jarretière, ordre de chevalerie créé par un Édouard II ou III et ne comportant que vingt-six membres! Vous Vous rendez compte de l'effet que je ferais à la synagogue de Céphalonie, moi débarquant avec la décoration à mon genou gauche! Mais ambassadeur d'Israël de préférence! Et Vous verriez alors les quantités incalculables d'oranges de Jaffa et de pamplemousses que j'arriverais à placer par mon éloquence ! Que voulez-Vous, on ne peut pas renoncer de gaieté de cœur à deux mille ans de fidélité ! Ce qui n'empêcherait pas une petite Jarretière à l'occasion ! Moi Vous la rappelant malicieusement de temps en temps !

« Maintenant, si Vous n'avez pas le temps de me convoquer par lettre ou par téléphone, vu Vos Occupations et Garden Parties, convenons d'un stratagème ! Votre Majesté n'aurait par exemple qu'à mettre un Pot de Fleurs sur le balcon central du Palais de Buckingham et cela voudrait dire que je pourrai affirmer catégoriquement à cette espèce de grand soldat coiffé d'une sorte de petit ours que je suis convoqué par code et pot de fleurs ! Et qu'il se renseigne un peu, l'imbécile, avant de taper du pied !

« Lorsque nous aurons le plaisir de notre première rencontre, Vous verrez quelle conversation je possède ! Sur tous sujets ! Explications intelligentes des mystères de la vie et pourquoi l'instinct des castors ne provient pas du tout de Dieu ! Quoique frissonnant à la synagogue, je suis souvent athée, surtout quand je me porte bien ! Et qu'on ne vienne pas s'extasier sur les mœurs des termites et me dire que c'est Dieu qui leur a donné ces mœurs ! La reine des termites qui pond un œuf à la seconde, eh bien, lorsqu'elle est trop vieille et ne pond plus en sa douzième année, ses sujettes la massacrent ! Jolies mœurs en vérité, si c'est Dieu qui les leur a données ! Aimeriez-Vous qu'on Vous massacre si Vous ne pouviez plus faire d'enfants ? Et l'araignée géante qui dévore le mâle immédiatement après ce que Votre Majesté peut deviner sans que j'entre dans des détails dépourvus de tact ! Non, Dieu n'y est pour rien ! Car s'il y était pour quelque chose les arrangements seraient plus convenables ! Vous voyez-Vous croquant Votre Auguste Époux ?

« Ce qui précède à titre d'échantillon ! Nous discuterons de tout ! Vous verrez comme je peux être intéressant ! Que d'agréables entretiens au coin du feu, moi écoutant affectueusement Vos babils ! De plus, si Vous êtes d'humeur plaisante, je pourrai Vous caractériser les différents vents intestins, les chaleureux, les enthousiastes, les ironiques, les sentimentaux, et ainsi de suite ! Avec exemples pratiques, si Vous le désirez ! Tout à Votre disposition ! Pour Vous faire pouffer ! Je vous narrerai aussi une farce que je fis au petit Salomon, lui racontant qu'une grande actrice nommée Marlène était amoureuse de lui, et moi parfumé et déguisé en Marlène dans l'obscurité, et lui avouant d'une voix pointue ma passion coupable, et l'attirant sur mes genoux, et l'embrassant follement, et lui se débattant, criant qu'il ne voulait pas, qu'il était fidèle à son épouse ! Je Vous conterai d'autres farces encore, tellement amusantes que de rire Vous tomberez à la renverse, les jambes en l'air !

« Mais nous aurons surtout des conversations instructives ! A titre d'autres échantillons, voici ! Je Vous critiquerai le professeur Bergson, à mon avis un plaisantin avec son supplément d'âme ! Je Vous expliquerai qu'il y a des étoiles énormes, un milliard de fois plus grandes que notre Terre ! Qu'est-ce que les États-Unis en comparaison ? Donc pas tant de fierté, messieurs ! Enfin, dernier échantillon, je Vous dirai ce que je pense de l'Anna Karénine, cette menteuse qui racontait à son Wronsky qu'elle prenait un bain par semaine, et cela pour lui montrer combien elle était raffinée et susciter en lui des pensées de luxure ! Quelle différence avec Vous qui êtes de bonnes mœurs ! Mais l'Anna, hors de ma vue ! Et si Vous désirez des conseils médicaux, tout à Votre disposition ! Contre la constipation, par exemple ! Si Votre Noble Intérieur est le siège de rebelles résistances, faites rôtir des graines de lin, ensuite pilez-les dans un mortier, mélangez la poudre ainsi obtenue à du sucre et prenez-en deux bonnes cuillerées à soupe le soir en Vous couchant ! Le lendemain matin à Votre charmant réveil Vous serez majestueusement émerveillée ! La délicatesse m'empêche d'en dire davantage !

« Nous discuterons des grands problèmes ! Je Vous parlerai de l'antisémitisme ! L'oncle Saltiel avait bien raison de dire que la vie du Juif est un luxe qui coûte cher ! Pas seulement en Allemagne où il faut payer les nazis pour qu'ils vous laissent sortir ! Mais même dans les pays aimables l'Israélite doit se faire bien voir, faire davantage de cadeaux, payer davantage la domestique et l'avocat, tout cela pour se faire pardonner en quelque sorte, et que les médisants ferment un peu leurs bouches ! Sans compter qu'il faut toujours avoir une Réserve d'Argent Liquide pour vite partir en cas de Pogrom Soudain ! Je Vous parlerai aussi des Progrès de l'Humanité grâce aux Dix Commandements ! Il y a cent mille ans, lorsque Votre ancêtre rencontrait mon ancêtre, savez-Vous ce qui se passait ? Eh bien, je vais Vous le dire, écoutez ! Les poils hérissés de fureur, Votre ancêtre saisissait une énorme pierre et, les dents menaçantes à la manière allemande, il s'avançait vers mon pauvre petit ancêtre, déjà israélite, comme Vous voyez ! Tels étaient les aimables rapports de nos ancêtres ! Mais Vous, descendante de cette brute, lorsque j'aurai le plaisir d'être reçu à Buckingham Palace, Vous me sourirez peut-être et en tout cas Vous ne croirez pas devoir m'assommer immédiatement avec une grosse pierre, ce qui est une merveilleuse différence ! Vous voyez combien la Loi de Moïse Vous a changée !

« J'oubliais ! Nous discuterons aussi de mon grand projet ! The Plancton Trust ! Voici en quelques mots ! Le plancton est un produit très nutritif flottant en Quantités Incalculables dans les Océans ! Il se compose de millions d'espèces de petits organismes visibles et invisibles ! Œufs de poissons, crevettes minuscules, larves de crustacés, petites méduses, crabes miniatures de toutes couleurs, bref millions de charmantes créatures fabuleuses et phosphorescentes, infiniment petites ! Le tout ayant goût de caviar ! Vraiment délicieux ! Et maintenant écoutez ! Le plancton est gratuit s'il est pêché hors des eaux territoriales ! Il y a des milliards de milliards de tonnes de plancton dans les mers ! Le tout est de les ramasser délicatement avec des entonnoirs en soie à mailles très fines car il s'agit d'animalcules microscopiques ! C'est ce que fera la flotte spécialisée de mon trust, flotte travaillant de nuit lorsque le plancton est visible de par sa phosphorescence ! Goût de caviar ! Plein de vitamines ! De quoi nourrir la planète ! Gratuit et inépuisable ! Il n'y a qu'à promener des petits filets de soie en forme d'entonnoir ! Le Problème de la Famine résolu dans les Pays Arriérés ! En conséquence, Entreprise Humanitaire susceptible du Prix Nobel et Bénéfices Monstrueux auxquels la Couronne anglaise voudra peut-être participer par l'aimable prêt à ma Compagnie de Quelques Cuirassés et Destroyers qui seront donc munis des petits filets de soie en forme d'entonnoir ! The Plancton Anglo-Cephalonian Trust ! Je suis enthousiasmé !

« Pour en revenir à l'ambassade souhaitée, soyez tranquille, je saurai tenir mon rang ! J'ordonnerai à l'employée qui répondra au téléphone de commencer toujours en disant avec arrogance et fatigue : « Ici ambassade distinguée de l'État Israélite et Diplomates connaissant le protocole ! » Et si l'homme qui demande à me parler est un Juif, elle devra lui dire : « O chien, Sache que Son Excellence est trop occupée et trop élégante pour s'occuper de toi ! Présente une supplique d'audience et on verra ! Et maintenant fuis ! » Voilà l'ambassadeur que je serai ! Pardonnez-moi de Vous avoir tant parlé de moi, chère Amie, car le moi est haïssable, comme a dit Pascal qui, d'ailleurs, ne pensait qu'à son moi et à vivre après la mort ! Que pensez-Vous de son fameux pari ? Moi, rien de bon !

« Maintenant, l'heure est venue de nous séparer, mais provisoirement, j'espère, chère Reinette, si Vous permettez cette respectueuse familiarité à un gentilhomme prêt à donner son sang, groupe O, facteur rhésus inconnu mais sûrement de premier ordre, pour toute transfusion sanguine dont Votre Organisme Royal aurait besoin en cas d'attentat ! Si donc j'ai l'honneur d'avoir le même groupe sanguin que Votre Majestueux Sang, tout à Votre disposition, aimable Elizabeth qui brillez au-dessus des autres belles ! Demandez donc Votre groupe à Votre médecin particulier, quelque lord encore sûrement, ce fils de la chance ! Entre quatre oreilles, quel est le mérite de ces médecins diplômés ? Des imbéciles qui avec l'argent du père richissime et escroc de première classe ont appris par cœur des noms de produits funestes appelés spécialités et, t'ayant rendu malade pour de bon, ils viennent te réclamer un napoléon d'or pour leur visite !

« Voilà, et maintenant fini ! Pour écrire la présente j'ai mis seize heures sans interruption depuis samedi soir quatorzième d'avril jusqu'à ce midi de dimanche quinzième d'avril de l'an mil neuf cent trente-cinq ! Me privant de sommeil et de mangement ! Vous rendez-Vous compte de la peine que j'ai prise ? Et sur Papier de Luxe ayant coûté des Sommes ! Vous ne pouvez vraiment pas Vous plaindre ! Je mettrai cette lettre lundi matin de bonne heure à la poste pour qu'elle Vous parvienne déjà dans l'après-midi ! En toute finesse et élégance, avec des yeux charmés, je suis

« Votre Pinhas !

« La quatrième lettre de mon prénom ci-dessus devant se prononcer à l'aide du gosier et avec rage, comme si Vous vouliez Vous débarrasser d'une arête de poisson coincée de travers dans Votre aimable gorge ! Cette indication au cas où plus tard Vous désireriez m'appeler par mon prénom ! En tel cas, nous pourrions préparer ensemble en toute cordialité une petite loi contre l'antisémitisme !

« Naturellement, salutations à Sa Majesté le Roi du Royaume-Uni de Grande-Bretagne et d'Irlande, et même Empereur des Indes, mais pas pour très longtemps, hélas, je le crains ! Ma prédiction étant ajoutée pour que Vous puissiez l'avertir déjà avec des Ménagements afin de Lui épargner le Choc ! et qu'Il ne soit pas trop déçu lorsqu'Il ne sera plus Empereur des Indes ! et dites-lui mes condoléances anticipées, mais que faire, patience et courage ! Bref, réconfortez-Le avec un de Vos Jolis Sourires !

« S'il Vous plaît et sans Vous commander, Votre réponse au plus vite, par retour du courrier si possible, et sous enveloppe bien fermée ! et recommandée ! Mais au plus tard, au cas où Vous auriez quelques Désagréments Féminins, le lundi vingt-troisième d'avril dernier délai ! Distribution de midi si possible, sinon celle du soir en tout cas, le facteur tout rasé passant vers six heures ! Notre première prise de contact devant avoir lieu avant le retour des cousins ! Je Vous donne donc toute une semaine pour me répondre, ce qui me semble raisonnable et agir en gentleman, qu'en dites-Vous, Gracieuse ? Mais j'avoue, étant de naturel impatient, que j'ose souhaiter une réponse immédiate ! D'autant plus que Vos nombreux secrétaires pourront s'occuper des réponses aux autres lettres, probablement sans grand intérêt ! Votre enveloppe aux armes royales, s'il Vous plaît, pour fermer le bec aux sieurs Kahn et Bloch qui me parlent toujours de leurs relations ! Entre nous, ces malheureux ne connaissent que des Israélites !

« Maintenant, si Vous préférez me répondre par pot de fleurs immédiat, ce ne sera que mieux ! A toutes fins utiles, après-demain matin, lorsque surgira à l'Orient l'aurore aux orteils de perle, je me rendrai donc devant Votre Palais afin de voir Votre espéré message fleuri sur le balcon central, ce qui serait plus féminin et j'en serais charmé, mon cœur sautant dans ma poitrine comme un canari dans sa cage, gambadant d'allégresse à cette délicieuse complicité entre nous, présage d'intimes rapports dont Vous pouvez imaginer la magie troublante qu'ils auront pour moi !

« De toute façon, à bientôt, Majesté ! Je me fais un si grand plaisir de faire Votre connaissance ! Et puis je dois dire que j'aimerais voir Votre coquet intérieur de Buckingham Palace, les domestiques stylés, l'installation moderne de la cuisine, enfin tout ce qu'il y aura à examiner, sans oublier de déposer un pudique baiser sur le front de Vos deux charmantes fillettes endormies, si je viens pour le café après le dîner ! Enfin, à Votre entière convenance !

« Revenant à la décoration dont je serais friand, il

me semble soudain que trois ou quatre décorations qui me seraient conférées simultanément conviendraient mieux qu'une seule qui, orpheline et maigre, ferait triste figure sur ma déserte poitrine ! Ce qui précède en vue de mes visites ultérieures à Buckingham Palace et pour Vous faire honneur, afin que Votre Majesté n'ait pas l'air de recevoir n'importe qui ! Cette suggestion étant faite dans Votre intérêt !

« Voyez un peu l'injustice, chère Madame ! Je suis à Londres depuis des semaines ! La gentry anglaise m'a-t-elle invité ? Non, Madame ! Voyez la différence avec le fils de Napoléon III, dit le Prince Impérial ! Qui était-il ? Rien, le fils d'un homme dissolu et plein de maîtresses stipendiées ! Et était-il intelligent au moins, ce fils d'un souverain d'occasion ? Non, pas du tout ! Et je le prouve ! Il n'a pas pu rester à l'école aristocratique de Londres où on l'avait mis, parce que les autres élèves, du même âge que lui, étaient trop forts pour lui ! Et d'une ! Au concours d'entrée de l'Académie militaire anglaise, il fut un des derniers ! Et de deux ! Tandis que moi, du premier coup Recteur d'Université ! Et pourtant à Londres les salons les plus fermés se sont ouverts devant ce jeune ignorant ! Mais devant moi, non ! C'est le prince de Galles qui s'est fait son introducteur dans le peerage et qui l'a fait s'asseoir dans la tribune royale au Derby d'Epsom ! Sauf Votre respect, Madame, quelqu'un de Votre honorable famille s'est-il occupé de moi jusqu'à présent, et a-t-on pensé en Votre Cour à me donner au moins un billet gratuit pour ce Derby-là ? Sans commentaires !

« C'est bien de ce Prince Impérial qu'on pourrait dire Ish ba'ar lo yéda ukshil lo yavin ! Oh pardon ! J'oubliais que Vous ne savez pas l'hébreu, petite ignorante ! Innocente plaisanterie en tout respect !

Mais naturellement tout à Votre disposition pour Vous apprendre la langue en laquelle Moïse conversa avec l'Éternel ! Et si les Américains sont fiers de leur passé de trois cents ans, grand bien leur fasse ! Moi, mon passé est de plus de cinq mille ans ! Et Moïse a vu Dieu face à face ! Ce qui est mieux que d'avoir tué des Peaux-Rouges ou vaincu Napoléon ! Petite allusion sans méchanceté !

« Maintenant une confidence ! Le soir, dans ma couche, avant de m'endormir, je me console souvent en imaginant que je suis roi, qu'on ne me tourne jamais le dos et que les courtisans ne me contredisent jamais, ce qui est d'ailleurs ennuyeux, car alors jamais de discussions, jamais de victoires dialectiques ! Mais le lendemain je me réveille, pauvre Mangeclous un jour de plus ! Sans une décoration ! Alors qu'un imbécile roi est grand-croix de la Légion d'honneur tout de suite ! Qu'a-t-il fait pour le mériter, me demanderez-vous ? Je hausse douloureusement les épaules et les sourcils, et je Vous réponds ! Rien, Madame, il n'a rien fait que de sortir tout mouillé d'un ventre pareil aux autres ventres ! Et c'est toujours sur son derrière qu'il s'assied, même lorsqu'il est sur son trône ! De plus, lorsqu'il meurt, on le met dans un sarcophage de luxe et les autres rois envoient des télégrammes passionnés à la veuve, et les soldats présentent les armes au sarcophage ! Mais pour moi pas la satisfaction d'un sarcophage capitonné, pas de télégramme à ma grosse Rébecca, pas d'armes présentées à mon cher cadavre ! Et quand j'arrive dans une capitale, pas un seul coup de canon ! Non, Madame, non, Dieu n'existe pas !

« Encore une remarque ! Recommandez aux juges une aimable indulgence envers les voleurs, pauvres naïfs qui n'ont pas compris qu'il est profitable d'être honnête ! Tandis que parmi les honnêtes gens, vivant tranquilles et respectés, combien de méchants, combien de cœurs noirs ! Je pense, par exemple, à Mordo le Borgne, quel vampire !

« Allons, chère, un bon mouvement, vite Votre réponse afin que nous puissions gentiment discuter autour d'une tasse de thé, moi soutenant une thèse hardie et Vous la thèse adverse ! Et on verra qui gagnera ! Par exemple, je Vous ferai part, avec des coups d'œil malicieux, de quelques réflexions sur l'amour du prochain dont on parle tant le dimanche ! En croisant les jambes, je Vous demanderai de me dire un peu à quoi sert cet amour du prochain puisque chaque siècle il y a en Votre Europe deux ou trois grandes guerres avec beaucoup d'intestins sortis. Franchement, chère amie, est-ce de l'amour que de sortir les intestins d'un prochain ? Et est-ce juste de tellement honorer Vos maréchaux et amiraux parce qu'ils savent comment tuer vite beaucoup de prochains à la fois ! Et on leur élève des statues, ce qui Me Met Hors de Moi ! Nous en raisonnerons !

« A propos d'intestins, si l'une de vos deux filles s'énamoure de quelque grand garnement avec des cheveux tout luisants mais n'étant même pas un Sir, dégoûtez-la en lui expliquant que tout charmant traîne après lui, dans son ventre, plus de dix mètres d'intestins, pareils à un Long Serpent Affreux ! Expliquez-lui aussi que tous les corps masculins sont laids, y compris les beaux si on les regarde bien de partout ! Si cette petite imbécile insiste et se met à pleurer et à crier avec la voix de la chaîne du bateau quand on soulève l'ancre, à crier les bêtises habituelles que c'est lui que j'aime Maman et je me tue si tu ne veux pas me le donner car il est ma passion sublime, il est si beau et bien fait, il est à croquer, oh j'en raffole ! ce qui est absurde et dans un an elle en aura assez, Vous verrez, eh bien faites-le photographier aux rayons X et présentez à Votre inconsidérée le squelette grandeur nature de son merveilleux, avec ordre de l'accrocher devant son lit, afin qu'elle le voie grimacer tout en ossements jour et nuit ! Et si malgré le squelette elle persiste dans son échauffement nous aurons recours à une pancarte l'informant que tous les séducteurs font extrêmement leurs besoins les plus affreux, et bien fait pour elle !

« Pour revenir à l'amour du prochain, laissez-moi Vous dire d'une manière affable que cet amour-là mes coreligionnaires en ont fortement goûté au cours des siècles ! Enfin, passons avec un sourire ! Toujours au sujet de ce drôle d'amour, écoutez ! Chez Vous, en Angleterre, au début du dix-neuvième siècle, ces messieurs religieux avec des favoris et disant des prières à table avec des regards suprêmes, eh bien, ma chère, ils trouvaient tout naturel de faire travailler dans leurs usines des enfants de six ans depuis cinq heures du matin jusqu'à neuf heures du soir ! Est-ce de l'amour du prochain ? A Votre disposition pour en débattre !

« D'autre part, lorsque j'entends dire que telle dame fortunée aime les pauvres, je ne crains pas de hausser les épaules ! Car enfin en quoi consiste cet amour pour le pauvre ? Il consiste à lui sourire avec bonté ! C'est-à-dire à lui montrer des dents aimables et à éprouver des sentiments qui ne tirent pas à conséquence ! Car ce ne sont que sentiments ! C'est-à-dire vapeurs et nuées permettant à cette grosse aimante du prochain, qui a des diamants gros comme des noix, de continuer à se remplir en paix d'une livre de caviar à chaque repas, et du Malossol encore ! Tandis que le pauvre doit se contenter d'une misérable cuillerée de faux caviar, le rose, qui ne vaut rien, n'étant que méprisables œufs de saumon, goût d'eau salée ! Mais cette grosse calamiteuse a donné un shilling à ce pauvre, me direz-Vous ! Laissez-moi sourire, les doigts dans les entournures du gilet à fleurs que je me suis acheté en vue de notre rencontre ! Qu'est-ce que cette charité qui ne supprime ni la pauvreté de ce malheureux, maigre comme haricot vert, ni la richesse de cette affreuse qui, par l'effet du shilling, se remplira non seulement de caviar mais encore de vertu, sans risque de faillite et sans diminution de Malossol ! Qu'elle crève ! En conclusion, cet amour-là, c'est de la comédie ! Allons, avouez, colombe !

« Maintenant, argumentons un peu religion ! Trouvez-Vous fin et élevé d'avoir des sentiments religieux ? Oui ? Eh bien je ne suis pas d'accord ! Car enfin c'est s'occuper de ce qui Vous profite ! Réfléchissez un peu philosophiquement, et reconnaissez que les prières ont un but intéressé ! Que disent les religieux à Dieu ? Ils lui disent dis donc, rends-moi ce service, fais ceci, fais cela, et surtout fais-moi vivre après la mort, ce qui est un tour de force, bref sers-moi, sois mon bon à tout faire !

« Certes, amie, j'aimerais avoir confiance en la nature humaine ! Mais est-ce ma faute si les généraux que Napoléon avait comblés de bienfaits, princes de ceci et ducs de cela, avec des uniformes merveilleux, est-ce ma faute s'ils l'ont abandonné pour prêter serment à Louis XVIII ! Est-ce ma faute si parmi les dames de la grande aristocratie, toutes en possession de mari, aucune ne résista à l'Empereur ! Un petit signe, et à minuit elles galopaient à fond de train vers son lit, très honorées de s'y faire secouer ! De plus, lorsque j'ai un homme devant moi, même un fier antisémite, je sais que quels que soient son nez de grand orgueil et son sens de l'honneur, je sais que si je lui offre quelques millions de dollars, il acceptera de se mettre à quatre pattes et d'aboyer !

« Vous verrez quels intéressants débats nous aurons lorsque je serai admis en Votre élégant boudoir ! Par exemple, à propos de l'empressement à assister aux funérailles d'un monarque ou à faire partie d'une société de bienfaisance ! Eh bien, je Vous prouverai que cet empressement a pour cause le plaisir de se sentir de la classe puissante, ou encore le désir de s'y fourrer petit à petit et d'y faire des relations avantageuses en vue de passe-droits et facilités de contrebande ! Sans compter, dans le cas de l'enterrement, le bonheur vivement ressenti d'être encore vivant ! Et dans le cas de la société de bienfaisance, le délice de se sentir du groupe des privilégiés, de ceux qui peuvent faire le bien, avec leur superflu, bien entendu ! Et de faire des connaissances profitables !

« De plus, je Vous raconterai quelques saillies de mes Ignoblets, car c'est ainsi que j'appelle mes bambins chéris pour conjurer le mauvais œil ! Une reine même charmante pouvant avoir le mauvais œil sans s'en douter ! Et Vous verrez si ces petits trésors ne méritent pas d'être les fils d'un Lord ! A propos du goûter, ne Vous dérangez en rien, sans façon je vous prie ! A la bonne franquette ! Je me contenterai de n'importe quel mets ! A la rigueur, un peu de confiture ! Ou quelques loukoums ! Ceux de l'île de Rhodes sont les meilleurs, bien élastiques, honnêtement parfumés ! Si Vous préférez le halva, je Vous recommande celui de Hadji Békir, de Stamboul ! Il est parfait ! Faisant un peu mastic !

« Revenant à mon espoir de pourpre cardinalice,

signalé plus haut par une allusion fugitive, je me permets de conseiller une aimable intervention de Votre Admirable Mari auprès du Pape afin que je sois nommé Cardinal ! Qu'il explique au Saint-Père que me donner la pourpre susdite en tant qu'humble représentant d'Israël serait un geste très apprécié par le judaïsme mondial, un geste politique qui montrerait qu'il y a désormais de bons rapports entre nous, qu'il n'y a plus d'antisémitisme au Vatican ! Cardinal honoraire, si l'on veut ! Mais en tout cas, le droit pour moi au chapeau, à la barrette et surtout à la cappa magna en moire rouge avec traîne de cinq mètres portée par mon caudataire ! Vous rendez-Vous compte, moi échangeant des baisers avec mes aînés et collègues les Éminentissimes Seigneurs du Sacré Collège après la cérémonie de promotion dite aussi d'exaltation ! Ah, comme je les embrasserais de bon cœur ! Vous rendez-Vous compte, moi devenu l'égal du Prince Colonna qui a aussi rang de Cardinal ! Ah, comme j'aimerais ! Le seul ennui, ce serait de devoir, ce jour de ma promotion, m'étendre tout du long devant le Pape, le visage contre terre ! Mais tant pis, un mauvais moment à passer ! Et puis, après tout, ce serait bien naturel, Sa Sainteté étant alors devenue mon supérieur hiérarchique ! Donc, d'accord ! Ah, chère, quel ne serait pas mon bonheur de me promener lentement, en prince de l'Église, avec anneau magnifique au doigt, levant de temps en temps la main pour qu'on le voie bien, souriant et bénissant majestueusement un tas de bigotes agenouillées ! Ah, comme j'aimerais, redis-je avec un doux sourire quelque peu nostalgique ! Donc veillez au grain, la nuit, dans le lit conjugal, en tout bien tout honneur, comme convenu ! Votre ver de terre et affectueux sujet Vous en remercie d'avance !

« Mais n'insistez pas si ces messieurs veulent une conversion ! Me convertir, jamais ! En ce cas, je reprendrai mon idée de quelque honneur britannique ! Mais réflexion faite, je préférerais une baronnie donnant droit au titre de Lord incomparablement supérieur à cette petite saleté de Sir ! Avec l'ordre de la Jarretière, si possible ! Comme déjà discrètement suggéré ! A propos, il m'est revenu que l'on songe à supprimer les bas de soie et la culotte de cérémonie ! Espérons que ce n'est qu'un faux bruit !

« Tout à coup une indignation déferle sous mon crâne ! A l'ouverture du Parlement par Votre Époux, toutes ces splendeurs dont je suis écarté ! Pourquoi ne puis-je me régaler d'un manteau de velours bordé d'hermine, comme toute cette bande de ducs et pairs, tous mornes et stupides, dépourvus de sensibilité et de flamme ! Pourquoi, en attendant que la cérémonie commence, ne puis-je échanger quelques mots d'esprit avec la duchesse de Kent ou tout au moins avec la duchesse de Bedford, qui ne fait pas partie de la famille royale, mais tant pis, c'est mieux que rien ! Et pourquoi ne suis-je pas le Lord Grand Chambellan marchant à reculons devant Sa Majesté et ensuite il lui tend le discours du trône que Votre Époux n'a même pas pris la peine d'écrire, laissant cette tâche à quelqu'un de vraiment intelligent !

« Pour le mets appelé en grec mastari, qui est si bon que je lui ai donné le nom de Sautenbouche, exigez des pis de jeunes vaches ! Mais nubiles et ayant eu déjà des enfants ! Avant de faire griller les mamelles, sur un brasero de préférence, enlevez bien la peau extérieure ! D'autre part, pour bien réussir le gâteau à base de semoule de maïs et de raisins de Corinthe Vous devrez Vous procurer des raisins de Vostizza qui mûrissent entre les montagnes couvertes de pins et la mer grecque qui est ravissante, autre chose que Votre affreuse Manche !

« Deux heures et demie de l'après-midi ! Je m'arrête et je vais relire la présente pour imaginer l'effet que feront sur Votre Majesté mes saillies et modestes pensées, toutes nourries du sang du cœur ! Ensuite, après un léger en-cas et un petit somme bien nécessaire après toute cette nuit passée à charmer Votre Susdite Majesté, je m'habillerai de grand gala avec cravate blanche afin d'aller présider en ce soir du quinzième de Nissan chez les chers Kahn et Bloch le premier Séder de notre Pâque, auguste fête commémorant la Sortie d'Égypte ! A notre prochaine rencontre, je Vous expliquerai à fond le Séder, avec commentaires érudits, apologues et chants divers en hébreu ! Cela Vous intéressera ! Maintenant, écoutez bien !

« Chère reine et amie, je Vous ai dit hier soir au début de la présente que n'importe quel mets me conviendrait au cas où Vous estimeriez convenable de me faire servir, selon l'heure de l'invitation, un breakfast ou un lunch en toute simplicité ou un dîner d'apparat ou même une légère collation nocturne dite médianoche, un five o'clock me paraissant toutefois plus indiqué pour une première visite, eh bien je dois rectifier ! En effet, troublé par ce premier contact intime avec une Délicieuse Reine comparable en beauté à la jument attelée au char de Pharaon, j'ai oublié de préciser ! Je m'explique ! Notre Pâque dure huit jours, du quinzième au vingt-deuxième d'avril ! En conséquence pendant huit jours je devrai m'abstenir de Pain Levé et de toute mixture généralement quelconque contenant du levain ! Cela en mémoire du pain de misère et sans levain que nos ancêtres mangèrent lors de leur fuite hors du pays d'Égypte ! Quand je dis nos ancêtres, je veux dire les miens et non les Vôtres qui à cette époque-là, couverts de peaux de bêtes, ne savaient ni lire ni écrire, sauvages Angles et incultes Saxons tout juste bons à fendre des crânes avec des haches de silex ! A toutes fins utiles et pour Votre charmante gouverne, je précise donc qu'entre les dates susmentionnées force me sera de me priver du plaisir de goûter à Votre pain ! En conséquence, le mieux sera de Vous procurer quelques kilos de matsoth ! Matsoth signifiant pains sans levain ! Explication à l'intention d'une Agréable Profane ! Vous pourriez les commander au bedeau séphardite qui se fera un plaisir, vaniteux comme il est, de galoper Vous les apporter lui-même ! Ainsi il pourra mettre sur ses paquets de matsoth qu'il est fournisseur breveté de Sa Majesté la Reine ! By appointment to Her Majesty the Queen ! Purveyor of Royal Matsoth ! Maintenant, si à cause des autres élégants invités cela vous gêne de mettre sur Votre Table ces antiques pains d'Israël, la meilleure des reines ayant peut-être un grain d'antisémitisme mondain, tant pis, pas de matsoth ! En tel cas, selon la nature de l'invitation, je me contenterai de confiture sans pain, ou de caviar sans pain, ou de viandes froides assorties sans pain ! Je ferai semblant de manger un peu de pain levé, appelé en hébreu hamets ! Mais semblant seulement ! Pour le décorum ! Raclez bien Votre gorge pour dire correctement la première syllabe de hamets !

« Un petit Secret ! Il y a quelques jours, j'ai acheté en cachette de mes cousins un portrait photographique en couleur d'une Ravissante Personne ! Devinez qui ! Ainsi, dans mon modeste réduit une mignonne reine me sourit et me regarde tellement que j'en suis confus !

Sur ce portrait vous étiez accompagnée conjugalement ! Je dois avouer en toute franchise que j'ai ôté Votre Cher Époux en le coupant un peu, en tout bien tont honneur ! Il est si doux d'être Seul avec Vous ! Parfois, chère, je sors de ma chambre uniquement pour le plaisir de rentrer aussitôt et d'être accueilli par Votre sourire à nul autre pareil ! Nec pluribus impar, comme disait Louis XIV, autre vaniteux celui-là ! Et si belle, cette reine ! Comme un lys au milieu des épines, telle est Elizabeth parmi les autres femmes ! A propos de la vanité de Louis XIV, il se faisait peindre en retroussant exprès sa longue robe jusqu'aux genoux et même plus haut pour montrer qu'il était bien conformé ! Feriez-Vous cela, Vous ? Non, assurément !

« Un grand Secret maintenant ! Cette nuit je me suis endormi un instant et j'ai rêvé que je logeais au Palais de Buckingham ! Nous étions heureux, Votre Majesté et moi, et nous ne nous quittions jamais ! Avec une bougie allumée, selon qu'il est prescrit, Vous procédiez dans tous les recoins à la Bediquath Hamets, c'est-à-dire à la Recherche du Pain Levé, pour en débarrasser le Palais de Buckingham en vue de notre Pâque ! Oh, comme j'étais fier et heureux ! La recherche terminée, Vous récitiez la formule de précaution ! Écoutez la formule ! Que tout levain se trouvant encore en ce lieu et que je n'ai point vu ni fait disparaître soit comme non existant et considéré comme de la poussière ! Cette formule, Votre Majesté la récitait si joliment en hébreu ! Soudain, dans la salle obscure à peine éclairée par la tremblante flamme, je m'agenouillais à Vos pieds, Vous avouant mon chaste attachement par mes yeux exorbités ! Alors, prenant une modeste couronne de comte, Earl en anglais, Vous la posiez gracieusement sur ma tête ! On prétend que les rêves ont une valeur prémonitoire ! Nous verrons !

« Maintenant je m'arrête pour de bon ! Chère, ne Vous étonnez pas si cette missive Vous parvient sous pli recommandé ! Que voulez-Vous, pour Vous autres, les Chrétiens, tout va bien, Vous êtes habitués au bonheur, jamais de catastrophes, et alors pourquoi envoyer des lettres recommandées ? Tandis que nous, les pauvres ! »

« Vous abandonnant à regret mais en vive espérance d'ambassade, j'ose me signer, avec un tendre sourire, Votre fidèle Sigisbée et Chevalier par serment, consacré pour toujours à Votre Service et que par câlinerie amicale Vous daignerez peut-être appeler un jour

« Votre cher Mangeclous ! »

XXIII

La lecture à haute voix achevée, il baisa sa belle lettre pour lui porter bonheur, puis l'enferma dans une énorme enveloppe qu'il scella cinq fois à la cire. Après avoir consulté un dictionnaire français-anglais emprunté à la dame Israelowich, il écrivit l'adresse en caractères fioriturés : Respectfully to Her Gracious Majesty the Queen ! London ! Strictly Confidential ! Parfait ! Si cette Elizabeth n'était pas contente, qu'est-ce qu'il lui fallait ?

Soudain sûr de la victoire, il donna un grand coup de poing à la table. Oui, affaire sûre, convoqué d'urgence au Palais après une pareille lettre, et par carrosse de cour peut-être ! Lui, dans le petit salon réservé aux intimes, jambes croisées devant une tasse de thé bue à menues gorgées, puis mains aux entournures du gilet à fleurs pour une conversation un rien galante, interrompue par les rires cristallins de Sa Majesté, et en conséquence bientôt ambassadeur, mon cher ! Debout, il salua militairement la garde qui lui rendit les honneurs, puis gravit lentement les marches d'un palais, en uniforme brodé d'or et ses lettres de créance à la main. Après quoi, il alluma son réchaud à pétrole et, tout en fredonnant l'hymne national caraïbe, il se confectionna pour son goûter une grosse panade d'azymes à l'huile d'olive, liée avec deux jaunes d'œufs et agrémentée du jus d'un citron.

Sa collation avalée, il s'étendit tout habillé sur le lit, sortit des basques de sa redingote le tube de Déodor acheté en vue de sa visite à Buckingham Palace, fit monter et descendre le stick désodorisant. Utile invention, vraiment. Ainsi, il sentirait toujours bon et il ferait excellente impression sur Sa Majesté, la charmerait un peu. Il baisa le tube rose, le posa sur la table de nuit, ferma les yeux, sourit à la chère reine d'Angleterre, montra son passeport diplomatique à un douanier courbé en deux et, toujours souriant, entra dans le sommeil, orteils écartés et bienheureux.

XXIV

A sept heures du matin, Mangeclous se trouvait devant le bureau de poste de Whitechapel. Solennel en haut-de-forme, une rose à la boutonnière de sa redingote et une tournoyante cravache d'équitation à la main, il piaffait d'impatience. A huit heures, la porte s'étant enfin ouverte, il assura sur son nez son lorgnon agrémenté d'un large ruban de moire et entra, maître de lui comme de l'univers. S'étant approché d'une sorte de comptoir, il se découvrit, aplatit son chapeau claque, le mit sous son bras et tendit, fier diplomate, l'énorme enveloppe aux cinq cachets de cire.

— Exprès et recommandé ! ordonna-t-il après avoir remis son chapeau.

La préposée se mordit la lèvre, se tourna vers une collègue plus âgée qui traduisit et à laquelle il rendit en conséquence hommage par un sourire de ses longues dents. La lourde missive dûment pesée, il en paya l'affranchissement, redressa son gibus, s'en recoiffa, salua de nouveau en se découvrant largement et sortit en pompe et majesté, la cravache sous le bras et le cher récépissé agité en guise d'éventail, glorieux d'avoir été considéré par les deux employées avec une curiosité certainement respectueuse. Bien sûr, n'écrivait pas qui voulait à Sa Majesté !

Dans la rue, il alla avec la féminine élégance d'un lama des Andes, négligemment souriant, se forgeant mille félicités et entretiens royaux, imprimant d'insolents mouvements de rotation tantôt au ruban de son lorgnon et tantôt à sa cravache, toisant les passants non sans quelque pitié, mais saluant les policemen avec bienveillance et de complices clins d'œil. Il déambula ainsi durant des heures, se dandinant à l'italienne, gracieux et muscadin, familier de la Couronne, de temps à autre conversant avec Sa Majesté et en aimant les sujets qui passaient devant lui.

Jeunes soldats timides aux fermes mentons, à la bouche pure, aux yeux doux, tout prêts à rougir, immenses petits garçons convaincus, bien vêtus, bien guêtrés, bien cirés, rafraîchissants, gracieux et coquets, candides. Hardiesse pimpante des bonnets de police. Gaieté racée des uniformes élégants, des petites plumes, des jupes écossaises, des pompons verts, des insignes dorés. Fonctionnaires à chapeau melon, parapluie bien roulé, petite valise et œillet à la boutonnière. Un vieil encaisseur de banque en haut-de-forme, frais, propre, rose et jeunet. Prolétaires aux faux cols respectables et aux bouches édentées. Dactylos aux dents proéminentes, en turbans verts et jaunes, fumant virilement. Officiers sortis d'une affiche de rasoir mécanique, aux gestes contrôlés, à la nuque nette et rouge, rouge de viandes rouges et de douches glacées. Petits garçons en blazers écussonnés, culottés de flanelle courte, tout purs, sortis de la boîte à conserves des bonnes manières. Une grand-mère à courts cheveux de sel gris qui, la main dans la poche du pantalon masculin et la cigarette dans l'autre main, allait d'un pas martial, suivie d'un bouledogue soyeux et myope qui, bien qu'anglais, ne fumait pas. Jeunes filles bien, aux doux lainages et aux beaux cuirs, allant avec l'assurance d'un peuple habitué à la maîtrise et sûr du lendemain. Tout était clair pour elles. Le monde était tracé à la règle et elles étaient perpendiculaires au monde. Elles fumaient aussi sans arrêt, fraîches blondes aux fraîches blouses vertes, aux yeux vides, au calme menton net, certain de son droit, énorme de certitude, et elles allaient, rejetant la fumée sans cligner des yeux et sans toucher à leur cigarette, ce qui agaça Mangeclous car il ne savait pas en faire autant, tout comme l'agaça leur impertinence de ne pas le regarder.

A quatre heures de l'après-midi, après s'être offert sur un banc de St. James's Park un goûter de poisson frit et de pommes de terre frites, que la marchande avait enveloppé dans un vieux *Daily Telegraph*, il alla se poster devant le Palais de Buckingham, en contempla les nombreuses fenêtres avec attendrissement, tout en caressant sa barbe fourchue. La chère Elizabeth était là, derrière une de ces fenêtres, lisant sans doute sa lettre. Bonne et douce créature, murmura-t-il, et il lui adressa un tendre sourire. L'impassible sentinelle à haut bonnet de fourrure ayant une fois de plus tapé du pied pour éloigner l'étrange badaud, il s'en fut avec célérité, se promettant toutefois une revanche lorsqu'il se présenterait demain, muni de la convocation aux armes royales. Rirait bien qui rirait le dernier !

— Oui, mon cher, murmura-t-il à l'intention de la sentinelle du lendemain, Sa Majesté m'attend et tiens-toi un peu tranquille, subalterne !

A dix heures et demie du soir, il stationnait de nouveau devant Buckingham Palace, mais à prudente distance car la sentinelle était cette fois particulièrement haute et large. De son poste éloigné, il disposa sur un trépied démontable l'antique longue-vue marine qu'il venait d'acheter en hâte et sans marchander, la braqua sur le balcon central. Le pot de fleurs y était peut-être mais il faisait trop noir pour s'en assurer. Tant pis, il reviendrait demain matin. Après avoir enfermé la lunette d'approche, il resta longtemps à considérer le majestueux édifice où dormait Sa Majesté. Peut-être avait-elle posé la belle lettre de son futur ami près de son lit, sur quelque table de chevet en acajou avec des incrustations de nacre.

— Bonne nuit, Elizabeth, dormez bien, dit-il, et il lui lança un chaste baiser, puis s'en fut, rêveur parmi les gens indifférents, inlassablement balançant le ruban de son lorgnon.

Oui, revenir demain matin au lever du soleil et voir si le pot de fleurs y était ! Qui sait, demain après-midi il entrerait peut-être dans ce palais et les sentinelles lui présenteraient les armes et sans taper du pied ! Et lui, magnanime, les saluerait, mais à peine, d'un geste désabusé. Quand il arriverait devant Sa Majesté, s'agenouillerait-il ou lui baiserait-il simplement la main ? Les deux, c'était plus sûr. Génuflexion d'abord, baisemain ensuite. Et puis le five o'clock serait servi par des laquais, lui prenant délicatement une tartelette aux anchois, puis d'une chiquenaude faisant sauter les brins de pâte feuilletée, puis souriant et conversant de petits riens élégants, jambes croisées. Oui, tartelette aux anchois, d'accord, ce serait impoli de la refuser, tant pis si c'était un péché durant la Pâque, il ne pouvait tout de même pas offenser Sa Majesté.

— On va faire des affaires ensemble, Elizabeth et moi ! s'exclama-t-il en se frottant les mains. Chérie, osa-t-il ajouter tout bas dans la rue nocturne, et il alla plus vite, victorieusement, soudain à voix haute annonçant aux étoiles qu'il était Mangeclous, vainqueur éternel.

DU MÊME AUTEUR

Aux Éditions Gallimard

SOLAL, *roman*.
MANGECLOUS, *roman*.
LE LIVRE DE MA MÈRE.
ÉZÉCHIEL, *théâtre*.
BELLE DU SEIGNEUR, *roman*.
LES VALEUREUX, *roman*.
Ô VOUS, FRÈRES HUMAINS.
CARNETS 1978.

COLLECTION FOLIO

Dernières parutions

2761. Anne Wiazemsky — Canines.
2762. Jules et Edmond de Goncourt — Manette Salomon.
2763. Philippe Beaussant — Héloïse.
2764. Daniel Boulanger — Les jeux du tour de ville.
2765. Didier Daeninckx — En marge.
2766. Sylvie Germain — Immensités.
2767. Witold Gombrowicz — Journal I (1953-1958).
2768. Witold Gombrowicz — Journal II (1959-1969).
2769. Gustaw Herling — Un monde à part.
2770. Hermann Hesse — Fiançailles.
2771. Arto Paasilinna — Le fils du dieu de l'Orage.
2772. Gilbert Sinoué — La fille du Nil.
2773. Charles Williams — Bye-bye, bayou!
2774. Avraham B. Yehoshua — Monsieur Mani.
2775. Anonyme — Les Mille et Une Nuits III (contes choisis).
2776. Jean-Jacques Rousseau — Les Confessions.
2777. Pascal — Les Pensées.
2778. Lesage — Gil Blas.
2779. Victor Hugo — Les Misérables I.
2780. Victor Hugo — Les Misérables II.
2781. Dostoïevski — Les Démons (Les Possédés).
2782. Guy de Maupassant — Boule de suif et autres nouvelles.
2783. Guy de Maupassant — La Maison Tellier. Une partie de campagne et autres nouvelles.
2784. Witold Gombrowicz — La pornographie.

2785.	Marcel Aymé	*Le vaurien.*
2786.	Louis-Ferdinand Céline	*Entretiens avec le Professeur Y.*
2787.	Didier Daeninckx	*Le bourreau et son double.*
2788.	Guy Debord	*La Société du Spectacle.*
2789.	William Faulkner	*Les larrons.*
2790.	Élisabeth Gille	*Le crabe sur la banquette arrière.*
2791.	Louis Martin-Chauffier	*L'homme et la bête.*
2792.	Kenzaburô Ôé	*Dites-nous comment survivre à notre folie.*
2793.	Jacques Réda	*L'herbe des talus.*
2794.	Roger Vrigny	*Accident de parcours.*
2795.	Blaise Cendrars	*Le Lotissement du ciel.*
2796.	Alexandre Pouchkine	*Eugène Onéguine.*
2797.	Pierre Assouline	*Simenon.*
2798.	Frédéric H. Fajardie	*Bleu de méthylène.*
2799.	Diane de Margerie	*La volière suivi de Duplicités.*
2800.	François Nourissier	*Mauvais genre.*
2801.	Jean d'Ormesson	*La Douane de mer.*
2802.	Amos Oz	*Un juste repos.*
2803.	Philip Roth	*Tromperie.*
2804.	Jean-Paul Sartre	*L'engrenage.*
2805.	Jean-Paul Sartre	*Les jeux sont faits.*
2806.	Charles Sorel	*Histoire comique de Francion.*
2807.	Chico Buarque	*Embrouille.*
2808.	Ya Ding	*La jeune fille Tong.*
2809.	Hervé Guibert	*Le Paradis.*
2810.	Martín Luis Guzmán	*L'ombre du Caudillo.*
2811.	Peter Handke	*Essai sur la fatigue.*
2812.	Philippe Labro	*Un début à Paris.*
2813.	Michel Mohrt	*L'ours des Adirondacks.*
2814.	N. Scott Momaday	*La maison de l'aube.*
2815.	Banana Yoshimoto	*Kitchen.*
2816.	Virginia Woolf	*Vers le phare.*
2817.	Honoré de Balzac	*Sarrasine.*
2818.	Alexandre Dumas	*Vingt ans après.*
2819.	Christian Bobin	*L'inespérée.*
2820.	Christian Bobin	*Isabelle Bruges.*
2821.	Louis Calaferte	*C'est la guerre.*
2822.	Louis Calaferte	*Rosa mystica.*
2823.	Jean-Paul Demure	*Découpe sombre.*
2824.	Lawrence Durrell	*L'ombre infinie de César.*

2825.	Mircea Eliade	*Les dix-neuf roses.*
2826.	Roger Grenier	*Le Pierrot noir.*
2827.	David McNeil	*Tous les bars de Zanzibar.*
2828.	René Frégni	*Le voleur d'innocence.*
2829.	Louvet de Couvray	*Les Amours du chevalier de Faublas.*
2830.	James Joyce	*Ulysse.*
2831.	François-Régis Bastide	*L'homme au désir d'amour lointain.*
2832.	Thomas Bernhard	*L'origine.*
2833.	Daniel Boulanger	*Les noces du merle.*
2834.	Michel del Castillo	*Rue des Archives.*
2835.	Pierre Drieu la Rochelle	*Une femme à sa fenêtre.*
2836.	Joseph Kessel	*Dames de Californie.*
2837.	Patrick Mosconi	*La nuit apache.*
2838.	Marguerite Yourcenar	*Conte bleu.*
2839.	Pascal Quignard	*Le sexe et l'effroi.*
2840.	Guy de Maupassant	*L'Inutile Beauté.*
2841.	Kôbô Abé	*Rendez-vous secret.*
2842.	Nicolas Bouvier	*Le poisson-scorpion.*
2843.	Patrick Chamoiseau	*Chemin-d'école.*
2844.	Patrick Chamoiseau	*Antan d'enfance.*
2845.	Philippe Djian	*Assassins.*
2846.	Lawrence Durrell	*Le Carrousel sicilien.*
2847.	Jean-Marie Laclavetine	*Le rouge et le blanc.*
2848.	D.H. Lawrence	*Kangourou.*
2849.	Francine Prose	*Les petits miracles.*
2850.	Jean-Jacques Sempé	*Insondables mystères.*

*Impression Bussière Camedan Imprimeries
à Saint-Amand (Cher),
le 28 juillet 1996.
Dépôt légal : juillet 1996.
1er dépôt légal dans la collection : mai 1986.
Numéro d'imprimeur : 1/1763.*
ISBN 2-07-037740-7./Imprimé en France.

78648